RIEMANN VERLAG
ONE EARTH SPIRIT

GUNTER PAULI

UpCycling

*Wirtschaften nach dem
Vorbild der Natur für mehr Arbeitsplätze
und eine saubere Umwelt*

Vorwort von Ernst Ulrich von Weizsäcker

Nachwort von Fritjof Capra

Herausgegeben von Johannes F. Hartkemeyer

Aus dem Englischen von Jürgen Dünnebier

RIEMANN VERLAG
ONE EARTH SPIRIT

Originalausgabe

Umwelthinweis:
**Dieses Buch wurde auf 100 % Recycling-Papier gedruckt,
das mit dem blauen Engel ausgezeichnet ist.**
Die Einschrumpffolie (zum Schutz vor Verschmutzung) ist aus
umweltfreundlicher und recyclingfähiger PE-Folie.

Der Riemann Verlag
ist ein Unternehmen der Verlagsgruppe Bertelsmann

1. Auflage
© 1998 Gunter Pauli
© 1999 der deutschsprachigen Ausgabe
C. Bertelsmann Verlag GmbH
Redaktion: Ralf Lay
DTP-Satz: Barbara Rabus
Druck und Bindung:
Graphischer Großbetrieb Pößneck GmbH
Printed in Germany
ISBN 3-570-50006-3

Inhalt

ANHANG

Vorwort

Null Emissionen: der saubere Wahnsinn. Das fällt einem Eingeweihten als erstes ein. Wir Deutschen waren diesem Wahn schon einmal verfallen. Das war in den späteren achtziger Jahren, als das Thema Umwelt ganz oben rangierte und sich jede noch so verrückte Forderung durchsetzen ließ.

Vergessen und vorbei. Das Thema Umwelt hat trotz Rot-Grün keine Konjunktur. Oder vielleicht doch?

Ja, wenn einer die richtigen Ideen hat. Die hat Gunter Pauli. Er selber ist Geschäftsmann. Er faßt nur an, was gewinnträchtig aussieht. Für die Universität der Vereinten Nationen bereiste er Entwicklungsländer. Dort sah er viel Verschwendung, die sich arme Länder eigentlich viel weniger leisten können als reiche. Produktionsreste werden achtlos weggeworfen. Ein Umweltproblem mehr. Und schlecht für die Kasse, weil immer neue Rohstoffe beschaffen Geld kostet. Das war Paulis Ansatzpunkt. Kaskaden der Nutzung von Rohstoffen wollte er schaffen. Jeder Produktionsrest ist Ausgangspunkt einer neuen Produktion. Verlorengehen soll nichts. Zero Waste. Zero Emission. Hier macht null Emission Sinn. Es ist nicht ganz wörtlich zu nehmen, und es bezieht sich auf Massenstoffe, nicht so sehr auf Schadstoffe.

Andere Experten hatten in den besuchten Fabriken schon längst Ähnliches beobachtet. Und Vorschläge zu Papier gebracht. Die wurden vielleicht von dem einen oder anderen Stubenhocker mit Ärmelschonern gelesen. Geändert hat sich aber nichts.

Bis Gunter Pauli kam. Der nahm die Betriebsführer beim Schlawittel und zeigte ihnen, wie's geht und wie sie selbst und ihr Betrieb besser verdienen können. Und siehe da, es ging.

Viele andere Ideen sprüht Pauli aus, zum Beispiel die Geschichte mit den Pilzen aus Südamerika. Köstliche Pilze gibt's dort, aber keiner ißt sie. Statt dessen werden Zuchtchampignons aus Frankreich eingeflogen. Jetzt funktioniert es, dank Pauli, und Hunderte Kleinbauern haben auf einmal ihr Auskommen.

Bei der EXPO 2000 baut Pauli seine Werkstatt auf. Das beste denkbare Schaufenster! Gunter Paulis Buch kommt gerade rechtzeitig auf deutsch heraus, damit auch deutschsprachige Firmenvertreter, Besucher, Journalisten Bescheid wissen, wo sie sich inspirieren lassen können.

Ernst Ulrich von Weizsäcker

Einführung

Wie kann man sinnvolle Arbeitsplätze schaffen, den Naturver-
brauch minimieren und dabei noch Wachstum ermöglichen?
Das sind entscheidende Fragen, die uns alle angehen. Viele
machen sich Gedanken darüber, was wir künftigen Generationen hinterlassen. Und diejenigen, die in Politik und Wirtschaft
eine größere Verantwortung tragen, brauchen realistische Perspektiven und Visionen, die über den Tag hinaus gültig sind.

Dieses Buch gibt auf solche zentralen Fragen eine Antwort.
Die Antwort ist zwar eine Vision – aber sie ist realistisch und
nicht utopisch. Es gibt konkrete Orte, an denen mit dieser
Vision praktisch und erstaunlich erfolgreich gearbeitet wird:
dem ZERI-Ansatz (Zero Emission Research Initiative, Null-
Emissionen-Ansatz). Und das Besondere daran ist, daß diese
Projekte in so unterschiedlichen Ländern wie Namibia, Japan,
auf den Fidschiinseln oder in Kolumbien stattfinden.

Wodurch zeichnet sich der Ansatz aus? Ist er auch auf alle
anderen Länder übertragbar?

Entstanden ist ZERI zunächst als Projekt der Universität der
Vereinten Nationen in Tokio. Es war gedacht als Fortsetzung
des erfolgreichen Qualitätsmanagements *(Zero Defects)*, der
absoluten Kundenorientierung *(Zero Defections)* und der lager-
freien *(Zero Inventory)* »Just-in-time«-Produktion. Es sollte
überlegt werden, wie auch Nichtindustrieländer mit ihren geringen technischen Infrastrukturen ein Wohlstandsmodell
entwickeln können, das nicht zu Arbeitslosigkeit führt, neue
ungewollte Abhängigkeit verhindert, Monokulturen vermei-

det und die Ressourcen wesentlich intelligenter und effizienter nutzt als bisher.

Das oberste Prinzip ist: Es gibt keinen Abfall! Alle Zwischenprodukte müssen vom Gesamtkonzept so gestaltet sein, daß von vornherein klar ist, für welches weitere Verfahren sie einen wertvollen Ausgangsstoff bilden. Das Motto heißt: »Von der Wiege zur Wiege«.

Das führt zur Strategie des Mehrwertes und des »UpSizings«*. Es geht also nicht mehr wie bei der bisherigen Strategie des »DownSizings« um die Reduktion, um die Beschränkung auf das Kerngeschäft. Hier müssen Manager umdenken lernen. So wird etwa eine Brauerei, wie am Beispiel Namibia gezeigt, auch zu einem Lieferanten für Pilze und Hühnerfleisch, wenn es die Intelligenz der gesamten Stoffnutzung nahelegt. Ein wesentlicher Effekt ist das Prinzip der kurzen Wege durch Bildung von Industrieclustern. Um Prozesse ohne große Transportkosten intelligent vernetzen und integrieren zu können, müssen sie räumlich aufeinander bezogen werden. Auch hier stellt sich die Frage, ob und in welcher Form das in den verschiedenen Regionen und Produktlinien geschehen kann und wie dies auf den Globalisierungsprozeß wirkt.

Zunächst bedeutet der ZERI-Ansatz eine neue Sichtweise der Herstellungsverfahren und die Entwicklung einer »generativen« Wissenschaft (dazu später im Buch mehr). Es müssen

---

* Die Begriffe »UpCycling« und »UpSizing« bezeichnen in diesem Buch zwei Aspekte des gleichen Konzepts, mit dem durch Wertschöpfungsketten Produktionsprozesse vernetzt werden: »UpCycling« spielt darauf an, daß der Abfall eines Prozeßschrittes auf eine höhere Produktebene transformiert wird. »UpSizing« stellt in den Vordergrund, daß neue Produkte und Arbeitsplätze geschaffen werden und die Effizienz der Produktion und der Wohlstand steigen.

bisherige Ansätze, die so nicht ausreichend funktionieren – wie der »Grüne Punkt« in Deutschland –, konsequent weitergedacht werden.

Beginnen wir beim Marketing. Marketing bedeutet grundsätzlich, daß der Produzent dem »Kunden« nichts liefert, was er nicht will. Welcher Kunde möchte schon Atommüll, Schwermetalle im Boden, PCB in der Muttermilch oder das Ozonloch. Wenn das niemand will, warum wird es dann geliefert?

Das Prinzip ZERI bedeutet ein Ende des »Abfalldenkens«. Es geht also nicht um die einfache Verbesserung des »ReCyclings«, das in der Praxis häufig ein »DownCycling« ist, sondern um ein UpCycling, ein UpSizing, also um echte »Mehrwertschöpfung«. Daß hier gutgemeinte Instrumente wie das Kreislaufwirtschaftsgesetz nicht wirklich tauglich sind, hat sich praktisch erwiesen. Eine aktuelle Studie der Friedrich-Ebert-Stiftung gipfelt in der Feststellung, daß die Wirkung dieses Gesetzes »gegen Null« tendiert und es sich als »höchst ineffizient« erwiesen habe.

Es geht heute darum, in der Betriebswirtschaft und im Management ein neues Portfolio-Verständnis zu entwickeln, Überregelungen zu vermeiden und die Investitionsstarre zu lösen. Die entscheidende Frage ist: Welche Chancen liegen in den Rohstoffen, Reststoffen und Verfahren noch völlig ungenutzt? Statt sich auf Kerngeschäftsstrategien zu beschränken, muß ein Wertschöpfungssystem von miteinander kooperierenden Betrieben geschaffen werden. Das bedeutet letztlich auch die Verschmelzung von betriebsinternen mit gesellschaftlichen Interessen wie Gesundheit, Arbeitsplätze, Energiewirtschaft und dadurch bedingt ein besseres Image der beteiligten Wirtschaftsunternehmen selbst.

Dieses neue Konzept der Interessenzusammenführung, der Nutzung aller Stoffkomponenten und das damit verbundene Netzwerkmodell führt zu einer neuen Form des Denkens in vernetzten Systemen. Es bedeutet ein neues Naturverständnis, ein Lernen von natürlichen Systemen. Es bedeutet die Abkehr von der illusionären Vorstellung des Menschen, nicht mehr Teil des weltweiten Ökosystems zu sein. Doch mehr dazu im Nachwort von Fritjof Capra.

Dieses neue Paradigma heißt: Die Welt ist bereits ein integriertes Ganzes. Alle Erscheinungen, Prozesse, Menschen und sozialen Systeme hängen voneinander ab und wirken aufeinander. Das ist mehr als das passive Globalisierungsverständnis.

Der englische Wissenschaftler und Entdecker der Ozonproblematik, James Lovelock, prägte für diese Sichtweise der Erde den Begriff »Gaia«, der sich vom Namen der griechischen Erdgöttin ableitet. Er will damit auf die Erkenntnis hinweisen, daß die Erde sich wie ein lebendiger Superorganismus verhält. Wie jeder Organismus regelt dieser Planet sich in einer komplexen Weise. Er stabilisiert die notwendigen Temperaturbereiche für die Lebensprozesse, die Energie- und Stoffströme. Lovelock nennt seinen Forschungsansatz Geophysiologie. Und bei konsequenter Betrachtung stellen wir fest, daß wir Menschen als Geist und Körper funktioneller Bestandteil dieses Planeten sind. Die Energie- und Stoffströme gehen durch uns und werden von uns genutzt oder gar durch uns als Parasiten so belastet, daß der Wirtsorganismus schwer gestört wird. Eine zukunftsfähige Strategie hat also von der Intelligenz Gaias zu lernen. Das bisher praktizierte lineare Denken ist dafür nicht geeignet. Das Beschränken auf kurzfristige Zeithorizonte, ein mechanistisches, konventionelles, parzelliertes

Denken, das blind ist für diese Zusammenhänge, hat sich überlebt. Es geht um neue »Geschäfts-Öko-Systeme«, »Wertschöpfungsnetze«, ein neues Verhältnis zur »Natur«, eine neue Balance zwischen Wettbewerb und Kooperation.

Die Natur arbeitet nicht, wie ein falsch verstandener Darwinismus meint, nach dem absoluten Konkurrenzprinzip, nach dem Motto »Nur der Stärkste überlebt«. Sie arbeitet vielmehr nach einem kooperativen Netzwerksystem, das sich allerdings beständig auch durch Wettbewerb optimiert. Dies zu sehen bedeutet konsequenterweise, die Frage nach einer Alternative zur herkömmlichen Wissenschaft zu stellen, die sich zu sehr der Spezialisierung widmet und sich nicht um die vernetzten Wirkungen kümmert, die sie hat. Oder, wie der Wissenschaftler Georg Picht es formulierte: »Eine Erkenntnis, die sich dadurch bezeugt, daß sie das, was erkannt werden soll, vernichtet, kann nicht wahr sein. Deswegen sind wir heute gezwungen, die Wahrheit unserer Naturkenntnisse in Frage zu stellen.«

In der deutschen Wissenschaftstradition haben wir große Denker mit einer systemischen Weltsicht wie Kant und Goethe. Für sie sind Träger der Wahrheit nicht der Inhalt der Welt, nicht ihre materiellen Gegenstände, sondern ihre Beziehungen untereinander, die Relation von Mensch und Welt. Nicht das abstrakte Erkennen, sondern die wirkenden Relationen sind von Belang. So lassen sich für Goethe Erscheinungen nicht auf Worte und Einzelteile reduzieren. »Wer will was Lebendiges erkennen und beschreiben, sucht erst den Geist herauszutreiben, dann hat er die Teile in seiner Hand, fehlt leider! nur das geistige Band.« Für Goethe war die ganzheitliche Wahrnehmung eines Phänomens oder die Fragestellung eines »Problems« die Tür für das Erkennen seines tieferen Sinns. Aber in seiner Bedeutung für die Funktion der Naturwissenschaft blieb er weitgehend unbeachtet. Heute stehen wir vielfach vor dem Phänomen, daß kurzsichtige Lösungen dessen, was wir zum »Problem« erklären, die Ursache noch größerer Probleme werden. Es ist für uns offenbar nicht leicht, Beziehungen zu erkennen, weil sie weder gemessen noch gewogen werden können. Wir werden in unserer Kultur angehalten, die Materie zu untersuchen, und das beginnt immer mit der Frage: »Woraus besteht sie?« Dies fördert das Denken in Bausteinen, Grundelementen, das Bilden von Mengen. Die Untersuchung der Form hingegen fragt: »Wie sieht das Muster aus?« Und fördert so das Denken in Qualität statt das Vermessen von Quantität. Und dieses neue Denken ist Grundlage für die Wahrnehmung der Komplexität lebender Systeme, die Ökologie.

Der ZERI-Ansatz verlangt eine Wissenschaft, die den linearen Anwendungsbezug überschreitet und das Augenmerk auf ihre Wirkungen im Gesamtkontext richtet. Bei dieser »generativen« Wissenschaft werden im Gegensatz zur »linearen« Wissenschaft alle Nebenprodukte eines Rohstoffes im Hinblick auf ihren Mehrwert im Sinne eines unentdeckten Potentials untersucht und entsprechende Verfahrenscluster entwickelt. Ein weiterer Aspekt, ist, daß Wissen heute anders als noch vor wenigen Jahren organisiert ist. So können über das Internet Hunderte von Wissenschaftlern innerhalb kurzer Zeit projektbezogen kooperieren.

Der ZERI-Ansatz geht weiter als die konventionellen Qualitäts- und Umweltnormen wie ISO 9000 oder ISO 14 001. Die Qualitätsnorm ISO 9000 verlangt nur die Entwicklung eines Normenhandbuchs und die Einhaltung selbstgewählter Kriterien. Kritiker stellen fest, daß man nach dieser Qualitätsnorm auch »Rettungsringe aus Beton« bauen und zertifizieren könne. Das »Total Quality Management« (TQM) geht dagegen von einem Null-Fehler-Prinzip aus und hat hinsichtlich dieser konsequenten Art einen ähnlichen Zielpunkt wie ZERI als Null-Emissions-Konzept.

Die sogenannte Umweltnorm ISO 14 001 verlangt nur die Dokumentation von Güterbeschaffung, Zielsetzung und Ergebnis. Nach diesem Modell kann prinzipiell auch eine Wiederaufbereitungsanlage für Atommüll betrieben werden.

Der ZERI-Ansatz hat in Japan zu völlig neuen Überlegungen geführt. Das Superministerium MITI und einige Großunternehmen, wie der größte Zementhersteller Taiheyo und die Pumpenwerke Ebara, unterstützen die Vorarbeiten für eine neue Industrienorm, die ISO 21 000. Diese hat nicht nur die Prozeßseite im Blick, sondern die Philosophie von ZERI als Grundlage.

ZERI entfaltet mittlerweile weltweite praktische und wissenschaftliche Aktivitäten. Jährlich findet auf verschiedenen Kontinenten eine internationale Projektkonferenz statt. Es scheint also nicht mehr die Frage im Mittelpunkt zu stehen, ob dieser Ansatz sich durchsetzt, sondern wo die kreativsten Menschen am schnellsten die besten Potentiale erschließen. Auf der Weltausstellung in Hannover bekommt ZERI an zentraler Stelle gegenüber dem japanischen Pavillon einen eigenen beeindruckenden Stand, gestaltet vom kolumbianischen Architekten Simon Velez.

ZERI ist kompatibel mit anderen innovativen Ansätzen, die mittlerweile in den fortgeschrittensten Kreisen der Organisationsentwicklung und der Ökologie diskutiert werden, beispielsweise »The Natural Step« (TNS) von Karl-Henrik Robert in Schweden oder das Konzept der fünf Disziplinen der lernenden Organisation (LO) von Peter Senge vom Massachusetts Institute of Technology (MIT) in Boston, USA. Auch Peter Senge ist der Meinung, daß es nicht reicht, die Wirtschaft lediglich lernfähiger zu machen. Wenn die Richtung und die Rahmenbedingungen nicht klar und logisch aus dem Gesamtinteresse der Gesellschaft und den Überlebensnotwendigkeiten unseres Planeten abgeleitet sind, können dadurch auch große Zerstörungskräfte freigesetzt werden. Die Wirtschaft muß statt Teil des Problems Teil der Lösung werden können.

Während TNS vier konsensfähige Systembedingungen aus der Thermodynamik ableitet und damit einen gesellschaftlichen Orientierungsrahmen für eine zukunftsfähige Gesellschaft bietet, bezieht sich der »LO«-Ansatz auf die systemische Sicht von Organisationen. Hier stehen als zentrale Bedingungen die Entwicklung »gemeinsamer Visionen« und das »systemische Denken« im Mittelpunkt. ZERI könnte das praktische Bindeglied zwischen dem Ansatz der lernenden Organisation und der Schaffung von konsensfähigen gesellschaftlichen Rahmenbedingungen durch TNS sein.

Dieses Buch hat eine mehrfache Beziehung zu Deutschland. Nicht nur Kant und Goethe als Vertreter einer systemischen Weltsicht sind Geistestradition, an die angeknüpft wird. Auch des Deutschen liebstes Getränk, das Bier, stand bei den ersten ZERI-Projekten im Mittelpunkt des Produktionsprozesses. Eine Brauerei in Namibia, dem ehemaligen »Deutsch-Südwestafrika«, leistete Pionierarbeit bei der Umgestaltung in Richtung »UpSizing«. Auch China, in das die Deutschen über ihre Kolonie »Tsingtao« die Bierproduktion einführten, spielt eine Rolle, indem es über hervorragende Erfahrungen in der Pilzzucht verfügt, die bei der Nutzung des Trebers grundlegend ist. So schickt beispielsweise heute die deutsche Brauerei, die beginnt, den ZERI-Weg einzuschlagen, Fachleute nach China und Namibia. Hier zeigt sich am Beispiel ZERI, wie ein echter Wissenstransfer in beide Richtungen möglich wird. Der ehemalige SWAPO-Chef und heutige Staatspräsident von Namibia, Dr. Sam Nujoma, ist Schirmherr des ZERI-Projektes in Tsumeb.

Gibt es für ZERI Anknüpfungspunkte in Europa? Außer den genannten Brauereiprojekten in Deutschland gibt es eine Initiative auf Gotland in Schweden. Darüber hinaus gehen beispielsweise einige Projekte in Dänemark, insbesondere in der Energiepolitik, in diese Richtung, zum Beispiel die Großbiogasanlagen. Der dänische Umweltminister hat den Slogan »Von der Wiege zur Wiege« zu seinem Leitmotiv erhoben.

Das vorliegende Buch gibt einen Einblick in das ZERI-Konzept, seine praktischen Erfahrungen an vielen Orten der Welt und die Aufgabenstellungen aus diesen Anregungen, die sich für uns in Europa ergeben. Hinter dem Konzept steckt nicht nur die Erkenntnis, daß die Menschheit heute zuviel verschwendet, sondern die intelligente Methode, wie man die versteckten Potentiale systematisch erkennt. Es kommen hier Ideen und Anregungen aus der sogenannten Dritten Welt, aber auch von Japan nach Europa, die eine Thematik betreffen, in der wir uns führend glaubten, nämlich wie man durch ein neues Verständnis von konzeptionellem Umweltschutz und eine integrierte Wirtschaftspolitik neue Arbeitsplätze und mehr Wohlstand für alle schafft.

Johannes F. Hartkemeyer

Mehr Arbeitsplätze und Wachstum ohne Umweltverschmutzung – Das Zero-Emission-Szenario für das Jahr 2021

Etosha, Namibia, 3. März 2021

In dieser ersten Ökolodge der Welt gingen die Berichte ein: Weltweit verzeichnete man wieder eine jährliche Zuwachsrate von 10 Prozent, und es gab keine Ausbeutung von Rohstoffen und Überhitzung der Wirtschaft mehr. Seit bereits sechs Jahren hatte das Wirtschaftswachstum kontinuierlich zugenommen, während der Verbrauch neuer Rohstoffe sogar abnahm. Heute wußte jeder Politiker und jeder Unternehmer, daß man die Produktivität eines Betriebs bei gleichzeitiger Erhöhung der Anzahl der Arbeitsplätze und drastischer Reduzierung der Umweltverschmutzung verbessern kann. Aber was für jeden jetzt eine Tatsache war, klang vor über 25 Jahren wie ein Traum.

An seinem 65. Geburtstag blickte Georges Posada mit großer Freude auf die Zeit zurück, in der er den Befürwortern des DownSizings widersprechen mußte. Ihr Hauptaugenmerk lag auf der Produktivität der Arbeitskräfte: Wie produziert man mehr mit weniger Menschen? Manager waren überaus stolz darauf, wie sie den Umsatz pro Angestellten von erst 150 000 Dollar auf schließlich 1 Million Dollar erhöhen konnten. Vermögensbildung für Aktionäre wurde mit der

Streichung von Stellen gleichgesetzt. Jedes Mittel diente dem Zweck, den Umsatz pro Angestellten zu erhöhen – als wäre die Produktivität der Arbeitskräfte die einzige Art von Produktivität, die man anstreben konnte. Die Hauptaufgabe, die die Aktionäre und die Börsen den Führungskräften auferlegten, bestand darin, die Zahl der Arbeitskräfte zu reduzieren, damit die Aktionäre in den Genuß höherer Dividenden kämen. Doch nur ein paar wenige reich zu machen und viele in Armut und Not zu halten war nicht gerade die attraktivste Herausforderung für ein Unternehmen. Und angesichts des Millionenheers arbeitsuchender Menschen zur Jahrtausendwende war es auch nicht die beglückendste Aufgabe.

Es dauerte mehr als ein Jahrzehnt, um der Wirtschaft und der Politik klarzumachen, daß die traditionelle Wirtschaftstheorie von den drei Grundfaktoren Arbeitskräfte, Kapital und Rohstoffe ausging, und nachzuweisen, daß die Überbewertung der Produktivität der Arbeitskräfte und des DownSizings ein unvollständiges und unangemessenes Mittel im Konkurrenzkampf ist. Die traditionelle Wirtschaftstheorie – wie sie schon jeder Wirtschaftsstudent im ersten Semester lernt – basiert auf den drei grundlegenden Inputfaktoren, die die Konkurrenzfähigkeit von Industriebetrieben bestimmen: Arbeitskräfte, Kapital und Rohstoffe. Dennoch richteten die Industrie und die Börsen ihr Augenmerk fast ausschließlich auf den Output pro Angestellten und einen höheren Investitionsertrag bei weniger Risiko und ließen dabei die Produktivität der Rohstoffe außer acht. Obwohl es mehrere Persönlichkeiten gab, die die Produktivität von Rohstoffen betonten, lieferten nur wenige einen pragmatischen Ansatz für die notwendigen Veränderungen in den industriellen Prozessen.

Die Biologen hatten schon seit über einem Jahrhundert ge-
wußt, daß die Natur unfähig ist, etwas hervorzubringen, das
niemand anders auf dem Globus möchte, doch der Mensch,
der sich selbst als das intelligenteste Lebewesen bezeichnet,
stellte häufig Nebenprodukte her, die nicht nur niemand wollte, sondern die auch manchmal giftig waren. Es war ein Fall
von langsamer Selbstzerstörung. Wer war schon an Dioxin,
Schwermetallen oder Atommüll interessiert? Damals wollte
sie keiner, und heute will sie auch niemand.

Dies erwies sich als besonderes Problem für die Marketingex-
perten – Absolventen eines anderen Kurses, der Management-
studenten während ihres ersten Jahres an der Universität angeboten wurde. Worum geht es beim Marketing eigentlich? Es
geht darum, auf die Wünsche des Kunden zu hören und diese
dann in die Produktgestaltung einfließen zu lassen. Die
Schwierigkeit bestand aber darin, daß wie gesagt nie jemand
Dioxin wollte; ganz im Gegenteil, ein gutinformierter Verbraucher wollte nichts damit zu tun haben – weshalb stellte die
Industrie also weiter chlorierte Kunststoffe her, wobei das gefährliche Dioxin freiwerden konnte? Es gab keinen Käufer für
dieses Nebenprodukt. Niemand wollte für Atommüll bezahlen;
es war vielmehr so, daß die Erzeuger dieses Abfalls dazu bereit
waren, jemandem allein für die Lagerung viel Geld zu zahlen –
und von denen gab es nur wenige. Und die Liste ist lang. Niemand war an Schwermetallen in unseren Gewässern, im Boden
oder in der Luft interessiert. Wieso stellte dann die Autoindustrie weiter metallhaltige Farben her, die eine unkontrollierbare
Menge an Schwermetallen abgaben? Als wir erst einmal erkannt hatten, wieviel Abfall und Toxine von der Industrie erzeugt wurden, fragten wir uns, wer das so entworfen hatte?

Die Gefahren von Dioxin, Asbest, Atommüll und Schwermetall waren gut dokumentiert. Informationen darüber waren überall zugänglich, nachdem einige Katastrophen die Allgemeinbevölkerung alarmiert hatten. Viele negative Daten über existierende Produkte und Verfahren hingegen wurden zunächst vor dem Verbraucher geheimgehalten. Ein Beispiel: optische Aufheller in Waschpulver. Ein »weißer als weißes« Hemd ist nur möglich, wenn die Waschmittelhersteller diesen Fluoreszenzfarbstoff zusetzen. Er heftet sich an die Fasern und wird im Licht energetisiert, so daß er das Grauwerden des Hemdes durch eine bläuliche Farbe verhindert, was es leuchtendweiß aussehen läßt. Wenn aber der Käufer eines Produktes nicht wußte, daß es potentiell toxische Nebenwirkungen wie zum Beispiel Allergien auslösen konnte, und wenn auch der Hersteller keine Ahnung hatte – was in einigen Fällen tatsächlich so war –, dann litten beide an einem Mangel an Wissen und Verständnis in bezug auf die realen Auswirkungen der industriellen Revolution auf die Gesellschaft.

Die Wirtschaftsfachleute respektierten nicht einmal eine der fundamentalsten Grundvoraussetzungen für das Funktionieren des freien Marktes. Adam Smith sagte in seinem 1776 veröffentlichten Werk *Der Wohlstand der Nationen*,[1] daß der umfassende und freie Zugang zu Informationen eine Grundvoraussetzung für das Funktionieren der Marktwirtschaft sei. Wirtschaftswissenschaftler bestätigten dies und lehrten die Markttheorie schon in Anfängerkursen – schienen diese grundlegende Wahrheit aber lieber zu vergessen, als sie die Wirtschaftsrevolution des 20. Jahrhunderts durchführten. Den wirklich »freien« Informationsmarkt gab es erst, als das Internet entstand und Millionen Haushalte erreichte.

Der Homo non sapiens

Eines war klar: Zur Jahrtausendwende war der Mensch noch nicht der Homo sapiens, der er für mehr als fünftausend Jahre zu sein vorgegeben hatte. Es schien, als bliebe er ein Homo *non* sapiens. Er konnte nicht wissend gewesen sein – sonst hätte er auf ganz andere Art und Weise produziert.

Weshalb, so fragte sich Georges beispielsweise, entnahmen die Papierhersteller nur die Cellulose aus dem Holz und warfen den Rest weg, während die anderen beiden Hauptbestandteile – Lignin und Hemicellulose – eindeutig wertvoll waren? Es dauerte nicht lange, um die Ökonomen davon zu überzeugen, daß es möglich sei, die Leistungsfähigkeit des Systems rapide zu erhöhen. Schließlich war es ja nicht gerade schwer, der Industrie die Herstellung von drei Produkten anstatt eines einzigen, die Verminderung der Umweltbelastung und die Einkommenssteigerung bei gleichzeitiger Schaffung neuer Arbeitsplätze schmackhaft zu machen. Es mußten nur noch die Ingenieure die Verfahrenstechnik entwickeln und die Investoren aktiv werden.

Als diese Zusammenhänge dann gründlich dokumentiert waren, machten sich Georges und sein Team an die Untersuchung von über fünfzig unterschiedlichen Wirtschaftsbereichen.

Die Planer erkannten also, daß man aus dem Baum, dessen Reste nach der Gewinnung von Zellulose verbrannt wurden, gesunde Süßstoffe gewinnen konnte, und daß Zuckerrohrreste, die ebenfalls vernichtet wurden, wertvolle Fasern liefern. Weshalb stellte man da nicht die Wirtschaft auf integriertere und effizientere Weise um? Schließlich soll der Homo oecono-

micus ja »mehr aus weniger und besser« herstellen. Die Weltwirtschaft benötigte eine enorme Steigerung der Produktivität, und die größere Menge an Produkten aus denselben Rohstoffen würde zu einem generellen Anstieg der agrarindustriel-
len Produktivität, somit zu mehr Arbeitsplätzen und einer drastischen Reduzierung der Umweltverschmutzung führen. Dies
schien zu gut, um wahr zu sein. Georges und sein Freund James brauchten zwei Jahrzehnte, bis diese Auffassung als gesunder Menschenverstand galt. Es läßt sich jetzt nur noch
schwer vorstellen, daß es eine ganze Generation dauerte, um
klarzumachen, daß diese integrative Verwendung der gesamten Biomasse und der intelligente Einsatz der Technik, um die
Bestandteile zu ihrer Weiterverwertung zu trennen, nicht nur
sinnvoll sind, sondern auch Geld einbringen. Und Geld wurde
zur Bewältigung der damaligen Gesellschaftskrisen – also in
bezug auf Nahrung, Wasser und Arbeitsplätze – dringend gebraucht.

Die Industrienationen, besonders Europa, waren mit einem
großen Problem konfrontiert: der Arbeitslosigkeit. Sie war eines der Kernprobleme, da zur Jahrtausendwende Millionen
von Menschen Arbeit suchten. Europa wies eine massive Arbeitslosenrate von mehr als 10 Prozent auf – und das waren die
offiziellen Zahlen. Wenn man diejenigen hinzuzählte, die
weitergebildet wurden, die im besten Alter von fünfzig Jahren
in den »Vorruhestand« geschickt wurden, die den Schritt in
die Selbständigkeit wagten, anstatt in einem sinnlosen Job un-
terbeschäftigt zu sein, und die, die sich einfach ganz aus dem
Arbeitsmarkt zurückzogen, dann wurde wahrscheinlich einem von vier arbeitsfähigen Menschen auf dem Planeten gesagt, daß seine Intelligenz, Kreativität, Motivation und sein

starker Wunsch, etwas zu leisten, von niemandem mehr gebraucht werde. Die Gesellschaft als ganze hatte viele verschiedene Bedürfnisse, fand aber einfach nicht Mittel und Wege, dieses große ungenutzte Potential an Menschen zum Vorteil aller einzusetzen. Gegen Ende der neunziger Jahre sprachen die Politiker von Arbeitslosigkeit – aber dies war die Blütezeit des DownSizings. Heute weiß wie Georges jeder, daß der Geist des DownSizings die Begeisterungsfähigkeit, die Motivation und den Unternehmungsgeist vieler Manager auf der ganzen Welt zerstört hat, aber es war eben keine Alternative in Sicht. Bis zu dem Tag, als das UpSizing aufkam.

Der Übergang von 1999 zum Jahr 2000 und 2001 kam wie ein Weckruf. Aber das neue Bewußtsein stellte sich nicht generell und überall ein; es beschränkte sich zunächst auf einzelne, ausreichend publik gemachte Fälle von höchstem Symbolcharakter, die nur dazu dienten, das Ausmaß an Unwissenheit, mit dem das System arbeitete, zu bestätigen. Diese Fälle wurden von allen »Netzianern«, die tagtäglich auf das Internet zugriffen, ohne weiteres verstanden und hervorgehoben, und sie debattierten per IP Multicasting über die Geschehnisse und darüber, wie jeder einzelne zur Veränderung beitragen konnte.

Georges hatte seit Jahren argumentiert, daß es nur dann eine optimale Lösung für die Umwelt und die Wirtschaft gebe, wenn alle Beteiligten verstünden, wie die gesamte Biomasse, nicht nur ein Bruchteil, verwertet werden kann und wie dies das Wachstum im Gastgeberland der Plantage ankurbeln könnte. Eine kurze Untersuchung, die Georges Team damals in den neunziger Jahren anstellte, ergab ganz schnell, daß etwa zehn neue Industriezweige um die Kernindustrie der Palmölgewinnung aufgebaut werden könnten.

In der Industrie wußte man nur zu gut, daß man nicht stolz auf seine Leistung der Vergangenheit sein konnte. Die Herstellerfirmen wollten sauberer aussehen und das Image der Verschwendung und Umweltverschmutzung, das sie seit Jahrzehnten verfolgte, abschütteln. So kam es, daß die Firmenleitungen nur allzugern auf ihre Einführung von sauberer(er) Technologie und ihren Wunsch nach dem ISO-14 001-Zertifikat verwiesen. Dieses Zertifikat bestätigte grundsätzlich, daß der Betrieb den Prozeß der Einsatzgüterbeschaffung verstand, die Ziele definierte und die Ergebnisse dokumentierte. Für Georges war das eine Farce, aber er wußte nur zu gut, wie machtvoll das Konzept des Zertifizierens war. Ihm mißfiel das Ganze deshalb, weil es durchaus möglich war, ein ISO-14 001-Zertifikat zu erhalten, während bei der Herstellung gleichzeitig Dioxin freiwurde oder sogar Atommüll entstand. Solange alles wohldokumentiert war, im Rahmen des Gesetzes und in Übereinstimmung mit den Zielen des Betriebs, erhielten sogar Dioxinerzeuger das Zertifikat …

Georges überlegte sich, daß dies nicht das Ziel derer sein konnte, die die Gesellschaft ins UpSizing katapultieren wollten: aus weniger mehr machen, die Umweltverschmutzung drastisch reduzieren und gleichzeitig die Wettbewerbsfähigkeit der Industrie erhöhen. Der Wettbewerb auf der Grundlage von Zertifikaten, die weder Schwermetalle noch Chlorverbindungen beanstandeten, war schwer zu akzeptieren.

So entstand bis zum Jahre 2010 die Norm ISO 21 000, die das Clustering von Industrien und das Zero-Emission-Konzept als Weg nach vorn zur Auflage machte. Es hätte bereits zwanzig Jahre früher verwirklicht werden können, aber schon die endlosen Debatten, die der Konsensbildung innerhalb der Industrienationen bezüglich einfacher Standards vorausgingen, waren so hitzig, daß sich die wirklichen Pioniere des Zero-Emission-Konzepts und des UpSizings einfach in Geduld fassen und sich auf ihre eigene Arbeit konzentrieren mußten, anstatt an der Veränderung des Überbaus der internationalen Organisationen mitzuwirken. Als Zero Emission bei einzelnen Betrieben allmählich zur Industrienorm wurde, begann die International Standards Organization, ihre Mitglieder zu Konsultationen einzuberufen. Und da das japanische Umweltministerium darauf verweisen konnte, daß es bereits im Jahre 1996 die Zero Emission als zukünftigen Industriestandard proklamiert hatte, diente die Unterstützung des Landes der aufgehenden Sonne etwa zwei Jahrzehnte später schließlich als Auslöser für eine Umorientierung des gesamten Systems.

Georges ärgerte sich nicht nur über das Zulassungsverfahren im 20. Jahrhundert, sondern stellte auch einige der Konzepte und Ideen der Umweltschützer ernsthaft in Frage, weil diese die Natur nicht zu berücksichtigen schienen. Sie waren lineare Lösungen für lineare Probleme. Die wahrscheinlich absonderlichste Regelung, die von Industrie und Regierung unter dem Druck von nichtstaatlichen Organisationen getroffen wurde, war das bekannte Prinzip »Der Verschmutzer zahlt«. Auch wenn diese Regel auf den ersten Blick sinnvoll erschien, war auch sie entweder von einem Juristen oder einem Ökonomen entworfen worden – weil Biologen sicher schnell darauf hingewiesen hätten, daß es in der Natur keine solche Logik gibt. Das »Der-Verschmutzer-zahlt«-Prinzip machte natürlich insofern Sinn, als die Industrien Unmengen an Schadstoffen produzierten, deren Entsorgung sie der Gesellschaft (und den Steuerzahlern) aufbürdeten. Georges war aber davon überzeugt, daß die Gesellschaft das schlechte Verhalten der Industrie niemals durch die Einführung von schlechten Gesetzen und Auflagen korrigieren könnte. Weshalb war dies also keine gute Regelung? Natürlich weil das Prinzip in Wirklichkeit so interpretiert werden konnte und wurde, daß die Reichen es sich leisten können, die Umwelt am stärksten zu belasten!

Die Industrie müsse ihre Verfahrensweise ändern, sagte Georges, und die Industrie sollte ihren Anteil zahlen. Aber die Natur geht mit ihren Abfallstoffen ganz anders um. Denken Sie einfach mal an einen Baum im Wald. Jedes Jahr wirft er im Herbst seine Blätter ab. Diese Instrumente der Photosynthese sind dann nutzlos geworden und fallen von den Zweigen herunter. Stellen Sie sich vor, die Natur hätte ihr Ökosystem nach dem Prinzip »Der Verschmutzer zahlt« eingerichtet: Der Baum müßte alle Blätter aufsammeln und diesen Abfall zu einer Müllgrube bringen oder ihn vor der Entsorgung direkt vor Ort behandeln … »Vollkommener Unsinn!« denkt man da sofort. Doch selbst wenn dem Baum dies gelänge, würde es ihn eine ganze Menge kosten, und er könnte es niemals richtig machen. Falls er es schaffte, würde er dies nämlich nicht überleben. Denn durch seine außerordentliche Anstrengung hätte er dem Mikrosystem von Flora und Fauna, die von den Blättern des Baums leben, die Hauptnahrungsquelle entzogen, und somit bliebe auch dem Baum nichts mehr zum Überleben: Ohne ein gedeihendes Ökosystem um seine Wurzeln herum würden andere genauso wie er selbst der Nahrung beraubt werden.

Doch zum Glück arbeitet die Natur nicht nach dem »Der-Verschmutzer-zahlt«-Prinzip. Sie hat um den Baum herum ein zwar empfindliches, aber wohlausbalanciertes Ökosystem aufgebaut. In seinem Umkreis sind Cluster von zahllosen Mikroorganismen und Pilzen aktiv. Wenn die Blätter fallen, verarbeiten Pilze, Regenwürmer, Insekten, Bakterien und ähnliche Lebewesen diese jährliche Masse an Fasern und Hemicellulose mit Freude in Humus. Denn was für den einen Abfall ist, ist Nahrung für viele andere, wobei jeder sich das nimmt, was für ihn das Beste ist, und einen weiteren Rest für den nächsten läßt. Genau diese Cluster wurden zu Georges Kernidee für eine neue Wirtschaft, die auf dem Konzept der Zero Emission, des UpSizings und UpCyclings basiert.

Seine Schlußfolgerungen faßte Georges in der Entwicklung einer neuen Wissenschaft zusammen: der generativen Wissenschaft, die diese Logik für die Gesellschaft im allgemeinen und die Industrie im besonderen unterstützt.

Damals erschien dieses Konzept noch wie eine Utopie, dabei war es für diejenigen vollkommen einleuchtend, die sich eingehend und im Detail mit der Natur und dem Ablauf natürlicher Prozesse beschäftigt hatten. Die erste Unterstützung kam denn auch aus den Bereichen Biologie, Botanik und aus der Computerindustrie. Von der letzteren war das durchaus zu erwarten, immerhin machte die Bildung von Industrieclustern auf der Grundlage von Netzwerken weitgehend das Wesen der Internetrevolution aus. Das Prinzip des Netzwerks war für Außenstehende durchaus schwer nachzuvollziehen; aber nachdem man jahrelang das DownSizing als angeblich einzigen Weg aus der Krise propagiert hatte, verlangten die Firmenleitungen nach einem positiveren Ausweg aus der geschwächten Marktlage.

Die Revolution des UpSizings lieferte die Lösungen für viele Probleme; so wurde klar, wie man einige der lange unbeantwortet gebliebenen Fragen angehen mußte, zum Beispiel:

Warum sind synthetische Produkte fast immer günstiger als natürliche? Wie ist es möglich, daß ein nichterneuerbarer Rohstoff billiger ist als ein erneuerbarer Stoff, der immer wieder erzeugt werden kann? Die Antwort war einfach. Wir hatten ein Destillations- und Aufspaltungsverfahren für Erdöl entwickelt, das die Nutzung aller Moleküle dieser nichterneuerbaren Substanz ermöglichte, aber nie ein System entworfen, das in ähnlichem Umfang die Aufspaltung aller wertvollen Komponenten der nachwachsenden Ressourcen ermöglichte. Dementsprechend nutzten wir nur einen Bruchteil der Biomasse und warfen den Rest ganz einfach weg. Das ist teuer, und damit hatte der Verbraucher oft keine andere Wahl, als sich für das billigere Produkt zu entscheiden.

Georges überlegte: Gemäß der generativen Wissenschaft des UpSizings können wir ein Herstellungs- und Gewinnungssystem entwickeln, das sämtliche in agroindustriellen Verfahren anfallenden Fasern, Proteine, Vitamine, Antioxidantien sowie Betakarotin und anderes wiederverwertet. Wenn wir das tun, fallen die Kosten und der Verkaufspreis dieser hochwertigen Stoffe, so daß sie weitere Verbreitung finden können. Billiges Plastik und behandelte Lebensmittel mit geringem Nährwert wären dann nicht weiter so ziemlich das einzig Erschwingliche, an das die unter der Armutsgrenze Lebenden leicht herankommen könnten.

Das Immunity Management

Das sich vertiefende Verständnis der großen Dinge der Natur führte zur generativen Wissenschaft und ihrem machtvollen Potential. Und wenn der Mensch einmal verstanden hat, wie vielfältig, reaktionsfähig und intelligent die Natur ist, dann will er das Beste an der Natur nachahmen. Das faszinierendste »Managementsystem«, das die Natur hervorgebracht hat und mit dem sie arbeitet, ist das Immunsystem.

Die Manager der damaligen Zeit waren immer noch vom Gehirn (Firmenleitung) und dem Nervensystem (Mitarbeiter) geblendet. Das soll natürlich nicht heißen, daß wir das Gehirn nicht bräuchten. Aber in einer Welt des Wirtschaftswettbewerbs stellt sich nicht die Frage, ob etwas gut oder funktional ist, sondern ob es etwas Besseres gibt. Und die Erforschung des Immunsystems bot die großartige Gelegenheit, die Leistung aller Komponenten in der generativen Wissenschaft zu verbessern.

Eines der zwingenden Argumente ist, daß das Immunsystem auf einem perfekt funktionierenden Informationsaustausch basiert. Georges hatte bereits darauf hingewiesen, daß der Markt nur dann optimal funktioniert, wenn allen Menschen alle Informationen zugänglich sind. Das Immunsystem wendet ebendieses Prinzip an – und ist dabei auch höchst effektiv. Es setzt voraus, daß alle Mitspieler intelligent sind und somit jedem alle neuen Informationen mitgeteilt werden.

Georges erinnerte sich, daß viel über Bottom-up-Management, Konsensentscheidungen und Mitbestimmungssysteme mit einer flachen Hierarchie geschrieben worden war. Aber welches System war schon so effektiv wie das Immunsystem –

in dem jede Zelle über all die notwendigen Informationen verfügt, um in Sekundenschnelle die guten von den schlechten unter den Millionen von Bakterien zu unterscheiden, die wir mit jedem Atemzug in unseren Körper aufnehmen? Und da es schätzungsweise etwa fünf Millionen mögliche Bakterien gibt, könnte diese unvorstellbare Aufgabe nicht einmal von einem Supercomputer ausgeführt werden. Unser Körper arbeitet wie ein Super-super-super...-Computer und verarbeitet all diese Informationen so mühelos, daß es wie Science-fiction klingt. Es ist aber keine Utopie – es ist Wirklichkeit. Wir waren fasziniert von den Durchbrüchen im Silicon Valley und der Informatik des ausgehenden 20. Jahrhunderts, aber niemand sang je dem Helden ein Loblied, dem die Erfindung des Immunsystems gelang.

Zurück in die Gegenwart

Dieses Buch handelt von einer Form des Management – von Immunity Management –, das auf einer neuen Wissenschaft, der generativen Wissenschaft, basiert. Kernstück der generativen Wissenschaft ist die pragmatische Methodologie der Zero Emission. Sie umreißt effiziente Strategien zur Bekämpfung der Armut sowie einen neuen Ansatz zur drastischen Verbesserung der Liquidität und der Produktivität. Sie möchte aufzeigen, daß der Mensch mehr aus dem machen kann, was die Erde hervorbringt, statt mehr von der Erde zu verlangen, als diese herzugeben in der Lage ist. Dann könnte es ihm gelingen, den Grundbedarf an Wasser, Nahrung, Unterkunft, Gesundheitsfürsorge, Energie und Arbeit, an denen es heute mangelt, zu decken.

In diesem Buch wird begeistert von den Veränderungen berichtet, die in Afrika, Asien, Lateinamerika, dem Pazifikraum
und in Europa stattfinden, und den konkreten Ergebnissen,
die dort erzielt werden. Hier werden keine Patentrezepte dargestellt, aber es wird eine praktische und pragmatische Methodologie aufgezeigt, die uns allen verständlich macht, wie wir
nach Jahren des DownSizings in der Wirtschaft zum UpSizing
und zum UpCycling übergehen können. Es gelingt so nämlich, gleichzeitig die Produktivität zu steigern, mehr Arbeitsplätze zu schaffen, die Umweltverschmutzung zu reduzieren
und die Bedürfnisse der Gesellschaft zu befriedigen. Dies ist
keine Utopie, sondern bereits erfolgreich in die Praxis umgesetzt worden. Die ersten Samenkörner sind schon als nachah-
menswertes Beispiel für viele weitere aufgegangen, wie in diesem Buch noch gezeigt werden wird.

Kapitel 1

Von der Wiege zur Wiege: Wie lernt das Zero-Emission-Konzept von der Natur? – Über Darwin, Entropie und die »generative Wissenschaft«

Zu den wissenschaftlichen Erkenntnissen, die das ausgehende 19. Jahrhundert und darüber hinaus am meisten beherrscht haben, zählt Darwins Evolutionstheorie mit ihrem Konzept vom »Überleben des Stärkeren«.[2] Gegen Ende des 20. Jahrhunderts ist es das Gesetz der Entropie, das in weiten Kreisen populär geworden ist. Beide haben das Denken der heutigen Generation stark beeinflußt, und jetzt scheint die Zeit dafür reif zu sein, beide in Frage zu stellen und durch das, was wir »generative Wissenschaft« nennen wollen, zu ersetzen.

Vom »Überleben des Stärkeren« zur »Evolution durch Interdependenz und Kooperation«

Darwins Evolutionstheorie hat viele Debatten ausgelöst und trägt auch noch in unseren Tagen zu einem regen Meinungsaustausch pro und kontra bei; denn die These vom »Überleben des Stärkeren«, dem *survival of the fittest,* ist auf der ganzen Welt bekannt. Der Mensch hält sich für eine der stärksten Arten und meint deshalb anderen Lebewesen befehlen zu können, für sein Wohlbefinden dazusein. Das Überleben des Stärkeren scheint zwar eine Theorie mit vielen logischen Komponenten zu sein; dennoch wurde sie wissenschaftlich nicht bewiesen, sondern ist nur eine schlüssig scheinende Hypothese.

Ein Hauptkritikpunkt an der populären Interpretation der Evolutionstheorie ist denn auch die Tatsache, daß sie die Arten als voneinander unabhängig zu erforschen scheint und nach einer Logik hinter der Entwicklung nur jeweils eines bestimmten Typus sucht. Welches der Löwenjungen hat die größten Aussichten zu überleben? Das stärkste wird in aller Regel natürlich »Löwenkönig«, das schwächste stirbt schneller. Welches wilde Tier entgeht dem unbändigen Appetit des Leoparden? Das schnellste, wohingegen das langsamste gestellt und getötet wird. Eine solche Argumentation scheint plausibel zu sein, denn wenn man das Verhalten der Arten in der Natur lediglich aus dieser Perspektive heraus untersucht, stellt man fest, daß tatsächlich der Stärkste überlebt.

Der Fehler einer solchen Analyse ist aber, daß die Natur nicht als System betrachtet wird. Dabei weiß man sehr wohl, daß kein Element der Flora und Fauna in der Natur unabhängig von den anderen funktioniert. Es handelt sich vielmehr um ein Öko*system*, in dem alle Elemente in gegenseitiger Abhängigkeit miteinander in Verbindung stehen. Die Beschaffenheit und die Menge des vorhandenen Wassers beeinflussen das Verdauungssystem der Arten, die Temperatur den Hauttypus, Höhe und Luftdruck haben Auswirkungen auf den Kreislauf, bestimmte Insekten teilen ihren Lebensraum mit speziellen Vogelarten, die Sorte der Bäume bestimmt die verschiedenen Sporen und Pilze, und die Pilze bedingen die Art der Bakterien. Es ist ein endloser Kreislauf von Ursachen und Wirkungen, wie er für jedes dynamische System typisch ist, und die

Veränderung in einer Komponente wirkt sich auf alle anderen aus. Das Ganze ist interaktiv, voller Feedbackschleifen, reaktionsfähig, immer ausgerichtet auf die optimale Nutzung der Energie bzw. Nahrung und die Schaffung des bestmöglichen Lebensraums.

Es ist somit eine grobe Vereinfachung, wenn man sagt, die Arten, die bis heute überlebt haben, seien die stärksten. Das Überleben in der Natur hängt vielmehr von ihrer Integration im Ökosystem ab. Jede Spezies, die sich aus dem Zusammenhang ausklinkt, stirbt mit der Zeit garantiert aus, wie groß ihre Intelligenz auch sein mag – oder sie bewirkt die Auslöschung aller anderen Arten, wenn ihre Entscheidung, sich auszuschließen, das Leben in ihrer Umwelt unmöglich macht. Dies scheint die Herausforderung zu sein, mit welcher der Mensch heute konfrontiert ist. Er hat die Illusion entwickelt, nicht mehr Teil des Ökosystems zu sein, hält sich für klüger und möchte die Natur einzig und allein zu seinem Nutzen ausbeuten. Das kann nicht funktionieren.

Die Bakterien, Enzyme, Pilze, Regenwürmer, Insekten, Vögel, Bienen, Fledermäuse, Nagetiere, Hirsche, Büsche und Bäume – um nur dieses Dutzend von im Wald lebenden Arten zu nennen – sind in der Natur voneinander abhängig. Allein durch allerengste Kooperation haben sie eine Überlebenschance, die Gelegenheit, sich zu entwickeln und ein noch besseres System aufzubauen, das die Evolution aller fördert.

Wie im Prolog schon gesagt wurde, kann der Baum nur existieren, wenn in der Umgebung seines Wurzelsystems genügend mineralhaltiger Humus vorhanden ist. Seine Fähigkeit, Nährstoffe aufzunehmen, wird durch Bakterien und Enzyme an den Wurzelenden verbessert, und diese ernähren sich von den aufgespaltenen Stoffen, die letztlich aus den abgefallenen Blättern des Baums stammen. Sie werden weiterhin von einer Vielzahl von Biochemikalien angereichert, die von all den anderen Mitspielern erzeugt, verdaut und regeneriert werden: den Pilzen mit ihrer außerordentlichen Aufnahmefähigkeit von Mineralien, den Ausscheidungen der Vögel, die für das richtige Maß an Alkalität sorgen, und den Regenwürmern, die mit ihrer Verdauungskraft alles in ihrer Reichweite umsetzen und damit selbst zu Eiweißkonzentraten, schmackhaften Leckerbissen für Vögel werden.

Es handelt sich um eine artenübergreifende Kooperation, und das Wissen darüber ist nicht in einem Gehirn zentralisiert – sondern jedes Individuum einer Art »trifft« auf dezentrale Weise »Entscheidungen«, das Beste zu tun, wird dabei jedoch von Prinzipien geleitet, die über das Eigeninteresse und das eigene Überleben hinausgehen. Ein Prinzip allen Lebens ist offensichtlich die Wiederverwertung aller natürlichen Bestandteile als Nahrung, so daß der Überrest des einen das tägliche Brot für den anderen wird. Am faszinierendsten dabei ist der »Teamgeist« selbst unter den gegensätzlichsten Arten. Sie interagieren direkt und indirekt, unabhängig von Rasse, Alter und Qualifikation oder Größe. Das Ökosystem demonstriert eine immense Toleranz gegenüber der Vielfalt, denn es braucht solche Unterschiede, um sicherzustellen, daß jedes Element das Beste und Wertvollste aus den Ressourcen entnehmen kann, an deren Schaffung bzw. Bewahrung es beteiligt ist.

Der Reichtum der Natur besteht also in der Mannigfaltigkeit innerhalb des Systems und der Vielfalt von Systemen. Zerstört oder plündert man einen »Baustein«, hat das negative Folgen für alle anderen. Zum Beispiel sind die einzigen Enzyme, die Lignocellulose (die Fasern von Bäumen und Gräsern) aufspalten können, diejenigen von Pilzen. Wenn es keine Pilze gäbe, existierte wahrscheinlich keine Möglichkeit, diesen Stoff in Kohlenhydrate zu verwandeln. Indem der Mensch die Luft so sehr verschmutzt, daß es auf der ganzen Welt nur noch sauren Regen gibt, destabilisiert er das gesamte Ökosystem. Und weil die durch uns verursachten Veränderungen permanent sind, bricht das System irgendwann zusammen oder funktioniert nur noch eingeschränkt. Die Menge des Abfalls wird weiter ansteigen, da die empfindliche Interaktion gestört ist; noch mehr Arten werden aussterben, andere breiten sich epidemieartig aus, weil gewisse Nahrungsquellen im Übermaß erzeugt werden. Das hinlänglich bekannte Veralgen von Flüssen zum Beispiel ist die Folge von einer überaus starken Anreicherung mit Phosphaten durch Abwässer; und etwa 70 Prozent der deutschen Wälder sterben infolge des sauren Regens und der Belastung durch Metallverbindungen, die sich im Wurzelsystem ablagern und die Bäume krank machen, so daß sie langsam eingehen und damit das Ökosystem förmlich auseinanderreißen. Wenn also eine Art – wie der Mensch – sich »ausklinkt«, kann dies auf Dauer zum endgültigen Kollaps des Ganzen führen. Die Folge dabei muß nicht unbedingt das Entstehen einer toten Wüste sein, sondern es können Wachstumsseuchen einerseits und Beschleunigung des Artenverlusts andererseits eintreten. Und trotz allen wissenschaftlichen Fortschritts werden wir es immer schwerer haben, das gestörte Gleichgewicht wiederherzustellen.

Die Devise vom »Überleben des Stärkeren«, die auf dem pseudowissenschaftlichen Weltbild des Darwinismus gründet, muß deshalb durch die »Evolution durch Interdependenz und Kooperation« ersetzt werden, denn die Natur bietet uns ein einzigartiges Anschauungsfeld für Vielfalt und Effizienz. Der konstruktive Beitrag einer Komponente bereichert das Dasein aller anderen. Wenn wir uns dies zum Vorbild nehmen, führt unser Weg zwar nicht unbedingt direkt ins Paradies, da in der Natur ja auch immer wieder Katastrophen und Störungen vorkommen. Es wird dem System dann aber voraussichtlich immer gelingen, ein Optimum an Nahrung und erneuerbarer Energie zu erzeugen; dadurch funktioniert es in möglichst jeder Hinsicht effizient und befähigt jede Spezies dazu, sich gemäß ihrer natürlichen Bestimmung zu entwickeln.

Vom Gesetz der Entropie zum Gesetz der Kogeneration

Kommen wir nun zu unserem zweiten Kritikpunkt: dem Gesetz der Entropie. Dieser Lehrsatz ist einerseits komplex, aber im Grunde auch wieder einfach. Er besagt, daß alles auf der Erde aus einem Zustand der Ordnung in einen Zustand der Unordnung übergeht.

Entropie ist nicht schwer zu verstehen: Ein Kind schaut in den Spiegel und sieht frische, junge, gesunde Haut. Mit den Jahren wird seine Haut faltig und trocken. Das, was der alte Mensch, der einmal dieses Kind war, im Alter von 85 Jahren im Spiegel sieht, beschreibt die Entropie: Das System – der Körper im allgemeinen und die Haut im besonderen – desintegriert (von Ordnung) und führt schließlich zum Kollaps (zur Unordnung).

Entropie ist zweifelsohne eine Lebenswirklichkeit für diesen einen Menschen, und sie ist eine Realität für jedes Wesen auf der Erde – ob Pflanze, Mensch, Insekt, Bakterium oder Nagetier. Diese Logik gilt aber nur dann, wenn der betrachtete Zeitfaktor linear ist. Er basiert auf einer »Von-der-Wiege-zur-Bahre«-Vorstellung: daß es eine Zeit der Geburt und eine Zeit des Todes gibt und das Leben nach dem Tod vielleicht im Jenseits weitergeht ... und nicht auf der Erde. Das Gesetz der Entropie ist also das Gesetz der *Degeneration,* der Entwicklung zu immer ineffizienteren Systemen.

Dies widerspricht aber der Einsicht von der »Evolution durch Interdependenz und Kooperation«; denn wie wir wissen, gibt es in der Natur keinen Tod, das Leben hat kein Ende: Was für den einen Abfall ist, wird zur Nahrung für die Arten, die mit ihm in der Symbiose existieren, und wo das Leben für den einen endet, beginnt es für einen anderen. Dank der Versorgung mit unerschöpflicher Sonnenenergie und des genialen Systems der Photosynthese, der Enzyme, Proteine und Aminosäuren setzt sich der Zyklus der Erzeugung von Energie und Nahrung kontinuierlich fort. Man kann natürlich einwenden, daß die Sonnenenergie mit der Zeit versiegen wird, aber bis dahin bleiben uns noch ein paar Millionen Jahre. Deshalb sollte das Gesetz der Entropie umgehend durch das Gesetz der *Regeneration* ersetzt werden. Die gegenwärtige Auffassung hilft uns nämlich nicht bei der Erschaffung einer Welt, wie wir sie brauchen.

Die Gesellschaften des Westens waren nie dazu bereit, die Natur in diesem Licht zu betrachten, weil sie immer von einer linearen Zeitvorstellung ausgingen. Das heißt, alles, was wir zu unseren Lebzeiten nicht tun, sei für immer verloren. Dies ist unter anderem auch eine der Ursachen für den Streß in unseren Systemen: einer der Faktoren, die den Wunsch nähren, innerhalb eines Lebens möglichst viel Reichtum anzusammeln und dabei gleichzeitig viel vom Reichtum der Natur aufzubrauchen. Die Kulturen des Orients bzw. Asiens und speziell die des Pazifiks haben dagegen eine eher zirkuläre Zeitvorstellung. Aus diesem Grund ist für viele Religionen die Wiedergeburt normale Lebenswirklichkeit. Und die Befürworter der Reinkarnationstheorie sind der Auffassung, daß wir uns nicht ständig dem Druck auszusetzen brauchen, ein Übermaß an Leistung zu erbringen, weil eine heute entgangene Gelegenheit mit größter Wahrscheinlichkeit wiederkommen wird – und wenn nicht in diesem Leben, dann im nächsten, in welcher Form auch immer das sein mag ...

Ist die Zeitvorstellung in einer Kultur linear, werden lineare Gesetze geschaffen, welche die offizielle Wahrheit innerhalb dieser Logik darstellen. Das Gesetz der Evolution und dasjenige der Entropie sind typische Produkte einer solchen Denkweise, die aber nur innerhalb des Paradigmas funktionieren. Paradigmen sind Denkmuster, die das wissenschaftliche Weltbild, die Weltsicht einer Zeit prägen. Angesichts der existentiellen Krise, in die uns die überkommenen Auffassungen geführt haben, liegt es auf der Hand, daß wir neue Denkmuster bilden müssen, welche die Wirklichkeit treffender beschreiben. Es steht uns also ein Paradigmenwechsel bevor, denn bei unserer gegenwärtigen Krise handelt es sich vor allem um eine Krise der Wahrnehmung.

Bei dem neuen Denken, wie es der Physiker und Philosoph Fritjof Capra[3] fordert, geht es darum, daß wir die Welt als komplex statt linear sehen, »in Netzen und Bögen statt in Zielgeraden«. Ebenso wie die Physiker am Anfang unseres Jahrhunderts feststellen mußten, daß die Phänomene der atomaren und subatomaren Welt nicht mit den Erklärungsmustern des kartesianisch-mechanistischen Weltbildes zu verstehen waren, und zu einer ganzheitlichen Sicht gelangten, muß auch ein Wandel im Verständnis von biologischen, wirtschaftlichen, sozialen, ökologischen und politischen Zusammenhängen stattfinden.

Obwohl unser Leben noch weitgehend vom alten Paradigma bestimmt wird, sind doch schon viele Ansätze dieses neuen Denkens sichtbar. Der Wechsel hat bereits stattgefunden, und je mehr wir die überkommenen Ansichten über Bord werfen und die Welt des Homo non sapiens hinter uns lassen, um so mehr Veränderungen hin zum Besseren werden wir in den kommenden Jahren und Jahrzehnten erleben. In der Welt des Homo sapiens gibt es keine Entropie mehr, und der Fortschritt basiert auf Kooperation mit den verschiedenen Erscheinungsformen des Lebens und der Achtung von Vielfalt in der Natur. Es ist eine Welt, auf die hinzuarbeiten sich lohnt, ja, unumgänglich erscheint.

Von der »mechanistischen« zur »generativen« Wissenschaft

Die Theorie dieser anderen, der »generativen« Wissenschaft ist neu, noch in der Entwicklung begriffen und offen für Verbesserungsvorschläge – genau wie jede andere »Disziplin«, die über Jahre und Jahrzehnte hin entstanden ist. Der grundlegende Aspekt besteht aber darin, daß die generative Wissenschaft von dem Grundbedürfnis angetrieben wird, im Einklang mit der Natur zu wachsen und sich zu entwickeln, zu generieren und zu regenerieren. Salopp könnte dieser Zyklus mit dem Motto »von der Wiege zur Wiege« umschrieben werden, ganz im Gegensatz zu der bisher gepflegten Vorstellung des Weges »von der Wiege bis zur Bahre«.

Die Wissenschaft hat in den letzten fünfhundert Jahren enorme Fortschritte gemacht. Dieser Fortschritt scheint aber dergestalt zu sein, daß wir »mehr und mehr über weniger und weniger lernen, bis wir schließlich alles über nichts wissen«. In der Epoche der Spezialisierung und Quantifizierung haben wir die Gesamtschau verloren. Newton, Bacon, Galileo und Descartes haben uns zu wichtigen Erkenntnissen verholfen und das Denken der heutigen Gesellschaft in erheblichem Maße beeinflußt. Galileo stellte den Satz auf, daß nur das als wissenschaftlich gelten dürfe, was gemessen und quantifiziert werden kann. Dies schloß qualitative Überlegungen aus der Wissenschaft aus. Descartes, nach dessen lateinischem Namen Cartesius das »kartesianische« Weltbild benannt wurde, erklärte, daß die Welt irgendwann als vollkommene »Maschine« mit Hilfe von exakten mathematischen Modellen verstanden werden könne. Newton postulierte, alle physischen Phänomene könnten auf die Eigenschaften von harten und festen Materieteilchen zurückgeführt werden. Somit war die »moderne« Wissenschaft geboren. Wir sind mit diesen Prinzipien aufgewachsen, und sie erscheinen uns nur allzu logisch. Sie haben beeindruckende Fortschritte bewirkt, aber auch dazu geführt, daß wir uns als Spezialisten in der Erforschung noch der letzten Einzelheit verlieren und dabei die Gesamtheit häufig aus den Augen verlieren – das Ganze, das mehr ist als die Summe seiner Teile.

In der westlichen Welt waren es Goethe und Kant, die uns als erste dazu ermutigten, die Dinge wieder holistisch, ganzheitlich zu betrachten. Heutzutage ist es so, daß jedes Schulkind Newton kennt, jeder Gymnasiast schon einmal von Descartes und Galileo gehört oder gelesen hat, aber daß man ein Philosophiestudium braucht, um Zugang zu den Schriften Immanuel Kants zu bekommen. Wenn schon Kants Lehren in unserem Bildungssystem so wenig Beachtung finden, verwundert es nicht, daß nur fortgeschrittene Studenten vielleicht auf die Erkenntnisse der modernen Forscher stoßen, welche die Grundlage des Systemdenkens, des generativen Denkens, gelegt haben: zum Beispiel Ilya Prigogine, Erich Jantsch und Fritjof Capra.[4]

Westliches und asiatisches Weltbild
So gibt es von Japan bis Nordamerika und Europa in der Tat nur wenige Kulturen, die dem Newtonschen und kartesianischen Denken widerstanden haben. Während die ursprüngliche afrikanische und die amerikanische Kultur dadurch zerstört und praktisch ausgelöscht wurden, daß sie der westlichen Übermacht ausgeliefert waren, haben zahlreiche asiatische Gesellschaften viele westliche Elemente aufgenommen, dabei aber ihren eigenen Charakter bewahrt. Die asiatischen Kulturen gaben zum Beispiel niemals ihre zirkuläre Zeitvorstellung auf (siehe Seite 42).

Bis vor etwa hundert Jahren waren die Kulturen des Pazifiks noch nie der mechanistischen und reduktionistischen Form westlichen Denkens ausgesetzt gewesen; und sie haben sich weder davon einnehmen lassen, noch ist ihr starkes kulturelles Rückgrat gebrochen worden. Heute suchen sogar viele

Menschen aus den westlichen Industrienationen Inspiration und Ausgleich in ursprünglich asiatischen Religionen und Lebensweisen.

In den Kulturen des Pazifiks finden wir also einen außerordentlich fruchtbaren Boden für das Paradigma der Zukunft (siehe Tabelle 1). Ihre zirkuläre Zeitvorstellung sowie die Integration von Qualität und Intuition sind wesentliche Voraussetzungen für die Integration der neuen generativen Wissenschaft, die Reichtum für alle anstrebt – und nicht nur für die menschliche Spezies. Sie will die Weltgemeinschaft zusammenbringen, entwickeln, verbessern und uns begeistert leben lassen.

Was sind nun die Prinzipien der generativen Wissenschaft, deren Theorie und Praxis wir weiter voranbringen und verfeinern müssen?

Die Prinzipien der generativen Wissenschaft

1. Die generative Wissenschaft strebt an, den Grundbedarf der Menschheit an Nahrung, Wasser, Unterkunft, Energie, Gesundheitsfürsorge und Arbeit zu decken. Ihr Ziel ist nicht nur die Erhaltung des Reichtums der Natur, sie hält auch die Weiterentwicklung der Biosphäre im Blick. Sie ist per Definition generativ.

2. Die generative Wissenschaft geht von der Prämisse aus, daß der Mensch die Natur achtet. Sie ist bestrebt, von der Natur zu lernen und ihre Energie nachhaltig für die Beseitigung der Armut und die Verbesserung der Lebensbedingungen auf der Erde in Harmonie mit der Natur einzusetzen.

3. Die generative Wissenschaft akzeptiert das Prinzip, daß der Mensch nicht von der Erde verlangen kann, mehr zu pro-

duzieren. Der Mensch muß mehr aus dem machen, was die Erde hervorbringt.

4. Die generative Wissenschaft stützt sich auf Systeme zur Interessenzusammenführung, die eine letztlich positive und komplexe Kette von Ursachen und Wirkungen vorhersehen. Der generativen Wissenschaft zufolge geht ein höheres Niveau an Produktion, Produktivität und Rentabilität mit einer größeren Zahl an Arbeitsplätzen, weniger Umweltverschmutzung und geringerem Rohstoffverbrauch bei gleichzeitiger Stärkung der Biovielfalt Hand in Hand.

5. In der generativen Wissenschaft wird alles durchdacht produziert. Bei der Produktion wird bewußt darauf geachtet, daß möglichst alle Komponenten eines Stoffes genutzt werden. Die generative Wissenschaft prüft sorgfältig die schädlichen und unschädlichen Auswirkungen von Emissionen, Abwässern und anderen Nebenprodukten. Sie bemüht sich kreativ darum, daß nichts verschwendet wird.

6. Die generative Wissenschaft geht von der Annahme aus, daß bei jeglicher Umwandlung von Ressourcen alle Nebenprodukte im Hinblick auf zusätzliche und wohlüberlegte Wertschöpfung untersucht werden. Dies geschieht auf integrative Art und Weise durch das Clustern (systemisches Anordnen aufeinander bezogener Prozeßschritte) von menschlichen Aktivitäten, Industrien und natürlichen Vorgängen in gemeinsamen Rohstoffzyklen.

7. Die Ergebnisse aus der Wiederverwertung werden in Verbindung mit anderen Komponenten und Energie ebenfalls auf ihr weiteres Potential hin untersucht, das durch ein komplexes, aber sehr bereicherndes Netzwerk von

Tabelle 1: **Westliches und pazifisches Paradigma**		
	WESTEN	**PAZIFIK**
Strategie	Klar definierte Absichten, schnelle Vorgehensweise, sehr nützlich für Produktion durch große Gruppen und koordinierte Aufgaben.	Dafür sorgen, daß alle Gruppenmitglieder mit dem Abenteuer in Berührung bleiben; kollektive Werte klären, damit jeder ins Team integriert ist.
Zeit	Synchronisation der Ereignisse; Zeit ist vorhersagbar, meßbar, und jeder kennt sie. Nützlich für die Organisation von vielschichtigen und ineinandergreifenden Handlungen, effizient.	Die Zeit ist im Jetzt; sie ist spontan, nützlich für direkte energetische Ereignisse wie zum Beispiel Stammesversammlungen. Sie erhöht das Bewußtsein des Augenblicks.
Organisation	Sie basiert auf der Erzeugung eines Produkts oder einer Dienstleistung für den Markt. Organisationsaufbau um Handlungen herum, hierarchische Struktur reflektiert Verantwortung und Verantwortlichkeit von unten bis oben, kann zur Anpassung des Kontrollradius verändert werden.	Sie basiert auf der Schaffung einer Kultur mit authentischen Beziehungen und sinnvollen Traditionen. Die Kultur ist auf die jahreszeitlichen Aktivitäten ausgerichtet, basiert auf der Natur. Individuelle Rollen und die Identität des einzelnen werden betont.
Entscheidungsverfahren	Entscheidungen werden von Ressourcen und Zeit bestimmt. Möglichkeiten erscheinen eine nach der anderen auf der Tagesordnung. Rechtzeitige Ergebnisse haben Priorität. Hierarchie von Vorgesetzten und Untergebenen.	Stammesentscheidungen basieren auf gefühlsmäßiger Überzeugung, dem »Bauch«, Erfahrung und Weisheit. Inhalt wird organisch beim ersten Durchgang durch die Gruppe entwickelt. Zeit ist nicht wichtig, das Energiefeld wird spürbar.
Bekleidung	Bekleidung gemäß Arbeit, Funktion und sozialer Rolle. Geschäfte führen uniformierte Ware. Geschäftskleidung sieht	Kleidung basiert auf Tradition; größere Vielfalt und Farbenpracht. Sitz und Bequemlichkeit sind wichtiger. Schmuck

	WESTEN	PAZIFIK
Bekleidung (Fortsetzung)	chic aus, schnürt den Körper aber an Hals, Brust, Taille, Hüften und Füßen ein. Die meiste erfordert spezielle Reinigung. Schmuck demonstriert Reichtum.	als Zeichen für spezielle Interessen. Weniger geschneidert, aber meist eleganter.
Sprache	Worte sind das Mittel der Wahl. Monotone und exakte Sprache ist die Norm, um den Inhalt möglichst »wertfrei« zu vermitteln. Spannende Vermittlung ist eher der »Unterhaltungsschiene« vorbehalten.	Ton und Gestik mehr als Worte. Mitteilung darf nicht nur informativ, sondern muß spannend sein. Tonmuster energetisieren und rufen Reaktionen hervor. Das Energieniveau wird hoch gehalten, als wolle man einen Fesselballon vom Landen abhalten.
Grundfaktoren	Die drei Grundfaktoren sind Lesen, Schreiben und Rechnen. Ohne sie kann man in der Gesellschaft nicht funktionieren. Diese kognitiven Werkzeuge sind die Grundlage der Intelligenz, und deshalb gilt man ohne sie nicht als intelligent.	Primäre Aufmerksamkeit gilt dem physischen Bereich. Die drei Grundfaktoren sind Atmen, Spüren und Bewegen. Intelligenz zeigt sich im Jagen, Fischen, Hausbau und im Bebauen der Felder. Diese Grundfaktoren erzeugen eine auf Erfahrung basierende Partnerschaft mit der Natur.
Religion	Gott wurde zum Teil einer heiligen Ordnung gemacht, die aus einem Himmel stammt und nicht von der Erde. Was als Gottes Wort dargestellt wird, gilt als Wahrheit. Gott bringt Wahrheit und Gerechtigkeit, wenn man sich an die Prinzipien in der Schrift hält.	Versuch, Gott im eigenen Innern zu erkennen. Gott ist hier – nicht dort. Die Aufmerksamkeit gilt zuerst dem eigenen Gefühl, und dieses wird dann auf strahlende Weise im Dorf eingebracht.

Quelle: Zusammenfassung aus Jim Channon: *Pacific Passage,* internes Dokument, Hawaii 1997

Feedbackschleifen auf autokatalytische Weise zu weiterem Gewinnzuwachs führt. Ein Prozeß baut auf dem anderen auf, so daß ein Cluster von komplementären Prozessen entsteht.

8. Die generative Wissenschaft basiert auf den Prinzipien von ökologischen Systemen, in denen die Konzeption des Netzwerks und der Gemeinschaft die zentrale Rolle spielen.

9. Die generative Wissenschaft stellt immer die Frage: Was wollen und brauchen wir wirklich? Wenn Materialien in einem Verfahren produziert werden und sie für ein bestimmtes Endprodukt nicht wünschenswert sind, wird das Verfahren in Frage gestellt, verbessert und so lange verändert, bis kein Abfall mehr anfällt – und das Ziel der Zero Emission erreicht ist.

10. Die generative Wissenschaft ist auf ein Management angewiesen, das auf dem Prinzip des Immunsystems basiert. Sie betrachtet jedes Kernelement des Systems als intelligent.

11. Die generative Wissenschaft fördert folglich ein Informationsaustauschsystem, das jedem zu jeder Zeit Zugang zu allen Informationen gewährt sowie die Freiheit, nach diesen Informationen zu handeln, wie er es dem Zeitpunkt und Ort entsprechend für angemessen hält.

12. Die generative Wissenschaft schlägt einen Führungsstil vor, der auf der Fähigkeit zur Initiierung, Leitung und Aufrechterhaltung eines Dialogs zwischen den Wissensträgern in der Gemeinschaft basiert. Die Führerschaft gründet sich auf den Wunsch, eine konfliktfreie Umgebung zu gewährleisten, in der jeder fortwährend von den Früchten des Fortschritts profitiert.

13. Die generative Wissenschaft ist eine integrative Wissenschaft, die auf den Forschungsergebnissen der Botanik, Biologie, Landwirtschaft, Forstwirtschaft und der Meereskunde – um nur einige zu nennen – aufbaut, das Verständnis durch die Chemie, Mathematik und Physik fördert (nicht zu vergessen die Geschichte, Geographie, Soziologie und Politikwissenschaft) und die Informatik, Technik und Wirtschaftswissenschaft verstärkt einsetzt.

14. Die generative Wissenschaft verbindet Intuition mit traditionellem Know-how und traditioneller Technik als Intelligenz, die über Jahrtausende von Kulturen des gesamten Erdballs angesammelt wurde.

15. Die generative Wissenschaft beginnt bei der der Natur innewohnenden Intelligenz und strebt nach der Maximierung des Reichtums an natürlichen Ressourcen für alle Spezies auf der Erde. Sie möchte ein System entwerfen, das die bestmögliche Umwandlung eines Rohstoffs in Nahrung für einen anderen erreicht.

16. Die generative Wissenschaft betrachtet die Zeit als zirkulär, so daß alles und jeder in der Zukunft eine Chance hat.

17. Die generative Wissenschaft akzeptiert, daß sich das System immer im Fluß befindet. Veränderungen sind unvermeidbar, sie sind sogar erwünscht, weil dies Kreativität erzeugt und die Übertragbarkeit auf mögliche andere Anwendungen verbessert. Es handelt sich um ein offenes System.

18. Die generative Wissenschaft erkennt, daß sie niemals absolute Perfektion erreichen wird. Das System ist stets verbesserungsfähig. Es akzeptiert, daß Fehler gemacht werden, und ist daher hochgradig tolerant.

19. Die generative Wissenschaft erkennt die Bedeutung jedes
    Beitrags an, unabhängig von der Größe oder der Herkunft.
    Das System bewegt sich auf eine höhere Stufe der Produk-
    tivität, tiefere Bedürfnisbefriedigung und einen höheren
    Wertschöpfungsgrad zum Dank der Teilnahme aller.
20. Die generative Wissenschaft erkennt ebenso das Prinzip
    der Freude an. Wenn eine Aktivität herausfordernd ist und
    ständig dazu anregt, Verbesserungen herbeizuführen, dann
    bereitet sie auch Vergnügen.

Diese Grundsätze sind nur der Ausgangspunkt und bedürfen
sicherlich weiterer Verfeinerung und Vervollständigung, aber
der Schlüssel besteht in der Konkretisierung und Präzision.

Kapitel 2

Die Wirtschaftspraxis durch systemisches Denken und Handeln verändern – Die Revolutionen, auf die wir alle gewartet haben

Wirtschaft und Gesellschaft müssen dem Bedarf der Menschen an Wasser, Nahrung, Gesundheitsfürsorge, Unterkunft, Energie und Arbeit Rechnung tragen. Die Bevölkerungsexplosion erhöht den Streß im System, das etwa achthundert Millionen Menschen auf der Welt nicht einmal mit den grundlegendsten Dingen versorgen kann. Und bei einer jährlichen Zuwachsrate von achtzig bis neunzig Millionen Menschen ist die Herausforderung ungeheuer groß. Allein Asien zeichnet pro Jahr für über fünfzig Millionen Verbraucher mehr verantwortlich. Um diesem Bevölkerungszuwachs zu entsprechen, muß die Erde zusätzlich 28 Millionen Tonnen Getreide hervorbringen, das bedeutet 77 000 Tonnen pro Tag.

Aufstieg und Fall der ersten grünen Revolution

Wissenschaftlern und Agronomen gelang die erste grüne Revolution. Dank Bewässerung, der Verwendung von Dünger, dem Einsatz von Pestiziden und Hochleistungssaatgut ist die Produktivität drastisch gestiegen. Die Fläche von bewässertem Land wuchs zwischen 1950 und 1990 um das Zweieinhalbfache von 94 auf 248 Millionen Hektar an, zwei Drittel davon in Asien. Weltweit stieg der Düngerverbrauch von 14 Millionen Tonnen im Jahr 1950 auf 146 Millionen Tonnen 1990. Die vermehrte Bewässerung und der Einsatz von Dünger führten zu dem drastischen Ertragsanstieg. Innerhalb von vierzig Jahren steigerte sich die Getreideproduktion von 631 Millionen auf 1780 Millionen Tonnen. Die Rindfleischproduktion hat sich weltweit mit einem Anstieg von 24 Millionen auf 62 Millionen fast verdreifacht, und der Fischfang stieg von 19 auf 85 Millionen Tonnen; das heißt, er hat sich also mehr als vervierfacht. Der Ertrag pro Hektar stieg über den Zeitraum von vierzig Jahren von 1,06 auf 2,52 Tonnen.

Die Wissenschaftler sind sich darüber einig, daß wir nicht noch einmal eine dreifache Zunahme der Produktivität in der Landwirtschaft erwarten können. Diese Tatsache ruft zusätzlichen Streß im System hervor und wird noch dadurch verschlimmert, daß es in Asien innerhalb der nächsten dreißig Jahre eine Mittelschicht von vierhundert Millionen Verbrauchern geben wird. Ein Mittelschichtkonsument verfügt über die Kaufkraft, sich im Durchschnitt täglich ein Bier, eine Zeitung, einmal pro Woche ein Hähnchen und ein Ei zum Frühstück leisten zu können. Dies sind die Konsumenten, die sich auf einer Nahrungskette nach oben bewegen, welche durch die ineffiziente Umwandlung von Proteinen und Aminosäuren in menschliche Nahrung gekennzeichnet ist. Ein Huhn braucht 2,2 Kilo Getreide, um ein Kilo Fleisch hervorzubringen. Bei Rindern ist das Verhältnis noch wesentlich ungünstiger, wenn sie von Getreide ernährt werden.

Die Inder verbrauchen im Vergleich zu den Amerikanern nur ein Viertel Getreide und Weizen und lediglich dreißig Eier und 3 Kilo Fleisch pro Kopf und Jahr, was verglichen mit dem Durchschnittsverbrauch eines Amerikaners von 174 Eiern und 123 Kilo Fleisch extrem wenig ist. Asiens Bewegung nach oben in der Nahrungskette wirkt sich deutlich auf die Nahrungssicherung weltweit aus. Der Eierverbrauch steigt in Indien jährlich um 15 Prozent; das heißt, die 300 Millionen Eier im Jahr 1995 verdoppeln sich im Jahr 2000 auf 600 Millionen und bis zum Jahr 2005 noch einmal auf 1,2 Milliarden. Dieser wachsende Eierverbrauch wird einer der Faktoren sein, die den Bedarf an Hühnerfutter und Getreide bis an die Produktionsgrenzen herantreiben werden. Und wenn sich konkurrierende Betriebe um ein begrenztes Angebot streiten, steigen die Preise, und während die Reichen höhere Preise immer noch zahlen können, verfügen die Armen nicht über die Kaufkraft, um dabei mitzuhalten.

Bei zusätzlichen achtzig Millionen Menschen auf dem Planeten jedes Jahr müssen wir jeden Tag mehr Nahrung produzieren. Der Bedarf an Wasser, Unterkunft, Gesundheitsfürsorge, Bildung und Arbeit wird exponentiell ansteigen. Wir wissen das – aber wir wissen nicht, wie wir die Situation in den Griff bekommen können.

Wir machen uns selbst etwas vor, wenn wir erwarten, daß der gegenwärtige Trend in der Nahrungserzeugung und der Produktivität des Ackerbaus weitere vierzig Jahre anhalten wird, wie es die Weltbank und die FAO tatsächlich annehmen.[5] Als der Bedarf an Rohstoffen nach dem Zweiten Weltkrieg stieg, gab es ungeheuer viel Raum für Expansion. Es war Land vorhanden, und Wasser in Hülle und Fülle, Dünger waren einfach hergestellt, und die nötige Technologie stand zum Einsatz bereit.

Heute sind jedoch die Grundbedingungen, die die erste grüne Revolution ermöglicht haben, nicht mehr gegeben. Übermäßige Bewässerung führt zu allgemeiner Wasserknappheit. Die wasserführenden Schichten verlieren ihre Fähigkeit zur Regeneration, und was noch schlimmer ist, wir zapfen schnell das gesamte fossile Wasser in tiefen Erdschichten an, das – wenn es verbraucht ist – uns nicht einen einzigen Tropfen mehr liefern wird. Überwässerung hat in anderen Gebieten zum Anstieg des Grundwasserspiegels geführt mit dem Ergebnis, daß die im Wasser enthaltenen natürlichen Mineralien sich in den oberen Bodenschichten geballt ansammeln. Es reichert sich in den Böden eine hohe Salzkonzentration an, die das Land weniger ertragreich macht. Bewässerung ist durchaus sinnvoll, doch durch den allgemein verbreiteten Mißbrauch wird sie ineffektiv, manchmal für immer.

Zusätzlicher Dünger steigert den Ertrag so lange, bis die Korrelation aufhört. Die Gesamtdüngermenge stieg wie gesagt von 14 Millionen Tonnen im Jahr 1950 auf 146 Millionen im Jahr 1990.

Die Bauern wissen, daß, wenn eine bestimmte Menge an Dünger überschritten ist, keine Produktionssteigerung mehr stattfindet. Und in vielen Ländern, darunter auch die größten Exporteure wie die Vereinigten Staaten, Europa und Kanada, ist das Maximum bereits erreicht. Durch gentechnische Verbesserungen und Auswahlverfahren wird der Ertrag sicher noch zu steigern sein – aber während die Wissenschaftler darin übereinstimmen, daß dank der Einführung neuer Sorten eine 25prozentige Ertragssteigerung bei Reis zu erwarten ist, wagt niemand vorherzusagen, daß der Gesamtertrag verdreifacht werden wird.[6]

Wenn wir deshalb nach neuen Impulsen für die grüne Revolution suchen wollen, dann werden wir eine neue Revolution einleiten müssen – eine, die versucht, basierend auf Fakten, klaren Möglichkeiten und sofortigen Ergebnissen mehr aus demselben Potential zu machen. Aus dem Grund rät dieses Buch zu einer zweiten grünen Revolution, die durchführbar und praktisch ist und die hauptsächlich von einer veränderten Sichtweise abhängt.

Die Magie der großen Zahlen

Wir wissen, daß wir mit den uns zur Verfügung stehenden Rohstoffen wesentlich mehr produzieren und viele weitere Produkte und Dienste anbieten müssen. Ein kurzer Blick auf die Daten aus China und Indien überzeugt uns schnell davon, daß in bezug auf Herstellung und Verbrauch die Zahlen derzeit einfach nicht aufgehen.

Wenn die Chinesen durchschnittlich ein Bier pro Tag tränken, dann würde dies dem Verbrauch der Japaner, der Deutschen und der Hälfte der Amerikaner entsprechen, und die Chinesen kauften die gesamten Gerstevorräte auf. Der Preis für Gerste und Hopfen würde sich verdoppeln, verdreifachen, vielleicht verfünffachen. Er wird sich vervielfältigen, nur wir wissen nicht, um wieviel. Es wurde jedoch vorausgesagt, daß sich der Preis für Gerste bereits verdoppeln könnte, allein für den Fall, daß alle Chinesen nur ein Bier pro Woche mehr trinken.[7] Man bräuchte die gesamte Gersteproduktion, um den Durst der Chinesen zu löschen.

Aber für Bier braucht man nicht nur Gerste und Hopfen,

sondern auch eine erhebliche Menge Wasser. Dreihundert
Städte in China leiden unter Wasserknappheit. China ist da
kein Einzelfall – fast alle Metropolen der Welt von Tokio bis
São Paulo, Nairobi bis Barcelona sind mit der beängstigenden
Realität eines Mangels an Trinkwasser konfrontiert. Um 1 Liter Bier herzustellen, braucht man durchschnittlich 10 Liter
Wasser, und zahlreiche Brauereien verschlingen bis zu 30 Liter
für 1 Liter Bier.[8] Die Produktion und der Verbrauch von Millionen Hektolitern Bier wird die Ableitung von Wasser aus der
Landwirtschaft und den Städten mit sich bringen. Da die
Kaufkraft der aufkommenden Mittelschicht stärker ist, wird
die vorhandene Geldmenge zum Kaufen des Biers das Budget
der Stadtverwaltungen bzw. die Kapazität der Bauern übersti-
gen, so daß diese ihren Wasserbedarf nicht mehr decken können. Bier ist auf der ganzen Welt nicht nur zu einem Durst-
löscher geworden, sondern zu einem Statussymbol. Tatsache
ist, daß es den Bauern in der Nähe von Peking untersagt wurde, ihre Felder zu bewässern, weil das Wasser in der Stadt
knapp wird. Im Kontrast dazu sichern sich Brauereien und
Fast-food-Händler immer eine Lizenz zur Aufrechterhaltung
ihrer Produktion, ungeachtet der Bedingungen der Wasserversorgung.

Die Chinesen bewegen sich auf der Nahrungskette nach
oben, nicht nur beim Bier. Ihr Wunsch nach Fleisch wirkt sich
entscheidend auf die weltweite Nachfrage nach Getreide aus.
Der Verbrauch von rotem Fleisch ist innerhalb von nur sechs
Jahren von 1,1 Millionen Tonnen auf 4,4 Millionen gestiegen.[9] Da 7 Kilo Getreide nötig sind, um 1 Kilo »Kuh« zu erzeugen, werden die Chinesen knapp über 30 Millionen Tonnen
Mais und Soja in die Fleischproduktion ableiten. Da sie im

Gegensatz zu den Amerikanern nicht über Weideland verfügen, auf dem das Vieh grasen kann, wird der Markt zusätzlich durch die Nachfrage nach Futtermais und -soja belastet. Das Angebot wird einfach nicht die Nachfrage decken können.

Das Ende des Abfalldenkens

Die Ernährung der Welt und die Versorgung mit Trinkwasser ist nicht nur eine Herausforderung für die Produktion. Sie ist auch eine Herausforderung für den Verbrauch und die Beendigung des »Abfalldenkens«.

Wenn wir Mais anbauen, verwenden wir prinzipiell nur die Körner – was übrigbleibt, gilt als Abfall. Ernten wir Kokosnüsse, dann nur wegen ihres Öls – der Rest gilt ebenfalls als Abfall. Etwa 30 Prozent des gesamten Fangs hat für den Fischer keinen »Wert« und wird ins Meer zurückgeworfen, tot natürlich. Vergären wir Gerste und Hopfen zu Bier, entziehen wir nur 8 Prozent Zucker – die hochwertigen Fasern und das Protein werden umsonst an Viehbauern abgegeben ... Wenn wir aus den Fettsäuren des Palmöls ein sogenanntes grünes Detergens herstellen, verwerten wir lediglich 5 Prozent der Biomasse einer Plantage – der Rest gilt als Abfall. Fällen wir Bäume wegen ihrer Cellulose, entziehen wir der Biomasse des Hartholzes nur maximal 30 Prozent – der Rest wird verschwendet. Wir könnten mit der Beschreibung von schlechten Entwürfen und Tonnen von Unwissenheit ein ganzes Buch füllen; denn der Mensch kann nicht behaupten, er habe ein effizientes Herstellungssystem entwickelt. Ganz im Gegenteil, er benutzt statt dessen ein äußerst ineffizientes System, das schon an Absurdität grenzt.

Die Liste des Abfallflusses ist lang. Es wird geschätzt, daß die Agrarindustrie jährlich 2 Milliarden Tonnen Phytomasse als Müll hinterläßt. Ein Großteil davon wird verbrannt, fast alles vernichtet, weil es als wertlos gilt. Ein kleiner Teil wird jetzt als Bodenanreicherung und Dünger wiederverwertet. Dies ist ein guter Schritt in die richtige Richtung, aber dennoch 999 Schritte entfernt vom Ziel der Zero Emission. Es gibt nur wenige landwirtschaftliche Produkte, die wir zu mehr als 30 Prozent verwerten. Wir decken unseren meisten Bedarf, indem wir die eine Komponente, die wir brauchen, entnehmen und den Rest wegwerfen. Weshalb?

Vom linearen zum systemischen Denken

Wir sind Lineardenker, Anwender der simplen Regel von Input und Output. Wir folgen einer einfachen Logik, nämlich der kartesianischen. Alles, was für das Hauptprodukt nicht genutzt werden kann, wird als Abfall betrachtet. Dies ist wie gesagt grundsätzlich falsch – und das Problem beginnt bei unserem Bildungssystem. Uns fehlt das Grundverständnis für die Funktionsweise der Natur, selbst nach Jahrhunderten der Forschung. Und denjenigen, die sie verstehen, scheint es schwerzufallen, ihre Erkenntnisse in die Praxis umzusetzen. Die Qualität der Ausbildung von Wirtschaftswissenschaftlern und insbesondere der zukünftigen Manager leidet darunter, daß die Realität zu sehr vereinfacht wird und daß man sich auf den nötigen Input für einen bestimmten Output konzentriert, Kosten kalkuliert, Verkaufspreise festsetzt, eine Marketingstrategie definiert – und leider fast alles andere außer acht läßt, einschließlich des effizientesten Produktionssystems: der Natur. Falls wirklich Probleme auftreten, wird die Public-Relations-Abteilung die Situation schon abmildern, Gelder zur Verfügung stellen und Forschungsverträge unterzeichnen. Wenn es ganz schlimm wird, steht immer noch ein Heer von Rechtsanwälten zum Einsatz bereit, zunächst einmal, um anzugreifen, und im schlimmsten Fall, um zu verteidigen. Die Tabakindustrie liefert ein äußerst entmutigendes Beispiel dafür, wie sich die Industrie ihrer Verantwortung zu entziehen versucht, doch leider stellt dieser Bereich keine Ausnahme dar.

Das Problem besteht aber nicht nur in der Haltung: Auch die Art des Managements erzeugt Probleme. Die Strategie des Kerngeschäfts, die seit den achtziger Jahren im Mittelpunkt der Betriebsstrategie steht, hat der Natur mehr geschadet als jede Ölverschmutzung oder jedes Unglück in Atomkraftwerken. Die Idee, daß ein Betrieb das tun sollte, was er am besten kann, muß man zwar grundsätzlich gutheißen; Aufgabe ist es nun aber, der Industrie neue Wege zu zeigen, wie sie dabei Höchstleistungen innerhalb eines Systems erbringen kann, das nicht nur die ganze Wirklichkeit reflektiert, sondern dem einzelnen Betrieb auch höhere Erträge bringt. Heutzutage schätzt man in Börsenkreisen Führungskräfte, die sich auf eng definierte Märkte konzentrieren, DownSizing betreiben und ihre Stärken auf einen Geschäftsbereich ausrichten können. Die Aktionäre haben offenbar keine Ahnung davon, daß die auf dem Rohstoffzyklus basierenden ZERI-Rentabilitätsuntersuchungen der Industrie Millionen Tonnen von Abfallstoffen aufzeigen können, die gewinnträchtig als zusätzlicher Input für andere Industrien neue Einkommensquellen und Arbeitsplätze schaffen würden.

Die zweite grüne Revolution

Um die weltweiten Erträge in der notwendigen Größenordnung sicherzustellen, brauchen wir eine zweite grüne Revolution: eine Revolution auf der Basis dessen, was wir als Abfall bezeichnen, der Korrektur ineffizienter Produktionsweisen und der Schaffung größerer Vielfalt (siehe auch Kapitel 3).

Nehmen wir als Beispiel noch einmal die Forstwirtschaft. Ein Baum wird etwa zu dem Zweck gefällt, um Cellulose herzustellen, aus der wir Papier machen. Cellulose macht wie gesagt nur zwischen 20 und 30 Prozent der Holzmasse eines Baums aus, der Rest ist eine Mischung von Biochemikalien, die nicht nur sehr nützlich, sondern vielfach besonders wertvoll sind. Aber selbst die moderne Cellulosetechnik übersieht das Potential der Hauptbestandteile, und der chemische Cocktail, der die Zellstoffabrik verläßt, wird als Schwarzlauge verbrannt. Dies wird dann noch als Beitrag zum Umweltschutz deklariert, und als Argument führt man an, daß man ja eine »erneuerbare« Energiequelle erschließt, anstatt fossilen Brennstoff zu verheizen. Niemand macht sich die Mühe, zu erklären, daß Lignin die einzige effiziente Energiequelle in der Schwarzlauge ist, während der Rest hinsichtlich der Kalorien mehr oder weniger nutzlos, vom biochemischen Standpunkt aus aber durchaus wertvoll ist. Eine Rentabilitätsuntersuchung nach dem Prinzip der Zero Emission bzw. des »Nichts soll verschwendet werden« würde schnell Produkte und Verfahren aufzeigen, welche die sinnvolle und effiziente Wiederverwertung der kostbaren Stoffe ermöglichen.

Wenn des weiteren Entwicklungsländer, die meisten von ihnen in den Tropen, nach einheimischen Quellen für Cellulose suchen, schlagen ihnen internationale Berater fast immer die Sorten vor, die sie kennen: die Pinie und den Eukalyptus. Aber keiner der beiden Bäume ist dort einheimisch. Durch die schon problematische Einführung dieser Baumarten werden darüber hinaus die bereits im Überfluß vorhandenen Quellen für Fasern ignoriert. Der Guadua zum Beispiel, eine Bambusart, ist natürlich ein ausgezeichneter Lieferant von Lignocellulose, gilt aber als wertlos, weil seine Fasern nicht die für die Papierherstellung nötige Qualität haben. Will man jedoch Cellulose aus Bambus gewinnen und wendet man dabei dieselben Techniken der Fasergewinnung wie bei der Pinie und dem Eukalyptus an, dann wird sich dies als ineffizient erweisen. Wendet man jedoch alternative Extraktionstechniken an – etwa die Vakuumevaporation, die Dampfexplosion oder die Enzymextraktion, die nach Expertenmeinung angeblich überholte Verfahren sind –, ändert sich die Situation schlagartig zum Besseren.

Die Naturfasern, die reichhaltig in den tropischen Pflanzen Bambus, Rattan und im Zuckerrohr vorkommen, sind von beträchtlichem Wert, und ihre Verwendungsmöglichkeiten gehen über die Herstellung von Papier weit hinaus. Die Forschung hat bestätigt,[10] daß diese organischen Ausgangsstoffe einen hervorragenden Ersatz für anorganische Fasern wie zum Beispiel Asbest darstellen, das trotz Verbots in vielen Regionen immer noch in Entwicklungsländern produziert wird. Wenn ein Baustoffhersteller zuckerfreie Bambusfasern in den Zement mischt, aus dem Platten gefertigt werden, erzeugt er damit nicht nur ein wertvolles und langlebiges Baumaterial, das auch weniger feuchtigkeitsanfällig ist, sondern, und das ist viel bedeutsamer, damit wird auch die Abgabe von Kohlendioxid ausgeglichen, weil die Faser den Hauptanteil bindet. Und indem die Zementfabrik auf einem erheblich belasteten Feld Bambus anpflanzt – um die ununterbrochene Produktion von grünen Fasern sicherzustellen –, trägt sie darüber hinaus zur biologischen Bodenwiederaufbereitung bei. Auf diese Weise würde die Industrie zum aktiven Partner bei der Umwandlung unserer Gesellschaft in eine Zero-Emission-Gesellschaft und käme die Theorie der generativen Wissenschaft sofort zur Anwendung. Es ist eine andere Philosophie, doch sie hat ganz praktische Auswirkungen.

Vom »Systemstandpunkt« aus betrachtet, würden wir die Industrie, die Forstwirtschaft, Plantagen und die Landwirtschaft mit anderen Augen sehen. Anstatt den Baum lediglich als Quelle von Cellulose oder die Palmenplantage nur als Lieferanten für Pflanzenöl einzuordnen, könnten wir die Millionen Hektar Anbaufläche als die »chemische« Industrie des 21. Jahrhunderts begreifen. Die Bioraffinerie wäre geboren. Wir werden zum ersten Mal in der Lage sein, uns vorzustellen, daß natürliche Produkte künstlichen überlegen sind. Weshalb? Weil wir die gesamten Rohstoffe verwerten und nicht nur einen Bruchteil davon. Wir werden schließlich den Markt nachhaltig mit den Stoffen überfluten können, die zur Deckung des gesellschaftlichen Bedarfs an Nahrung, Unterkunft und Gesundheitsfürsorge nötig sind. Diese Produkte werden billig sein. Es ist jetzt an der Zeit, von der Erdölindustrie zu lernen. Sie hat wahrscheinlich die besten Systemdenker und -anwender der Welt hervorgebracht.[11] Es ist nur zu schade, daß ihr Ansatz nie auf die Verarbeitung von erneuerbaren Ressourcen angewandt wurde.

Das Ende der Trennung

Der Wechsel vom linearen Denken zum Systemdenken ist wie gesagt nicht nur in der Industrie notwendig, sondern die Gesellschaft als ganze muß sich in diese Richtung entwickeln. Die Auswirkungen müssen die Umweltbewegung, die Stadtplanung genauso wie unseren häuslichen Lebensstil erfassen. Wir werden unsere Politik überdenken müssen, und im Bereich von Industrie und Handel dem neuen Denken entsprechend grundlegende Verfahrensänderungen durchführen.

Ein Beispiel für lineares Denken finden wir in unserer Planung der Landnutzung. Aus bestimmten Gründen hielten es unsere Planer für notwendig, die Industrie von den städtischen Wohngebieten zu trennen und die kommerziellen Aktivitäten in einem Gebiet zu konzentrieren, vorzugsweise direkt außerhalb der Stadtgrenzen, in das kaum öffentliche Verkehrsmittel führen. Die Landwirtschaft sollte noch weiter entfernt liegen, völlig isoliert. Die Zeit, in der man Lebensmittel für die Stadt innerhalb der Stadtmauern lagerte, ist längst vorbei. Dies bedeutet aber beispielsweise, daß eine Brauerei, wenn sie ihren Biertreber loswerden möchte, diesen über große Entfernungen und zu hohen Kosten abtransportieren muß. Wenn man hingegen neben der Brauerei eine Champignonfarm aufbaute – und das funktioniert, wie später noch beschrieben wird –, dann hätten wir einen höchst effizienten Produktionsbetrieb, der aus 4 Tonnen Biertreber 1 Tonne Champignons herstellt.[12]

Das Wasser, das die Brauerei abläßt, ist warm und alkalisch. Die Umweltgesetze in den meisten OECD-Ländern schreiben vor, daß das Wasser zunächst abgekühlt und durch Zusatz von säurehaltigen Chemikalien pH-neutral gemacht werden muß, bevor es abgelassen wird. Dies ist ein weiterer klarer Fall von linearem Denken. Es gibt nützliche Mikroalgen (Spirulina), die in alkalischem Wasser gedeihen, und alkalisches Wasser ist infolge des vielen sauren Regens in den meisten Industrieregionen selten. Das alkalische Wasser braucht aber eigentlich nicht behandelt und entsorgt zu werden. Man kann es sinnvoll wiederverwenden, beispielsweise in der Fischzucht. Wenn wir das warme Wasser in einem festen Bassin auffingen, könnten wir darin Warmwasserfische wie Tilapia in Schweden und Kanada züchten, was undurchführbar wäre, wenn wir das Wasser für diesen Zweck vorher extra erwärmen müßten. Ein milchpulververarbeitender Betrieb könnte zusätzlich Fische züchten, indem er das warme Abwasser und das aufgeschwemmte Protein nutzt. Der Abfall des einen ist wunderbare Nahrung für den anderen …

Lineares Denken hat sich also in Vorschriften und Gesetzen niedergeschlagen, die keinen Sinn ergeben, sobald man die Logik und Wirksamkeit von komplexen Systemen erkennt – besonders wenn man versteht, wie die Natur funktioniert. Sobald wir die zweite grüne Revolution, basierend auf den Prinzipien der generativen Wissenschaft, in Gang setzen, indem wir das Immunity Management anwenden und das Ziel »null Abfall« vor Augen haben, werden wir ein UpSizing erzielen. Um dies zu erreichen, werden wir viele unserer linearen Wahrheiten über Bord werfen müssen. Die Cluster von Industrie- und Agrobetrieben beispielsweise, die dabei sinnvollerweise entstehen, sind für viele vielleicht noch nicht nachvollziehbar. Wir können uns möglicherweise nur schwer vorstellen, wie ein solches System gestaltet werden soll. Um dies zu verstehen, müssen wir die Grundlagen der Biologie begreifen und den Regenbogen der Revolutionen untersuchen, die Teil der zweiten grünen Revolution sein werden: die braune Revolution der Pilze, die rote Revolution der Regenwürmer, die blaue Revolution in der Fischzucht, die gelbe Revolution der Wüste und die schwarze Revolution des Endergebnisses, wie sie in Kapitel 3 beschrieben werden.

Den Handel revolutionieren durch freien Zugang zu Informationen

Die traditionelle Wirtschaftswissenschaft lehrt, daß Handel auf der wirksamen Kombination von Arbeitskräften, Kapital und Rohstoffen sowie Lagerung, Transport und Finanzierung basiert. Über die Rolle des Handels bei der Entwicklung besteht keinerlei Zweifel. Der Handel verfügt über das Potential, die Kaufkraft der Verbraucher sowohl in den reichen als auch in den armen Ländern zu steigern. Dank des Handels gelangen Käufer an Waren, die anderswo billiger und besser hergestellt werden. Anhaltendes Handelsungleichgewicht weist auf Schwachstellen in der Landwirtschaft, der Industrie und im Dienstleistungsgewerbe hin. Handelsüberschüsse zeugen von wettbewerbsfähigen Industriezweigen. Handel kann bei dem einen Arbeitslosigkeit bewirken und für den anderen Arbeitsplätze schaffen. Im Laufe der Zeit sind überall auf der Welt an Knotenpunkten Handelszentren entstanden, die Städten und Ländern mit wenig natürlichen Ressourcen Wohlstand gebracht haben, weil sie strategisch plaziert sind und effizient geführt werden.

Wie bereits erwähnt wurde, sagte Adam Smith 1776, der freie und gerechte Austausch von Waren und Dienstleistungen sei nur möglich, wenn es freien und gerechten Zugang zu Informationen gebe. Leider sind Informationen noch nie frei zugänglich gewesen, und sie sind es auch heute nicht. Sie sind vielmehr selbst zu einer Ware geworden und der Zugang dazu zu einem Privileg, das traditionellerweise von wenigen auf Kosten von vielen in Anspruch genommen wird – wie beispielsweise der weitverbreitete Mißbrauch von »Insiderinformationen« bestätigt.

Wenn die eine Partei einer Transaktion gut informiert ist und die andere unwissend, kann man sagen, die erstere beutet die letztere aus. Dementsprechend können die Habenden und Nichthabenden auf der Welt als diejenigen definiert werden, die Zugang zu Informationen haben, und diejenigen, bei denen es nicht so ist. Die Explosion von Informationsdiensten, die Entstehung von elektronischen Datenbanken und der vermehrte Einsatz von Beratern, die Fakten, Zahlen und Trends sammeln, »verdauen« und interpretieren, sind Belege für ein wichtiges Wachstumsgeschäft auf allen Ebenen. Deshalb ist vom Standpunkt des *Wohlstands der Nationen* aus freier Handel, allgemein gesagt, unmöglich, solange es nicht gleichzeitig den freien und gerechten Handel mit Informationen für alle gibt.

Die Vorgänge an den Waren- und Termingeschäftsbörsen stehen im starken Kontrast zur Wirklichkeit der Wirtschaft in der Dritten Welt, wo ein Bauer zum Beispiel seine Haupternte für den Export vorbereitet. Abgesehen von der Tatsache, daß ohne Wissen des Bauern Reichtum erworben oder verloren wird, verfügt er über keinerlei Zugang zu Marktinformationen im Gegensatz zu seinem »Kollegen« in der »Ersten Welt«. Das einzige, was der Bauer erwartet, ist, daß er seine Familie ernähren kann.

Doch das Problem des Zugangs zu Informationen ist auch das Problem der Vermittlung. Bevor Warenbörsen spekulieren können, sichern sich die mit den Produkten handelnden Vermittler ihren »Anteil«. Da sie kein Interesse daran haben, daß der Bauer gut informiert ist, geben sie nur ein Minimum an Informationen aus. Einige tendieren sogar zur *Des*information.

Zum Glück wird als Folge des dezentralisierenden Einflusses der modernen Telekommunikation der Trend zur *Nicht*vermittlung diese Situation drastisch verändern. Infolge der Einführung von Telefonen in ländlichen Gegenden Sri Lankas in den letzten zehn Jahren erzielen Kokosnußbauern jetzt beispielsweise 20 Prozent höhere Verkaufspreise bei ihren Zwischenhändlern. Ein Anruf bei der Warenbörse in Colombo durch die örtliche Kooperative brachte die dringend benötigten Einkommenserhöhungen – aber nicht dadurch, daß der Endverbraucher mehr zahlen mußte, sondern einfach deswegen, weil man dem Mittelsmann mehr abverlangte. Und wie? Die Bauern erfuhren den Tagespreis, dann wurde ihnen gesagt, es sei ein neuer Markt für Kokosfaserabfälle entstanden, die für die Umkleidung von Abwasserrohren auf schlammigen Feldern benutzt werden. Dies bot ihnen eine günstige Gelegenheit, zusätzliche Einkommensquellen zu erschließen.

Dieses Beispiel erklärt den Grund, warum Pläne für einen besseren Zugang zu Informationen ein solch zentrales Element der Strategien zur globalen Entwicklung darstellen –

und weshalb Ausbildung und Kapazitätenbildung für Agenturen wie das United Nations Development Programme (UNDP) so entscheidend sind. Schon einfache Informationsübertragungssysteme wie etwa Funk oder vernetzte Computer, die Zugang zu den aktuellen Kernwarenpreisen ermöglichen, können einen wichtigen Unterschied für die Dorfbewohner ausmachen.

Aber wir brauchen einen grundlegenderen Ansatz für einen Quantensprung in der Entwicklung – und um die vielen zusätzlichen Handelsmöglichkeiten zu eröffnen, besonders die von den Entwicklungsländern zu den Industrienationen.

In diesem Zusammenhang lohnt es sich, einmal den Fall des Seetangs und der Detergentien vom Standpunkt des Handels aus genauer zu untersuchen. Wenn Japan, die USA und Europa Ballen von getrocknetem Seetang aus Afrika, Südostasien, den Pazifischen Inseln und Südamerika importieren, so sieht das nach einem ganz normalen Warenfluß aus. Der Seetang wird im Küstengebiet von Tansania, den Philippinen und Chile angebaut, am Strand getrocknet und zur Verarbeitung im Norden an internationale Händler verkauft. Es besteht eine große Nachfrage nach den Alginaten im Seetang wie zum Beispiel Agar-Agar und Carrageenan – Grundstoffe für die Biovermehrung und die Lebensmittelindustrie. Doch Seetang wird fast ausschließlich im Norden verarbeitet. Die sogenannten Abfallstoffe, hauptsächlich Fasern mit Spurenelementen wie Jod und Magnesium, werden wieder ins Meer zurückgeworfen. Doch das Jod wäre höchst wertvoll für die Entwicklungsländer, wo es für die Bekämpfung von auf Jodmangel basierenden Störungen dringend benötigt wird. Man kann also nicht von einem effizienten Anbau, Transport- und Handelssystem für

Seetang sprechen, wenn über die Hälfte dessen, was geerntet und international verkauft wird, als »Abfall« vernichtet wird und Mangelware in den Ländern ist, wo der Seetang geerntet wurde!

Dies ist ein klares Beispiel dafür, wie der Zugang zu und die Integration von Informationen in eine reale Welt von miteinander verzahnten Problemen und Gelegenheiten den Welthandel und die Wirtschaftsentwicklung erheblich fördern könnten. Wenn der Seetang zum Beispiel in Tansania oder Namibia verarbeitet würde, dann blieben über 50 Prozent der Biomasse an Ort und Stelle, und der Export von halbraffiniertem Agar-Agar und Carrageenan würde die Frachtkosten und den Energiebedarf für den Versand senken. Außerdem müßte der Norden nicht mehr soviel ungewollten Abfall beseitigen. Darüber hinaus würden Tansania oder Namibia natürlich von neuen Industriezweigen, mehr Arbeitsplätzen und zusätzlichen Einkünften profitieren.

Die Informationen sind da, sie sind aber nur dann von Nutzen, wenn sie in ein klares, möglichst einfaches System integriert werden. Dies wird zu einer effizienteren Verwertung von Ressourcen, höherer Wertschöpfung in der Wirtschaft, wirksamerer Krankheitsvorbeugung und mehr Arbeitsplätzen führen – also einer viel vernünftigeren Alternative zu Subventionen und Entwicklungshilfe bzw. dem, was Entwicklungshilfe eigentlich sein sollte.

Die Informationen sind heute vorhanden, doch sie werden nicht integriert. Man kann Notierungen für Rohstoffe finden, jedoch nicht für den Wert der angeblichen Abfallprodukte. Die Händler wissen natürlich in der Regel nichts über die Wiederverwertung von Abfall als Lebensmittelkomponente –

es geht also im wesentlichen darum, daß die Informationen nicht nur vorhanden, sondern auch leicht zugänglich und integriert sein müssen.

»Grüne Detergentien«

Das Auftauchen von grünen Detergentien stellt eine zusätzliche Gelegenheit für integrative Informationssysteme und erweiterbaren Handel dar. Die Nachfrage nach ökologischen Reinigungsmitteln hat Investitionen in Ölpalmenplantagen und die Erweiterung des internationalen Handels mit Fettsäuren begünstigt. Dabei gibt es zwei Vorteile: Zum einen schafft die Zunahme des internationalen Handels mit erneuerbaren Ressourcen Reichtum im Exportland (das sich aufgrund vermehrter Photosynthese größeren Pflanzenwachstums erfreut). Zum anderen hat dies positive Auswirkungen auf die Wasserqualität im Importland.

Sobald wir die Fettsäuren einmal genauer betrachten, stellen wir jedoch fest, daß sie weniger als 5 Prozent der grünen Masse ausmachen, die jährlich von der Plantage erzeugt wird. Man vernichtet also 95 Prozent der Biomasse, so daß im Exportland in Wahrheit keine neuen Wertschöpfungsmöglichkeiten geschaffen werden. Wenn die Verbraucher im Norden wüßten, daß 95 Prozent der Rohstoffe für das von ihnen gekaufte Produkt weggeworfen werden, sähen sie wahrscheinlich ein, daß die Ausfuhr eines grünen Detergens zur Reinigung ihres Wassers zu Lasten des Erzeugerlandes geht.

Wären diese Informationen allen Beteiligten zugänglich und arbeitete man auf integrative Weise zusammen, dann könnte der Abfallfluß von einem Problem in eine Gelegenheit umgewandelt werden: Etwa 90 Prozent dessen, was bisher als Müll behandelt wird, könnten wiederverwendet und zu handelsfähigen Produkten gemacht werden, die ohne Subventionen wettbewerbsfähige Preise erzielten.

So würde zum Beispiel die Gewinnung der Vitamine, Antioxidantien und des Betakarotins aus dem Palmöl die Preise für diese wertvollen Gesundheitsprodukte senken, die Nachfrage erhöhen und neue Handelskanäle eröffnen – und sie außerdem mehr Menschen zugänglich machen. Die Verwendung von Lignin bei der Herstellung von formaldehydfreien Spanplatten mittlerer Faserdichte, einem Baumaterial, das mehr und mehr gefragt ist, würde den Herstellern bessere Wettbewerbs- und Handelsmöglichkeiten auf der ganzen Welt einräumen. Und die von den Plantagen erzeugten Abfallfasern könnten eine Vielzahl von Produkten und Nebenprodukten hervorbringen – bis die Plantage schließlich zu einer Bioraffinerie und somit zu einem für alle Nutzen stiftenden Entwicklungs- und Handelsmotor würde – das Gegenteil von dem, was sie jetzt ist!

Freier Handel mit organischen Produkten

Damit es so weit kommt, müssen also zwei Strategien verfolgt werden: freier Handel mit organischen Produkten und Nutzung der Biovielfalt.

Der Markt verlangt mehr und mehr nach chemiefreien Produkten. Swissair, die Schweizer Fluggesellschaft, schmückt sich mit ihrem Angebot an biologisch-kontrolliertem Essen und gesunden Fruchtsäften. Kanadische Hotels bieten nur organisch angebaute Produkte an, und in Japan steigt die Nachfrage nach chemiefreien Lebensmitteln rapide bei weit über 200 000 Haushalten, die nur biologisch angebautes Obst und Gemüse beziehen. Während es unvorstellbar ist, daß OECD-Mitgliedsstaaten den allgemeinen freien Handel mit Agrarerzeugnissen zulassen, sind vielleicht Zwischenlösungen möglich. Man könnte den Import von Produkten, deren Handel zum Beispiel Reisbauern in Japan und Milcherzeuger in Europa schwächen würde, streng kontrollieren, aber gleichzeitig neue Produkte aus dem Süden zulassen, wodurch man das System des freien Handels zur Förderung der Wirtschaft in den Entwicklungsländern und des Umweltschutzes nutzte und außerdem zur Armutsbekämpfung beitrüge.

Es wäre ein innovativer Schritt, wenn die Regierungen Japans und Europas dem freien Handel mit biologischen Waren zustimmten. Das würde bedeuten, daß jedes Produkt, das garantiert ohne den Einsatz von Chemikalien angebaut wurde, freien, uneingeschränkten Zugang zum Markt hätte. Der Vorschlag ist einfach – die Durchführung pragmatisch. Diese Strategie würde auf einer klaren gemeinsamen Definition dessen, was unter »biologisch« verstanden wird, basieren. Es gibt unterschiedliche Definitionen – es wird abweichende Standards geben. Doch wenn die Regierungen prinzipiell einverstanden wären, könnte ein Standard aufgestellt werden, der sich an vorhandenen Programmen von staatlichen und nichtstaatlichen Organisationen orientiert.

Die Vorteile liegen auf der Hand. Die Verbraucher zahlen einen Aufschlag für biologisch-organisch angebaute Produkte – es ist erwiesen, daß Lebensmittel, die als biologisch-organisch deklariert sind, höhere Preise zwischen 50 und 200 Prozent erzielen.[13] Das Angebot wird der Nachfrage folgen und somit eine auf Nachhaltigkeit ausgelegte Landwirtschaft zur Folge haben. Die könnte mit vor Ort bereitetem Kompost beliefert werden, was die Wiederverwertung des Bioabfalls fördert, den Abfallfluß reduziert und gleichzeitig die landwirtschaftlichen wieder mit den städtischen Gebieten verbindet. Da großangelegte Operationen schlecht auf den organischen Anbau übertragen werden können, sind es hauptsächlich die kleinen Bauern, die potentiell am meisten davon profitieren werden. Demzufolge würde ein Programm zur Förderung des freien Handels mit biologischen Produkten dem Zwang zu großbetrieblicher Landwirtschaft entgegenwirken und damit das Überleben der kleinen Landbesitzer sichern bzw. sogar eine neue Marktnische einrichten. Da organischer Landbau in der Regel mehr Arbeitskräfte erfordert, werden in ländlichen Gebieten mehr Arbeitsmöglichkeiten geschaffen.

Es ist in Kolumbien schon jetzt üblich, daß die ärmsten Kaffeebauern mit ganz wenig Land heute weitgehend organischen Anbau betreiben. Weil sie sich keinen Dünger und keine Pestizide leisten können, ist der Boden frei von Chemikalien. Ihre Produkte könnte man am leichtesten als biologisch einstufen und zum Höchstpreis verkaufen.

Um es zusammenzufassen: Die Einführung des freien Handels für biologische Produkte würde eine auf Nachhaltigkeit ausgelegte Landwirtschaft fördern, zusätzliche Einkünfte bringen und zur Entwicklung von Kleinbetrieben beitragen. Dazu ist der entsprechende politische Wille Voraussetzung – sowie ein klares, einfaches Zertifizierungsverfahren. Das wäre der Anfang eines langen Prozesses zur Stärkung der Kleinbauern.

Aber dies reicht noch nicht aus. Es kommt des weiteren im wesentlichen darauf an, den direkten Kontakt zwischen Produzent und Verbraucher herzustellen – unter Umgehung von Zwischenhändlern. Dies würde sicherstellen, daß mehr von den zusätzlichen Einnahmen durch die Öffnung der Märkte auch tatsächlich zu den Bauern gelangt.

Keine Zwischenhändler

Massen- und globaler Vertrieb, so wird argumentiert, erfordern verschiedene Mittelsmänner, um all die Informationen zu verarbeiten, die Produkte zu lagern und die Ernten vieler Kleinbauern zu einem für internationale Händler attraktiven Bündel zu schnüren. Das stimmt in gewisser Hinsicht. Aber es ist um der besseren Wirtschaftlichkeit willen notwendig, effizientere Möglichkeiten auszuschöpfen. Um es noch einmal zu wiederholen: Auf dem Markt herrscht ein Überangebot. Doch die Fähigkeit, Waren von einer bestimmten Qualität zu einem bestimmten Preis zu liefern, reicht nicht aus. Um einen Marktanteil zu erwerben und zu halten, müßte man künftig einen Vertriebskanal finden, der den Verbraucher entsprechend seinem Profil und seinem Bedarf erreicht.

Das »gewisse Extra« eines Produkts könnte in seinem biologischen Anbau bestehen, in seiner kunsthandwerklichen Herstellung oder in der Aufklärung über die Möglichkeiten, die dem Bauern mit den zusätzlichen Einnahmen durch den direkten Handel offenstehen. Es liefe auf eine Personalisierung des Handels hinaus in einer Zeit, in der alles überstandardisiert ist. Dies würde dem Verbraucher im Norden auch einen

Einblick in die katalytischen Auswirkungen seiner Kaufentscheidung ermöglichen.

Als zum Beispiel eine örtliche Kooperative in Guatemala erleben mußte, daß die Händler den Preis für Honig gegenüber den Imkern immer weiter drückten, wurde ihnen klar, daß es für ihre Bienenstöcke keine Zukunft gab. Sie produzierten nur elf Fässer im Jahr, was für die Händler wirtschaftlich unattraktiv war – selbst auf dem örtlichen Markt. Der Honig ist zu 100 Prozent natürlich und von ausgezeichneter Qualität. Aber der Großteil der Handelshäuser in den USA war offensichtlich nicht interessiert: Diese Qualität machte sich scheinbar nicht bezahlt. Dann kam durch die Vermittlung einer kirchlichen Organisation ein direktes Abkommen mit einer belgischen Supermarktkette mittlerer Größe zustande. Die Geschäftsleitung dieser vierzig Filialen umfassenden Kette erklärte sich bereit, den Honig direkt zu kaufen und eine jährliche Qualitätsprüfung durch eine dritte Partei zu veranlassen. Der Honig wurde in Belgien in einem Glas in Form eines Bienenstocks neu abgefüllt und als »Honig aus dem Land der Maya« vermarktet. Die Gewinnspanne verdreifachte sich für die Kooperative, und die Supermarktkette hatte ein exklusives Produkt, an das eine kleine Broschüre angehängt war, die den Lebensraum der Bienen zeigte und erklärte, wie das Produkt ganz ohne Konservierungsmittel und Zucker direkt zum Verbraucher geliefert wird …

Kapitel 3

Kosten senken, neue Einkommensquellen erschließen, den Endgewinn erhöhen – Von Regenwürmern und Pilzen lernen

Der Begriff »Revolution« wird häufig mißbraucht. Im weitesten Sinne beschreibt er einen gewaltsamen bzw. gewaltigen Umsturz der politischen oder gesellschaftlichen Verhältnisse. Er kann ebenso angewandt werden auf fundamentale Änderungen der Lebensbedingungen. Als es durch die Fortschritte in der Agrarwissenschaft gelang, die Erträge entsprechend der Bevölkerungsexplosion zu steigern, sprach man wie gesagt von der »grünen Revolution«. Hier, bei unserem Ansatz, geht es in Wirklichkeit um eine grundsätzliche Änderung der Sichtweise.

Auf vielen Gebieten wurde bereits Pionierarbeit darin geleistet, die linearen Prozesse, die wir als Norm akzeptiert hatten, zu überwinden und durch Clustering der Aktivitäten sowie die Nutzung des Abfallstroms mehr mit weniger Aufwand zu produzieren. Zusammengenommen können uns diese Beispiele an den Regenbogen der Revolutionen heranführen, die gemeinsam die zweite grüne Revolution ausmachen (siehe auch Seite 62). Einige der Protagonisten in unserem bunten Szenario mögen zunächst auf Befremden stoßen, aber alle tragen sie dazu bei, daß wir mit geringerem Kapitaleinsatz einen höheren Ertrag erzielen, und zwar unter der Prämisse, daß unsere Umwelt nachhaltig geschützt wird. Das ist ein wirklicher Durch-

bruch für die Menschheit, die noch nie zuvor solch kaskaden-
artig ineinandergreifende Produktionscluster gesehen hat.

Die »braune Revolution« – viele der bekannten Pilze sind
überwiegend braun – ist die kritischste, da sie den meisten
anderen Verfahren (der roten, der blauen oder der gelben Revolution) vorausgeht. Schauen wir uns deshalb zunächst einmal genauer an, wie der Pilz unsere Sichtweise in bezug auf
Nahrung und Gesundheit in den kommenden Jahren verändern wird.

Die braune Revolution

Durchbrüche hängen von mehreren Komponenten im System
der Natur ab – und es gibt wenige, die an die magische Leistung der Pilze heranreichen. Die großen Speisepilze werden
höchstwahrscheinlich bei all unseren Entwürfen für die Zukunft eine große Rolle spielen. Die mikroskopischen und die
Speisepilze haben dieselbe Funktion: Sie zersetzen Fasern und
leben von der durch diese Aufspaltung entstehenden Energie;
der einzige Unterschied besteht darin, daß die kleinen mit
dem Auge nicht sichtbar sind. Pilze werden als exotisch, teuer
und manchmal sogar als gefährlich angesehen. Während Pilze
für viele unerschwinglich bleiben, waren sie früher gewöhnli-
ches Nahrungsmittel für die Armen. In Südafrika waren Pilze
ein Grundnahrungsmittel, das die Lücke zwischen der Getrei-
deernte im Herbst und dem Lagerbestand aus dem Vorjahr
füllte. Doch die zunehmende Urbanisierung und die übermäßige Verwendung von Holz als Brennstoff haben die Menge
natürlich wachsender Pilze drastisch reduziert.

Die Entdeckung, wie man Pilze unter Verwendung von großen Mengen Abfallfasern, die nicht gebraucht oder einfach verbrannt werden, industriell anbauen kann, könnte durchaus den Lebensmittelmarkt transformieren – ganz ähnlich, wie es bei der Hühnerzucht in den letzten hundert Jahren geschah. Während ein Hühnchen auf dem Tisch vor zwanzig Jahren noch eine exquisite Mahlzeit war, ist es heute das Gericht des kleinen Mannes. Und die Gründe liegen auf der Hand: Die Produktivität der Pilze liegt in ihrer sprichwörtlichen Vermehrungskapazität, und der Input beschränkt sich – einmal etwas vereinfacht dargestellt – auf ein Lignocellulose-Substrat, Dampf, Sporen und eine geschützte Umgebung.

Es ist heute kaum vorstellbar, daß noch vor fünfzig Jahren der Ertrag von weißen Champignons innerhalb von zwölf Wochen 5 Kilo pro Quadratmeter betrug. Heute liefert dieselbe Pilzsorte 60 Kilo in nur sechs Wochen. Dies ist eine revolutionäre Verbesserung um das Vierundzwanzigfache. Wenn wir genügend Lebensmittel erzeugen und die Armut und Unterernährung bekämpfen wollen, gibt es nur wenige Lösungen, die so vielversprechende Aussichten wie die Pilze bieten. Und es gibt nur wenig Eßbares, das auf so billigen und reichlich vorhandenen Rohstoffen gedeiht wie diese makroskopischen Pilze.

Bei den Pilzen besteht der große Vorteil darin, daß sie ihre Energie hauptsächlich aus der Lignocellulose beziehen, einem Makromolekül, das in unserer Welt im Überfluß vorhanden ist. Ungefähr ein Drittel der gesamten Biomasse auf dem Planeten besteht aus Lignocellulose bzw. Fasern, wie man normalerweise sagt. Und dieses Fasernmaterial wird bei unserer industriellen Herstellung von land- oder forstwirtschaftlichen Produkten oft als Abfall angesehen. Die Fasern kommen im Überfluß im Stroh von Weizen, Mais und Reis vor. Fasern sind der Grundbestandteil von Bagasse, dem Produkt, das übrigbleibt, nachdem man dem Zuckerrohr den Zucker entzogen hat. Die Reste, die bei der Herstellung von Pflanzenöl aus Kokosnüssen, Palmen oder Oliven anfallen, sind hauptsächlich Fasern, und sobald sich ein »Unkraut« wie die Wasserhyazinthe oder der Bambus einer Wasserfläche bzw. eines Stückes Land bemächtigt, gelten die reichlich anfallenden Fasern als Abfallstoff. Fasern gibt es also überall, und deshalb können Pilze allerorts gedeihen – in kaltem bis temperiertem Klima, in subtropischem oder tropischem Klima.

Bäume und Pflanzen bilden große, lange und starke Strukturen. Um in ihrem Wachstumsprozeß erfolgreich zu sein, verbindet die Flora drei Hauptkomponenten: Cellulose, Lignin und Hemicellulose. Die Cellulose ist der Baustein, der das Rückgrat der festen Struktur bildet. Das Lignin fungiert als »Zement« und Klebstoff, die das Baumaterial zusammenhalten. Da der Baum oder die Pflanze Wind, Temperaturschwankungen und Regen standhalten muß, bilden sich Fasern, wo eine gute Verbindung von Lignin und Cellulose in den Zellwänden der Cellulose vorhanden ist, so daß ihr die starken Verbindungsstellen Widerstandskraft gegen den Druck durch Erosion und Alterung verleihen. Um den Erfolg zu garantieren, hat die Natur ihrem Entwurf einige Antikörper gegen zersetzende Enzyme und Antioxidantien wie Vitamin E hinzugefügt, die es sehr schwierig machen, die Kernstruktur der Pflanze oder des Baums zu zerbrechen. Neben diesen beiden Baustoffen, Zement und Schutzschilden, gibt es eine dritte Hauptkomponente in jeder Pflanze und jedem Baum: die Hemicellulose. Dies ist die Nahrung des Baums, deren reichhaltige

Zucker durch den Vorgang der Photosynthese in weitere Cellulose- und Ligninverbindungen umgewandelt werden.

Die meisten Lebewesen auf der Welt ernähren sich von Zuckern, Kohlenhydraten und Eiweißen. Die Pilze bilden da eine Ausnahme. Diese Spezies bezieht ihre Energie aus der Aufspaltung von Lignin und Cellulose. Pilze sind tatsächlich die einzige Art, die in der Lage ist, Lignin von Cellulose zu trennen und Komponenten in Kohlenhydrate umzuwandeln. Pilze sind keine Parasiten. Parasiten ziehen ihre Energie aus lebenden Organismen, wohingegen Pilze eine Vielfalt von Enzymen bilden, die landwirtschaftliche Stoffe abbauen. Sie gedeihen auf etwas, das man als totes Material einstufen würde – im Gegensatz zu Parasiten, die ihre Energie aus lebendigen Organismen ziehen. Die kleinen und die großen Pilze helfen der Welt also bei der »Verdauung« dieser Millionen Tonnen von Abfall, die sonst den Planeten ersticken würden.

So spielen Pilze eine zentrale Rolle beim Recycling von Kohlenstoff und Mineralien, die in land- und forstwirtschaftlichem Abfall enthalten sind, zum Beispiel Zuckerrohr-Bagasse, Getreidestroh, feste Rückstände aus Kokosnuß-, Palmen- und Kaffeeplantagen, Baumwollreste, Wasserhyazinthe und Bambus. Da gibt es einfach keine Grenzen. In unserem sogenannten effizienten Industriezeitalter bleibt der größte Teil des Abfalls aus der Verarbeitung ungenutzt zurück, und es ist typisch, daß diese Reste verbrannt oder zur Geländeauffüllung verwandt werden. In zunehmendem Maße werden die Lignocellulose-Rückstände zur Anreicherung von Boden verwendet, auf dem Pilze das Material dann mit der Zeit abbauen. Diese Abfallketten stellen eine potentiell sehr wertvolle Ressource dar und können für die Herstellung von eßbarer Nahrung für den Menschen wiederverwendet werden. Dennoch nutzt man diese Fasern allein in armen ländlichen Gegenden und im agroindustriellen System der traditionellen Chinesen für diesen Zweck.

Interessanterweise wissen wir mehr über die Fasern, die die Pilze verbrauchen, als über die Pilze selbst. In den letzten Jahrzehnten haben Ernährungs- und Gesundheitsexperten uns immer wieder daran erinnert, daß wir Fasern als Ballaststoffe in unserer Nahrung zu uns nehmen müssen. Dies wird uns empfohlen, weil wir zuviel behandelte, also denaturierte ballaststoffarme Nahrungsmittel essen. Die meisten gras-, gemüse- und pflanzenfressenden Tiere und auch der Mensch entziehen den pflanzlichen Lebensmitteln nur die Zucker und die Proteine. Den Rest scheiden wir aus. Da die Fasern unser Verdauungssystem durchlaufen, nehmen sie im Darmtrakt zahlreiche Bakterien auf, die wie die *E.-coli*-Bakterien und Salmonellen unsere Gesundheit gefährden können, und bewirken damit ihre Ausscheidung. Wir wissen also, daß wir Ballaststoffe brauchen, können sie aber nicht verdauen. Gerade aus diesem Grund gedeihen zahlreiche Pilze auf Dung, der nur noch Fasern enthält, weil alle anderen Elemente im Verdauungsvorgang entzogen wurden. Und da Bakterien wie *E. coli* nicht in Pilzen wachsen, werden sie aus dem System beseitigt.

Fossile Funde zeigen, daß es schon vor 130 Millionen Jahren Pilze gab, lange bevor der Mensch auf der Erde erschien. Die ersten Berichte über Pilzzucht gehen ins 7. Jahrhundert zurück, und als beliebtes Nahrungsmittel kam der Pilz von China, Nordamerika und Indien nach Frankreich. Er gehört zu den ersten angebauten Nutzpflanzen, obwohl die Art des Anbaus erst spät im 20. Jahrhundert mechanisiert und professionalisiert wurde. Heute werden nur zwanzig von den fünftausend eßbaren Pilzen kommerziell angebaut, und sechs davon werden in Massenproduktion hergestellt. Dem Ausbau sind kaum Grenzen gesetzt. Wir haben noch nicht einmal die Spitze des Eisbergs gesehen.

Dank der Entwicklung von Anbautechniken und dem Wissen über die spezifischen Bedingungen, unter denen die einzelnen Pilze gedeihen, werden immer mehr Sorten kommerziell produziert werden. Die Entwicklung spezifischer Zuchttechniken wird dazu führen, daß die Pilze einheitlicher angebaut werden und stabile Erträge liefern werden. Diese Pilze können auf einem speziell zusammengesetzten Substrat wachsen und an eine bestimmte Umgebung angepaßt werden. In den westlichen Ländern ist der Champignon *(Agaricus bisporus)* der beliebteste Pilz. Er wächst überall in temperiertem bis tropischem Klima, wobei Taiwan zum drittgrößten Produzenten geworden ist. Diese Champignons sind der unbesungene Held der ersten Nahrungsmittelrevolution – mit einer über zwanzigfachen Produktionssteigerungsrate innerhalb von fünfzig Jahren. Der Schwarzstreifige Scheidling *(Volvariella volvacea)* wird wohl demselben Muster folgen und wahrscheinlich das am schnellsten wachsende Nahrungsmittel der Welt werden. Die Zeit von der Anzucht bis zur Ernte beträgt nur acht bis zehn Tage. Dieser Pilz gedeiht in den Tropen in relativ hohen Temperaturen von über 30 Grad Celsius. Pilze geben uns eine natürliche Antwort auf den steigenden Nahrungsmittelbedarf der Welt – ohne Klonen oder Genmanipulation, und das bei geringstem Wasserverbrauch. Wenn die Herausforderung darin besteht, die Armen mit genügend Nahrung, Wasser und medizinischer Betreuung zu versorgen oder sogar den Reichen eine optimale Ernährung zu gewährleisten, dann ist es unmöglich vorstellbar, daß man für eine ausgewogene Ernährung nicht auf Pilze als einen der Hauptbestandteile zurückgreift.

Pilze liefern in beeindruckender Weise Protein und Vitamine. Durch den technischen Fortschritt hat sich der Anbau von Speisepilzen über die ganze Welt verbreitet. Da Pilze unter verschiedenen Klimabedingungen und auf landwirtschaftlichem und industriellem Abfall angebaut werden können, vermögen sie uns bei der Lösung von Problemen wie Unterernährung bei Kindern und der Wiederverwertung von Ressourcen zu helfen. Pilze brauchen sehr wenig Stickstoff, somit ist kein Dünger notwendig, weil das optimale Verhältnis von Kohlenstoff zu Stickstoff sechzig zu eins beträgt. Die jährliche Produktion erhöht sich mit einer zweistelligen Wachstumsrate stetig. Das Pilzgeschäft boomt schon seit Jahrzehnten. Ende der neunziger Jahre werden weltweit Pilze im Gesamtwert von fast 10 Milliarden Dollar pro Jahr gehandelt.[14]

Fasern sind wie gesagt eine großartige Nahrung für Pilze, wenn die Lignocellulose mit ein paar Schlüsselbestandteilen wie Kreide, Reiskleie oder sogar Baumwollabfällen vermischt wird. Afrika und Asien leiden an einer »Verpestung« durch Wasserhyazinthen. Die generative Wissenschaft stellt dar, wie diese geerntet und zum Beispiel mit Baumwollabfällen gemischt werden können, um so ein ausgezeichnetes Substrat für Pilze zu schaffen. Und nach der Pilzernte können die Reste der Wasserhyazinthen als Viehfutter verwendet werden. Pilze gedeihen auf dem Abfall in den Wäldern und könnten somit auch auf den vielen Abfallstoffen wachsen, mit denen der Mensch nichts anzufangen weiß.

Die braune Revolution steht erst am Anfang. Da der Appetit der Menschen eindeutig zu gesunder Ernährung tendiert, werden Pilze zum Kernbestandteil der täglichen Mahlzeiten werden. Pilze sind nicht nur nahrhaft, sondern die extensive Wiederverwertung der Abfallstoffe, auf denen sie wachsen, könnte einen vollkommenen Preissturz verursachen. Shiitake-Pilze waren einmal so teuer, daß nur die Japaner sie sich leisten konnten. Jetzt könnte Shiitake zum »Hähnchen der Grundnahrungsmittel« werden.

Die Pilzproduktion wird explodieren und dabei zwanzig Jahre lang eine gesunde Wachstumsrate von 15 Prozent pro Jahr beibehalten.[15] Die Qualität und Vielfalt wird in dem Maße weiter zunehmen, wie die Öffentlichkeit auf dieses großartige Produkt der Biovielfalt der Erde aufmerksam werden wird. Im pazifischen Nordwesten von Nordamerika, das heißt Britisch-Kolumbien, Washington und Oregon, werden in den Supermärkten etwa vierzig verschiedene Pilzsorten angeboten. Der weiße Champignon, der hauptsächlich in Pennsylvania angebaut wird, ist kaum noch gefragt. Der Markt entdeckt die Qualität des Faltenpilzes, des Schwarzstreifigen Scheidlings, von Shiitake, Mayetake und zahlreichen exotischen Sorten, von denen noch vor zehn Jahren kaum jemand etwas gehört hatte.

Man hat auch entdeckt, daß Pilze als Basis für einen neuen pharmazeutischen Industriezweig dienen könnten, um etwa Krebs zu behandeln.[16] Der Preis für Pilze liegt zwar am höchsten, wenn sie frisch verkauft werden, aber durch den Verkauf an die pharmazeutische Industrie läßt sich ebenfalls ein gutes Einkommen erzielen. Weltweit werden jährlich zur Zeit etwa 3,6 Milliarden Dollar auf diesem Gebiet umgesetzt.

Als man vorschlug, den Abfall aus Baumwollfabriken mit

Wasserhyazinthen und Seetangextrakt zu mischen und als Substrat für die Pilzzucht zu verwenden, wandten viele renommierte Fachleute ein, dies sei nicht durchführbar. Aber einer der weltweit führenden Pilzexperten, Professor Dr. S. T. Chang, war nicht nur dazu bereit, seinen Namen dafür zu geben – er bildete in Afrika sogar Menschen aus, um das Projekt im Rahmen einer Zero-Emissions-Research-Initiative in die Praxis umzusetzen. Die Meinungen änderten sich schnell, denn das Ganze erwies sich als großer Durchbruch. Die Grundstoffe waren billig, sogar umsonst, und die Ergebnisse waren beeindruckend.

Es war interessant, festzustellen, wie Unternehmer in den Tropen ins Pilzgeschäft einzusteigen versuchten. Zunächst wollten sie weiße Champignons produzieren. Dieser Pilz ist nicht in den Tropen heimisch. Obwohl er dort wachsen kann, ist die Kultivation nur dann möglich, wenn die typischen Klimabedingungen unter hohem Kostenaufwand geschaffen werden. Die meisten dieser Pilzfarmen sind nicht konkurrenzfähig, abgesehen einmal von den taiwanesischen und chinesischen. Die afrikanischen und lateinamerikanischen Unternehmer suchten zunächst nach besseren Substraten zum Anbau der Pilze und wechselten von der billigen einheimischen Bagasse zu hochwertigem Material. Bei einer Umwandlungsrate in Pilzsubstanz von 7 bis 19 Prozent war die Verwendung der Bagasse nicht sehr produktiv. Das »professionelle« Substrat brachte Erträge von bis zu 60 Prozent Pilzen, aber das hatte seinen Preis!

Als der Anbau der Übermacht der Importe nicht mehr standhalten konnte, wurde die Schuld für die gesunkene Produktivität wie immer bei den Arbeitern gesucht. Das Management brachte Kapital auf, um durch Automatisierung den Ertrag pro Arbeiter zu steigern. Aber bei minimalen Löhnen zwischen 2 und 10 Dollar pro Tag können Personalkosten nicht wirklich das Problem sein. Die Wartungskosten für aufwendige Technik sind ungleich höher, und man kann nicht immer mit einer guten Ersatzteilversorgung rechnen. Als dann nichts mehr half, führte man schnell die neueste Technik ein, zum Beispiel automatische Klimakontrolle und Erntegeräte. Das Resultat war oft der Bankrott.

Wenn die Menschen in den Tropen nichts von tropischen Pilzen verstehen, die dort in großer Vielfalt gedeihen, dann ist es klar, daß es keine Möglichkeit gibt, diese vielfältigen Proteinquellen in ein Grundnahrungsmittel zu verwandeln. Die Einheimischen müssen ihre eigene Biovielfalt ausnutzen, und dazu gehören auch die tropischen Pilze – nur dann wird die »Revolution« zustande kommen.

Die Verwendung von Pilzen kann von der »normalen« Nahrung für Menschen auf die Ernährung von Vieh sowie auf Reformhauskost und wie gesagt auf pharmazeutische Produkte ausgedehnt werden. Andere kultivierte Pilze können bei der Wiederaufforstung zur Säuerung des Bodens dienen. Genau das wurde in dem kolumbianischen Umweltforschungsprojekt »Las Gaviotas« getan – mehr darüber später. Als Resultat all dessen können neue Industriezweige entstehen, besonders in den Tropen, wo die Bedingungen für solche Innovationen so günstig sind. Die braune Revolution versetzt uns in die Lage, daß wir unzählige Materialien, die wir zur Zeit als Abfall deklarieren, in unsere agrikulturellen Prozesse einbinden. Und da, wo die braune Revolution greift, werden andere Revolutionen folgen.

Die rote Revolution

Die »rote Revolution« hat nichts mit Kommunismus zu tun. Es geht vielmehr um den Regenwurm. Diese hart arbeitende beinlose Spezies verwandelt Abfall in Nahrung, entzieht alle möglichen Arten von pflanzlichem Protein und wandelt es in tierisches um – welches wiederum die Vorzugsnahrung vieler anderer Arten ist, besonders von Vögeln. Hühner mögen Regenwürmer zum Frühstück, Mittag- und Abendessen. Bei einer Umwandlungsrate von 2,2 Kilo Regenwürmern in 1 Kilo Hühnerfleisch ist das Resultat durchaus beeindruckend. Der »Abfall«, den der Regenwurm hinterläßt, ist Humus von außergewöhnlicher Qualität. Die etwa 3500 Arten von Regenwürmern, die es weltweit gibt, sind einzigartige Produzenten von Enzymen und effiziente »Belüfter« des Bodens.

Aristoteles nannte Würmer »den Darm der Erde«. Er glaubte, der Boden der Erde sei ein lebender, holistischer Organismus, und für ihn bestand die Rolle der Regenwürmer darin, ihn in Ordnung zu halten. Da man Würmer an den Wurzeln von Pflanzen findet, glaubte man einst, daß sie die Wurzeln fressen, damit das Wachstum behindern oder sogar das Leben der Pflanze zerstören. Aus diesem Grund empfahl man selbst noch im ausgehenden 19. Jahrhundert, Würmer zu töten. Erst als 1881 Darwins Buch *Die Bildung der Ackererde durch die Tätigkeit der Würmer*[17] erschien, wurde der Regenwurm rehabilitiert. Darin schreibt Darwin: »Regenwürmer bereiten in ausgezeichneter Weise den Boden für das Wachstum von aller Art von feinwurzeligen Pflanzen und ihrer Setzlinge vor.« Darwins Hauptbeitrag besteht wahrscheinlich in seiner bahnbrechenden Erkenntnis, daß der Regenwurm tatsächlich als eine der entscheidenden Komponenten im Leben auf der Erde angesehen werden kann. Sein Buch leitete die Erforschung der Regenwürmer ein. Es gibt noch viel zu lernen, aber was wir wissen, ist bemerkenswert.

Würmer sind so wenig anfällig für Krankheiten, daß man durchaus sagen kann, sie bekommen überhaupt keine. Die Bakterien in ihren Eingeweiden werden in solch überwältigender Anzahl produziert, daß krankheitserregende Bakterien das Leben in einer Regenwurm-Umgebung als hart empfinden müssen. Außerdem kommen in der von Regenwürmern geschaffenen Umgebung natürliche Antibiotika vor. Pilzartige Bodenbakterien (Aktinomyzeten) bilden Antibiotika (Streptomyzin), und wenn Regenwürmer da sind, erhöht sich deren Produktion drastisch. Die meisten krankheitserregenden Bakterien benötigen eine sauerstofffreie (anaerobe) Umgebung, während die von Regenwürmern geschaffene Umgebung sauerstoffreich (aeorob) ist, so daß das Leben in der Nähe von Würmern für diese Bakterien schwierig wird. Die Würmer töten die Bakterien nicht, sie schaffen vielmehr eine Umgebung, in der ihre Anzahl erheblich verringert wird.

Die Schaffung einer gesunden Umgebung mit einer geringen Anzahl von Bakterien ist ein einzigartiger Beitrag. Aber das ist erst der Anfang. Regenwürmer arbeiten nicht allein. Boden mit einer guten Regenwurmpopulation enthält auch zahlreiche Bakterien, Viren, Pilze, Insekten, Spinnen und andere bodenspezifische Destruenten.[18] Eine Wurmpopulation von 500 pro Quadratmeter mit einem Durchschnittsgewicht von 1 Gramm pro Wurm ergibt 5 Tonnen pro Hektar. In gesundem Boden fördern die vorhandenen Regenwürmer das Wachstum einer Biomasse von einem bis zu sechsfachen Gewicht der Würmer bzw. 30 Tonnen Destruenten. Dies beträgt 35 Tonnen Lebewesen direkt unter unseren Füßen.[19]

Regenwürmer verzehren täglich die Hälfte oder mehr ihres eigenen Gewichts, und indem sie das tun, bestellen, belüften und düngen sie den Boden mit einer Rate von mehr als 90 Kilo pro Quadratmeter im Jahr. Dies sind ganze 900 Tonnen Boden pro Hektar. Würmer arbeiten 365 Tage im Jahr. Man hat ausgerechnet, daß Regenwürmer in Europa innerhalb von hundert Jahren eine 200 Millimeter dicke Schicht Oberboden absondern können. Die Hauptfortbewegungsart des Regenwurms besteht darin, daß er den Boden verschlingt. Dabei verdaut er 50 Prozent dessen, was er antrifft. Würmer bauen das Gewirr von sich auflösendem Pflanzenmaterial ab und ermöglichen damit, daß Regenwasser und Sauerstoff leichter ins Erdreich eindringen können. Da sich die Würmer Gänge graben, wird wurmreicher Boden schneller und tiefer feucht und hält die Feuchtigkeit länger. Die Gänge werden mit Schleim beschichtet, der reich an Nitraten ist, und die Pflanzenwurzeln nutzen die Gänge für leichteres Wachstum. Regenwasser fließt durch die Gänge, löst die Nitrate im Schleim und verbreitet diese im Boden.

Pflanzen brauchen Stickstoff, und totes Pflanzenmaterial enthält Kohlenstoff und Stickstoff in einem Verhältnis von über zwanzig zu eins. Dies kann von Pflanzen nicht absorbiert werden; der Boden würde sauer werden, und da das lösliche Mineral eingeschlossen ist, weniger fruchtbar. Regenwürmer spalten im Darm den Kohlenstoff zum Teil vom Stickstoff ab. Der meiste Stickstoff wird in Form von Ausscheidungen und Schleim an den Boden abgegeben. Ein Teil des Kohlenstoffs wird bei der Atmung durch die Haut des Wurms als Kohlendioxid abgesondert und der Überschuß in den Ausscheidungen. Tote Regenwürmer ihrerseits erhöhen den Stickstoffgehalt des Bodens erheblich, da sie aus 60 bis 70 Prozent Eiweiß mit einem Stickstoffgehalt von etwa 12 Prozent bestehen.

Würmer haben ein sehr einfaches und unkompliziertes Verdauungssystem. Unlösliche Mineralien werden von ihnen jedoch in lösliche umgewandelt, so daß sie für Pflanzen verwertbar sind. Selbst Cellulose wird teilweise abgebaut. Enzymbildende Bakterien ermöglichen die Verdauung, und mit den Exkrementen werden auch die Bakterien und Enzyme ausgeschieden. Die Bakterien sind für den Boden nützlich, da sie dort die Arbeit fortsetzen, die sie im Darm des Wurms getan haben; das heißt, sie verwandeln Mineralien in für Pflanzen absorbierbare Form, spalten Cellulose auf und erzeugen Humus.

Die Hochzeit von Bakterien und Würmern ist ein gutes Beispiel für Harmonie und Kooperation in der Natur. Die dichte Bakterienpopulation in den Eingeweiden des Wurms kann nur deshalb existieren, weil der Wurm leicht Sauerstoff aufnimmt. Im Gegenzug sorgen die Bakterien nicht nur für die Verdauung der Nahrung ihres Wirtes, sondern werden selbst zur Nahrung für ihn, wenn sie absterben. Nachdem sie vom Wurm in den Boden abgegeben worden sind, bauen sie Cellulose so ab, daß sie vom Wurm wieder als Nahrung aufgenommen werden kann. Überleben und Entwicklung hängt in der Natur immer und überall von der Kooperation der Arten ab!

Der Regenwurm erschließt dem pflanzlichen Leben soviel mehr: siebenmal soviel Phosphor, sechsmal soviel Stickstoff, dreimal soviel Magnesium, zweimal soviel Kohlenstoff und 50 Prozent mehr Kalzium. Das soll nicht heißen, daß der Wurm dies alles produziert – er macht es nur den Pflanzen und anderen Lebewesen zugänglich. Regenwürmer trennen die Stoffe so, daß sie verwertbar werden. Die Würmer vertragen einen unterschiedlichen Säuregehalt, einige bis zu pH 3,5; und da sie Kalziumkarbonat produzieren, wirken sie der Übersäuerung des Bodens entgegen. Darüber hinaus erhöht sich die bakterielle Aktivität in der Umgebung ihrer Ausscheidungen um das Hundertfache.[20]

Neuere Untersuchungen haben gezeigt, daß die Regenwürmer eine wichtige Rolle bei der Bodenwiederaufbereitung spielen, indem sie Gifte vernichten und Schwermetall aufnehmen, das dann separiert werden kann. Daß Würmer mit Schwermetall verseuchte Böden entgiften können, wurde zum ersten Mal 1975 von dem walisischen Forscher M. P. Ireland festgestellt. Er unternahm Versuche in verseuchten Bergbaugebieten in Wales. Es gelang ihm, dem Boden Blei, Zink und Kalzium zu entziehen. Die Würmer nahmen die Metalle auf, und was sie ausschieden, enthielt weniger Metall als der verseuchte Boden; die Würmer hingegen enthielten beträchtlich mehr – zum Beispiel zwölfmal soviel im Falle von Blei.

Die Forschungsergebnisse motivierten andere, Versuche mit toxischen Schwermetallen wie zum Beispiel Kadmium anzustellen. Zwei verseuchte Stellen wiesen eine Konzentration von jeweils 38 und 29 Teilen pro Million (ppm) auf. Bei Würmern aus diesen Böden stellte man in beiden Fällen eine Konzentration von 143 ppm fest. Trotz des unterschiedlichen Kadmiumgehalts der Böden hatten die Würmer eine identische Menge davon in ihrem Körper aufgenommen, und dies läßt annehmen, daß einige Würmer giftige Schwermetalle absorbieren, bis die Menge lebensbedrohlich wird, und daß sie dann die weitere Aufnahme verhindern können.

Da es – wie bereits erwähnt – ungefähr 3500 verschiedene Regenwürmer gibt, kann man nicht einfach irgendeinen Wurm zur Wiedergewinnung von Schwermetall benutzen. Einige Arten besitzen nachweisbar die Fähigkeit, einzelne Abfallstoffe zu absorbieren, einige sollten zur Beseitigung von Blei benutzt werden, andere für Kadmium, wieder andere für Chrom usw. Das führende Forschungszentrum für die Anwendung von Regenwürmern bei der Reinigung von schwermetallverseuchten Böden, Fäkalienschlamm und ungeklärten Abwässern befindet sich in Puna, Indien. Das Bhawalkar Earthworm Research Institute hat Toiletten entworfen, die den menschlichen Abfall in eine wertvolle, erregerfreie Substanz verwandeln. Das Institut hat Schädlingsfilter entworfen, die aus ungeklärtem Abwasser Trinkwasser machen. Dieser kontinuierliche Vorgang wird zu 100 Prozent von den Würmern betrieben und liefert sowohl eine primäre als auch eine sekundäre Behandlung; das heißt, Wurmbeete und Filter beseitigen die festen Stoffe, indem sie sie zu Ausscheidungen machen und auch das Wasser reinigen. Man läßt die ungeklärten Abwässer mit Hilfe eines rotierenden Auslegers einfach auf eine Folge von Spezialwurmbeeten tropfen, nachdem man zunächst die festen Stoffe fein gemahlen hat. Die festen Stoffe heften sich an die vorhandenen Ausscheidungen, die als Filtermedium fungieren, und werden von den Würmern gefressen und erneut ausgeschieden. Je länger das System arbeitet, desto effizienter wird es.

Die Erkenntnisse, die zunächst von Aristoteles gemacht und dann von Charles Darwin wissenschaftlich bestätigt wurden, stoßen bei Wissenschaftlern jetzt auf breiteres Interesse. Man versteht heute besser, wie »der Darm des Darms der Erde«

funktioniert, und dabei spielen die Enzyme des Regenwurms eine bemerkenswerte Rolle. Die Enzyme der Regenwürmer werden jetzt auf ihren Nutzen bei der Beseitigung von Unreinheiten und giftigen Substanzen aus Getränken hin untersucht. Selbst in der höchst sterilen Umgebung, die man für Impfstoffe braucht, werden Antibiotika zu einem Bruchteil der Kosten erfolgreich von Wurmenzymen gereinigt. Und Naturfarben, die häufig schwer zu erhalten und zu standardisieren sind, kann man durch einen auf Regenwurmenzymen basierenden Reinigungsprozeß aufbessern. Genau wie beim Pilz befinden wir uns erst in der Anfangsphase der Revolution.

Es ist höchste Zeit, daß wir uns unser mangelndes Wissen eingestehen und lernen, dem Meister – dem bescheidenen Regenwurm – zu folgen. Oder es ist vielmehr höchste Zeit, daß wir uns ein besseres Verständnis von diesem Arbeiter in der Dunkelheit – dem Enzym – aneignen. Sowohl der Regenwurm als auch der Pilz spielen eine bemerkenswerte Rolle, und wenn wir sie und ihre Funktion in der Natur verstehen, könnten sie auch eine entscheidende Auswirkung auf den Endgewinn haben, indem sie Abfall beseitigen, Kosten senken und neue Einkommensquellen erschließen. Darum geht es beim UpCycling und beim UpSizing.

Die blaue Revolution

Die blaue Revolution findet statt bei der Fischzucht. In der Natur – in Meeren, Ozeanen, Seen und Flüssen – wird niemand gebraucht, um die Fische zu füttern und das Wasser mit Sauerstoff zu versorgen. Die Produktivität ist hoch, die Qualität ebenso und die Vielfalt enorm. Warum muß der Mensch auf künstliche Fischzucht zurückgreifen, bei der nur ein paar Arten gezüchtet, hohe Futtermengen verbraucht werden und Sauerstoff hinzugefügt werden muß? Warum können wir Fische nicht »produzieren«, wie es die Natur tut? Die Antwort lautet natürlich – zumindest vom Standpunkt der linearen Denkweise: wegen der hohen Nachfrage. Das Ergebnis der steigenden Nachfrage ist eine chronische Plünderung der natürlichen Bestände in unseren Ozeanen und ein exponentielles Wachstum der Fischfarmen. Doch weshalb sollte man unkritisch die Ansicht übernehmen, daß die künstlichen Monokulturen, die solche Zuchtbetriebe dominieren, der Weisheit letzter Schluß seien?

Das von dem chinesischen Experten George Chan – einen Berater für das ZERI-Projekt an der United Nations University – geförderte Verfahren erwies sich als das beste. Er bewies, daß bei einer integrativen Vorgehensweise 15 Tonnen Fisch pro Hektar gezüchtet werden können, ohne daß Fischfutter gekauft werden muß.[21] Chan kombinierte sechs bis acht verschiedene Fischarten, Benthos[22], höhere Pflanzen, Salzpflanzen, tierisches und pflanzliches Plankton. Jetzt heißt es, dies sei eine Revolution, aber es ist einfach nur die Nachahmung der Art und Weise, wie die Natur arbeitet. Die Natur füttert ihre Fische sehr gut. Und eben darum geht es in der generativen Wissenschaft. Der Trend zu Monokulturen in der Fischzucht ist genauso unverständlich wie die Monokultur in der Landwirtschaft, die zu Generationen von Schädlingsplagen geführt hat. Sie konnte zwar einigen als »wissenschaftlich« glaubhaft gemacht werden und hat auch zu einer Produktivitätssteigerung geführt, dennoch ist sie kaum mit der Art und

Weise zu vergleichen, mit der die Natur ausreichend Nahrung für viele hervorbringt.

Wenn man Fischfarmen auf der ganzen Welt besucht, stellt man fest, daß all die Teiche mit Sauerstoff versorgt werden müssen. Das ist teuer, vergeudet Energie und benötigt eine Infrastruktur. In der Natur wird kein einziger See belüftet! Der Einsatz solcher Spezies wie des großköpfigen Karpfens beispielsweise kann das künstliche Belüften überflüssig machen. Dies bewirkt dieser hart arbeitende Fisch, indem er ständig nach oben und wieder nach unten schwimmt, soweit der Platz dafür vorhanden ist. Der Karpfen kann diese Aufgabe in einem 3 Meter tiefen Teich erledigen, so daß man ihn besser darin beläßt, statt ihn zu fangen. Darüber hinaus müssen alle konventionellen Fischfarmen ihre Teiche ungefähr einmal im Jahr reinigen, um den am Boden angesammelten Schmutz zu entfernen. Die sich zersetzende Biomasse verbraucht Sauerstoff und reduziert somit den Ertrag an Fischen. Die Natur braucht nie Seen zu reinigen – sie kümmert sich auf ihre eigene Art und Weise darum, zum Beispiel mit dem Schlammkarpfen oder vergleichbaren Arten in anderen Klimazonen, die den Boden sauberhalten. Der Schlammkarpfen genießt die Reste auf dem Grund des Sees. Der Einsatz solcher Fische wäre auch unter wirtschaftlichen Gesichtspunkten eine äußerst wirksame Methode, denn sie erhöht die Investitionserträge und den Cashflow, da der Produktionsablauf nicht gestört wird.

Die von George Chan entworfenen integrativen Systeme sind eine nahezu perfekte Kopie der Natur und basieren auf den in mehr als fünfhundert Jahren gesammelten Erfahrungen der Chinesen, bei denen die Hälfte der weltweiten Fischzucht erfolgreich entwickelt worden ist. Polykulturelle Fischzucht kann also als eine Art Cluster gestaltet werden, bei dem der Abfall des einen die Nahrungsgrundlage für einen anderen darstellt und auch der Einsatz von Hormonen und Antibiotika überflüssig wird.

Die gelbe Revolution

Um Cluster für komplementäre Aktivitäten zu bilden, bei denen der Abfall des einen zur Nahrung des anderen wird, benötigen wir Platz. Bis das derzeitige integrierte ZERI-Biosystem, entwickelt von George Chan, weiter verbessert worden ist und sich zu verkleinern beginnt, brauchen wir sogar viel davon. Und angesichts der weiter zunehmenden Desertifikation, der Bevölkerungsexplosion und des Klimawandels finden wir auf unserem Planeten immer weniger Land, das wir sinnvoll und zum Nutzen aller kultivieren könnten.

Die Wüste bietet einen solchen Raum, und sie ist die Bühne für die »gelbe Revolution«. Einer der interessantesten Schauplätze ist diesbezüglich die Wüste Namib. Dieser Teil der Welt mit seiner öden, weißgelben Erde, die offensichtlich nichts zu bieten hat, scheint für immer trocken zu sein. Aber das ist nur der erste Eindruck. Die Wüste Namib ist beispielsweise die Heimat der *Welwitschia mirabilis,* dieser wundersamen zweitausend Jahre alten Pflanze.

Wie konnte dieses widerstandsfähige Gewächs an einem solche unwirtlichen Ort überleben? Botaniker würden sofort darauf hinweisen, daß sie dank ihrer genialen Struktur den Nebel nutzt, der an ihren Blättern kondensiert. Dieser Prozeß ist möglich, da sich große Mengen von Nebel an der Küste Namibias bilden, ein Effekt, der auf einen kühlen Strom zurückzuführen ist.

In Chile läßt ein ähnlicher Strom ebenfalls Nebel entstehen, dessen Kondensat als Trinkwasser für Mensch und Tier Verwendung findet – oder als »Blut« für die Landwirtschaft in Regionen, in denen die Kultivierung von Boden vorher unmöglich war. Wenn der Nebel an Land kommt, wird er in Rinnen aufgefangen und schließlich in Tanks abgefüllt.

In Hawaii haben Wissenschaftler damit experimentiert, durch »Kaltwurzelsysteme« das Wachstum von Pflanzen zu verbessern. Kaltes Wasser aus der Tiefsee wird dabei auf Höhe der Wurzeln und auf Bodenniveau durch simple Röhren geleitet. Am Boden bleiben die Röhren damit kalt genug, um eine Kondensation zu erzeugen, die den Boden so feucht hält, daß bestimmte Nutzpflanzen gedeihen können.

In Namibia zeigt die ZERI-Forschung, wie dieser Prozeß nachgeahmt werden kann. Kaltwasser befindet sich bereits auf Bodenhöhe, weswegen das Heraufpumpen von Wasser aus der Tiefe nicht erforderlich ist. Und man kann Wasser vom Meer in die Wüste pumpen, indem man die Windenergie nutzt, die an der Küste Namibias im Überfluß zur Verfügung steht. Im Einklang mit Keto Mshigeni ist man in diesem Land optimistisch und glaubt, »daß wir in der Lage sein werden, einige Teile der Wüste Namib in grünes, produktives Land umzuwandeln«.[23]

Die schwarze Revolution

Die »schwarze Revolution« ist der Endgewinn: Wenn ein Betrieb Geld verliert, schreibt er rote Zahlen, wenn er Profit macht, schwarze. Das faszinierende Ergebnis des Regenbogens unserer Revolutionen ist, daß sich der Endgewinn erhöht. Unwirtschaftliche Betriebe, abfallproduzierende Verfahren und kostspielige Prozesse werden dank der zusätzlich geschaffenen Einkommensquellen profitabel bzw. profitabler. Die Bildung von Mehrwert auf der Basis von Abfall, der für andere zur Nahrung wird, führt zu einem Wirtschaftswandel. Dies ist die Revolution, die alle anderen trägt.

Kapitel 4

Das Potential der Naturressourcen vervielfältigen – »Bioraffinerien« statt Plantagen

Die erste grüne Revolution bot nur eine Lösung für lediglich ein Problem. Der Bedarf an Nahrung stieg, und somit wurde die Herausforderung angesichts des wachsenden Appetits einer ständig zunehmenden Bevölkerung von der Suche nach Möglichkeiten zur Steigerung der Produktion von Eiweiß und Zuckern beherrscht. Die Technik der Ertragssteigerung bestand in einer Kombination aus Bewässerung, Selektion des Saatguts, Pestiziden, Düngern und Unkrautvertilgungsmitteln. Der Mensch erwartete, daß die Erde mehr produziert.

Die zweite grüne Revolution gibt nicht vor, nur das Problem der Nahrungsmittelknappheit durch die erhöhte Versorgung mit Protein und Zuckern anzugehen. Diese Revolution will sich ganz grundsätzlich mit einer Verbesserung der erneuerbaren Lebensgrundlagen beschäftigen. Weil wir nicht erwarten, daß die Erde mehr produziert (wir wissen ja, sie ist an ihre Grenzen gestoßen), streben wir an, mehr aus dem zu machen, was die Erde bereits hervorbringt. Die neue Revolution liefert komplexe Lösungen für komplexe Probleme.

Wenn man in landwirtschaftlichen Erzeugnissen nur Nahrung sucht, kann die Mehrzahl der Bestandteile dieser Produkte nicht genutzt werden und verbleibt somit auf dem Feld oder wird verbrannt. Die Strategie zur Linderung der Armut erfordert aber mehr, als nur Nahrung zu produzieren; deswegen sollten die Restbestandteile nicht ungenutzt bleiben, sondern jeden einzelnen muß man daraufhin untersuchen, wie er am besten zur Erzeugung von Unterkünften, Energie, in der Gesundheitsfürsorge und natürlich bei der Schaffung von Arbeitsplätzen eingesetzt werden kann. Dies ist der grundlegende Unterschied zwischen der ersten grünen Revolution, die in den sechziger Jahren begann, und der zweiten, die zusammen mit der Entwicklung der generativen Wissenschaften, des Up-Sizings und der Zero Emission im Entstehen begriffen ist.

Diese Unterschiede haben schon im Ansatz weitreichende Folgen. Die erste Revolution führte zu Monokulturen, Gentechnik, Cloning und einer Technologie, die grundsätzlich darauf abzielt, das Wesen von pflanzlichem und tierischem Leben zu *verändern*. Sie konzentrierte sich auf die Nutzung von bekannten Ressourcen, selbst wenn dies die Transplantation von nichteinheimischen Arten (wie zum Beispiel der Pinie in den Tropen) erfordert. Dieses Produktionssystem reagiert sehr empfindlich auf Marktveränderungen, wobei die Abhängigkeit von einem Rohstoff das Risiko sozialer Instabilität bei schwankenden Marktbedingungen erhöht. Die zweite grüne Revolution hingegen ist von dem Bemühen geprägt, alle Elemente zu verwerten, Cluster einander zuarbeitender Industriezweige zu bilden, integrierte Systeme anzuwenden und die Natur *nachzuahmen* sowie die Biovielfalt zu fördern. Es wird zahlreiche Märkte geben für Produzenten, die wesentlich weniger anfällig sind für Veränderungen der globalen Marktbedingungen (siehe Tabelle 2).

Es gibt keinen Wirtschaftssektor, in dem man das System der Monokultur so schnell verändern könnte wie in der Land- und

Tabelle 2: Vergleich zwischen der ersten und der zweiten grünen Revolution	
Die erste grüne Revolution	**Die zweite grüne Revolution**
1. nimmt sich der Nahrungsprobleme an	1. nimmt sich der Linderung der Armut an
2. sucht nach Protein und Zuckern	2. sucht nach Nutzbarkeit aller Substanzen
3. Monokultur	3. Cluster von Industriezweigen
4. mehr von demselben produzieren	4. mehr aus dem Vorhandenen machen
5. Gentechnik	5. integrative Systeme
6. größerer Output	6. Biovielfalt und hundertprozentige Nutzung
7. mechanisieren, Technik	7. die Natur nachahmen
8. die Natur verändern	8. von der Natur lernen
9. bekannte Quellen ausschöpfen	9. nach den besten Quellen suchen
10. vermehrte Standardisierung	10. vielfache Nutzungsmöglichkeiten kombinieren
11. Cloning lautet das Motto	11. Biovielfalt wird gefördert
12. reagiert empfindlich auf Marktveränderungen, weil von wenigen Märkten abhängig	12. unterschiedliche Märkte und weniger abhängig von einzelnen Rohstoffen
Quelle: ZERI Foundation, Genf	

Forstwirtschaft im allgemeinen und im Plantagenanbau im besonderen.

Sollte sich das Management der Plantagen für den innovativen Ansatz entscheiden, der alle Komponenten der durch die Früchte und die Bäume erzeugten Biomasse einbezieht, dann würde dies den Plantagenanbau in ein wirtschaftliches Kraft-

Tabelle 3: Die traditionelle Plantage versus Management des 21. Jahrhunderts

Traditionell	Zero Emission
Linearer Ansatz	Systemansatz
Kerngeschäft	Industriecluster
Einzelertrag	Wertschöpfung durch Gesamt-biomasse
Nebenzweig der Weltwirtschaft	Führungsposition in der Welt-wirtschaft

Quelle: ZERI Foundation, Genf

werk des 21. Jahrhunderts verwandeln, vergleichbar der Erdöl-industrie des 20. Jahrhunderts. Er wird ein Motor für nachhal-tiges Wachstum sein – eines der besten Potentiale für sozial gerechtes Wirtschaftswachstum. Dies ist der Idealfall für die Anwendung des UpSizing- und des UpCycling-Konzepts, wo-nach sich der Betrieb über den einfachen Kapitalertrag durch die Früchte hinaus potentiell zu einer wichtigen Quelle für die Schaffung von Wohlstand, Handel und Arbeitsplätzen in der heutigen Weltwirtschaft entwickelt – und dabei Unmengen von »Abfall« verwertet. Der Stellenwert von Plantagen steigt, weil ihre Auswirkungen auf die globale Umwelt weit über den Einsatz von Wasser, Dünger und Pestiziden hinausgeht. Auf der einen Seite haben sie die Möglichkeit, so weiterzumachen wie bisher und damit eine unermeßliche Quelle für Kohlen-dioxidemission und Luftverschmutzung zu sein, wie es 1997 bei den katastrophalen indonesischen Waldbränden deutlich wurde. Sie könnten andererseits aber auch eine Schlüsselfunk-tion als Zentren zum Absorbieren von Kohlendioxid einneh-men, und sie sind die potentielle Heimstatt der *Bioraffinerie.*

Auf der Basis einer innovativen Form von Management, Up-Sizing und Zero Emission (siehe Tabelle 3) ist es möglich, mehrere Interessen miteinander zu verbinden und die Plantagenindustrie in bezug auf Größe, Technologie und politischen Einfluß in den Vordergrund der Weltwirtschaft zu rücken.

Strategien des Kerngeschäfts:
Erdöl kontra Naturprodukte

Plantagen sind immer noch ein Paradebeispiel für die Konzentration auf das »Kerngeschäft« (die Erzeugung von ausschließlich einem Hauptprodukt). Wenn man Ananas anbaut, ist man schließlich im Ananasgeschäft. Baut man Sisal wegen seiner Fasern an, ist man im Fasergeschäft. Wenn man Öl aus der Palmfrucht oder aus Oliven gewinnt, ist man im Pflanzenölgeschäft. Doch dieser Ansatz gestattet nicht die Nutzung des Gesamtpotentials der Plantage.

Wie können Produkte aus einem nichterneuerbaren Rohstoff wie Erdöl ihre natürlichen Konkurrenten aus einer erneuerbaren Quelle so leicht ausstechen und ersetzen? Der Grund ist einfach und wurde schon genannt: Würden wir die gesamten Makromoleküle der Plantage genauso hydrolysieren (aufspalten), wie die chemische Industrie Erdöl in Hunderte, ja sogar Tausende von Produkten aufspaltet, dann wären die nachwachsenden Ressourcen der Biomasse aus den Plantagen innerhalb eines Jahrzehnts in der Lage, die Kunststoffe ganz zu verdrängen. Doch leider werden Plantagen weiterhin hauptsächlich als Kerngeschäft geführt, und dementsprechend beherrschen Erdölchemikalien den Markt.

Wir brauchen wie gesagt einen Wechsel vom linearen Ansatz, dem Streben nach einem Einzelprodukt, zum Systemansatz, in dem aus allen Komponenten Gewinn gezogen wird. Anstatt sich auf das Kerngeschäft zu beschränken, werden die Plantagen ein Cluster von mehreren Industrien bilden (siehe Tabelle 3). Der Ertrag einer Komponente der Ernte wird nur ein Bestandteil des Gesamtertrags aus der gesamten Biomasse sein. Wenn man dieser Strategie folgt, werden die Plantagen aus ihrer Randposition in den Mittelpunkt der Weltwirtschaft rücken.

Forschung und Entwicklung heute

Bei der Forschung und Entwicklung im Bereich des Plantagenanbaus wird das Hauptaugenmerk auf die Ertragssteigerung gerichtet: Wieviel Pflanzenöl kann bei soundso viel Nutzfläche aus Kokosnüssen, Oliven und Ölpalmen gepreßt werden; wie läßt sich die Zahl der Kaffeebohnen steigern; wieviel mehr Zitrusfrüchte können beim Einsatz von weniger Wasser geerntet werden? Diese klare Ausrichtung auf den Ertrag und die Produktivität des Kernprodukts hat den verantwortungsvollen Einsatz von Wasser, Dünger, Pestiziden und Unkrautvertilgungsmitteln angeregt. Die sorgfältige Auswahl des Saatguts und das Klonen von schädlingsresistenten Sorten, zum Teil als Produkt der Gentechnik, hat die Ergebnisse durchaus in bemerkenswerter Weise in die Höhe getrieben.

Der Erfolg dieses wissenschaftlichen Ansatzes, dessen Speerspitze so namhafte Institutionen wie das Palm Oil Research Institute of Malaysia (PORIM) bilden, kann zwar keineswegs in Frage gestellt werden, dennoch ist mittlerweile die Zeit gekommen, die Aufmerksamkeit auf ein neues Gebiet zu lenken. Auch wenn die Wissenschaftler durchaus davon ausgehen, daß sich die Erträge noch weiter steigern lassen, so erwartet doch niemand ernsthaft eine Fortsetzung derselben massiven Verbesserung wie während der ersten grünen Revolution. In der Tat besteht zur Zeit der Trend, die Fortschritte zu verteidigen, die bereits in der Vergangenheit gemacht worden sind.

Es gibt anscheinend immer häufiger Probleme mit Schädlingen, die zunehmend resistent gegenüber einigen der bisher wirksamen chemischen Bekämpfungsmittel geworden sind. *La broca,* der Schädling, der die Kaffeeplantagen in Lateinamerika befällt, ist auf dem Vormarsch. Trotz der Einführung neuer Pestizide und strenger Kontrollen muß der Schutz der bestehenden Plantagen verbessert werden. Nicht nur Kaffee ist davon betroffen. Die Bananenplantagen sind schon befallen worden, und man mußte schnell neue Sorten klonen, um das Überleben der Branche zu sichern. Die Palme und die Kokospalme werden von Pilzen aus dem Innern angegriffen. Es gibt in der Tat nur wenige Plantagen, die schädlingsfrei sind. Und Biologen werden bestätigen, daß Schädlinge immer dann eine Chance zum Eindringen und zur Verbreitung haben, wenn auf einem Stück Land Monokultur betrieben wird.

Biovielfalt, DDT, Brandrodung

Plantagen tragen ganz sicher nicht zur Biovielfalt bei. Ganz im Gegenteil, zu viele verschiedene Arten sind im Bestreben nach höheren Erträgen auf der Strecke geblieben, und erst jetzt suchen die Wissenschaftler manchmal verzweifelt nach neuen oder sogar uralten Arten, die als einzige Schutz vor Befall durch Mehltau, Pilze und Insekten bieten würden, die resistent und selbst gegenüber den stärksten Formen chemischer Kontrolle immun geworden sind. Die Plantagen auf der ganzen Welt suchen nach widerstandsfähigeren Varietäten und untersuchen dabei sogar die DNS längst ausgestorbener Pflanzen und Früchte aus den Gräbern uralter Zivilisationen.

Die Plantagen haben sich von DDT-Verbrauchern zu Teststationen für biologische Kontrolle entwickelt. Das Besprühen mit Chemikalien war die Norm, doch inzwischen ist es mehr und mehr zur letzten Verteidigungsmöglichkeit geworden. Heute versuchen sie den Boden dadurch zu erhalten, daß sie Sorten anpflanzen, die ihm keine Nährstoffe entziehen. Darüber hinaus führt dieses Unterholz dem fruchtbaren Boden beim Unterpflügen wieder Stickstoff zu, der der Plantage zugute kommt und weniger chemischen Dünger erforderlich macht. Tabelle 4 gibt einen Überblick über die Strategien der Vergangenheit, die aufkommenden neuen Konzepte und den Fortschritt, den wir in Zukunft brauchen, um eine wahrhaft wettbewerbsfähige Industrie zu schaffen.

Man hat Plantagenbesitzer kritisiert, weil sie die Felder durch Brandrodung für das Anpflanzen vorbereiten. Die meisten verantwortungsvollen Plantagenbetriebe mit größerem Landbesitz auf der ganzen Welt führen jetzt freiwillig keine Brandrodung mehr durch, was bedeutet, daß nichts mehr von der Biomasse verbrannt wird. Dies ist immerhin noch ein relativ innovativer Ansatz, der unter anderem von einer malaysischen Palmölplantage und den Ananasplantagen eingeführt worden ist, aber durchaus noch nicht gang und gäbe. Man nimmt an, daß Plantagen erheblich zur weltweiten Klima-

Tabelle 4: Umweltmanagement von Plantagen: eine kleine Chronologie

Sechziger Jahre *Praxis*	Achtziger Jahre *Ersetzt durch*	2000 und darüber hinaus *Zusätzlich zu allem Vorherigen*
Pestizide	Biologische Schädlingsbekämpfung	Wiederverwertung sämtlicher Biomasse in Clustern
Besprühen des Unterholzes	Nitrifizierung und Abdeckung von Pflanzen	Strategische Planung der Kohlendioxidsenke
Dünger	»Abfall« als Bodenanreicherung	Einführung von handelsfähigen Kohlendioxidrechten
Monokulturen	Ausdehnung der Saatbank	Produktivität durch Wiederverwertung der Biomasse in anderen Industriezweigen
Selektion zur Ertragssteigerung	Auswahl hinsichtlich Schädlingsresistenz	Klonen von biochemisch wertvollen Arten
Brandrodung	Keine Brandrodung	Suche nach Wertschöpfung

Quelle: ZERI Foundation, Genf

erwärmung beitragen, weil durch das Abbrennen wiederholt Kohlendioxid in die Atmosphäre abgegeben wird. Die alternative Wiederverwendung dieser Biomasse als Dünger oder Bodenanreicherung ist ein erster Schritt, aber dennoch nicht genug. Wenn ein Verfahren gefunden werden kann, das die Schaffung von Mehrwert ermöglicht, dann werden es die Plantagen auf dem ganzen Globus schnell übernehmen. Weitere Ausgaben für Forschung und Entwicklung, um die von den Wissenschaftlern erarbeiteten Modelle zu testen, sind daher dringend erforderlich.

Wie steuert man Plantagen
in Richtung Nachhaltigkeit?

Die Schlüsselfrage lautet: Wie können wir Plantagen dazu anregen, sich auf eine Strategie wahrer Nachhaltigkeit einzulassen, die über biologische Schädlingsbekämpfung, Sicherung
der Biovielfalt und Nichtverbrennen der Bioabfälle hinausgeht? Wir müssen sicherstellen, daß sich die Plantagen zu Pionieren einer die Umwelt erhaltenden Entwicklung wandeln.
Wir müssen uns eine Strategie ausdenken, die sie dazu befähigt, zu Vorbildern an Ressourcenproduktivität zu werden.
Wie könnte dies geschehen?

Edgar Woolard, ehemaliger Chairman von DuPont, sagte
auf seiner Rede auf dem 2. UNU-(United-Nations-University)
Kongreß über Zero Emission: »Regierungen können regulieren, nichtstaatliche Organisationen können agitieren, aber
nur das Busineß kann innovieren.« Und damit die Plantagen
zu wirklicher Nachhaltigkeit motiviert werden, sind zahlreiche Innovationen vonnöten: im Management, in der Technologie und in der Philosophie.

Viele würden auf die Regierung verweisen, wenn es darum
geht, die Unternehmen in Richtung Nachhaltigkeit zu steuern.
Exzesse müssen vom Staat verhindert werden. Die Regierungen
haben für die Grundversorgung in bezug auf Nahrung, Wasser,
Gesundheitsfürsorge und Unterkunft zu sorgen – doch sie sollten nicht über ihre Hauptaufgaben hinausgehen. Dies ist kein
Plädoyer für eine Laisser-faire-Politik à la Adam Smith. Es ist
dennoch opportun, darauf hinzuweisen, daß zum Beispiel die
Einführung des Qualitätsmanagements und die Anwendung
des ISO-9000-Standards nie per Gesetz erlassen noch von

nichtstaatlichen Organisationen gefordert wurden. Die Betriebe – einschließlich der Plantagen – wußten nur zu gut, daß sie ihre Marktposition verlören, wenn sie nicht ein Qualitätsprogramm starteten. Der Wettbewerb veranlaßte die Betriebe zu einer neuen Managementpraxis, in der die Qualität die zentrale Rolle spielt (siehe Tabelle 5). Es ist der Wettbewerb, der die Firmen dazu treibt, die Zertifizierung nach dem Umwelt-Management-System-Standard ISO 14 001 vorzunehmen. Und der Wettbewerb wird die Plantagen dazu veranlassen, das Managementkonzept der Zero Emission zu übernehmen.

Ein neues Managementkonzept kommt auf:
Zero Emission

Das Konzept der »Zero Emission« ist ein neues Instrument im Management, das erst vor wenigen Jahren entstand (siehe Tabelle 5). Es ist vergleichbar dem »Total Quality Management« (TQM), ohne das heute kein Betrieb mehr bestehen kann. »Total Quality« ist gleichzusetzen mit »null Mängel«. Zero Emission kann mit dem »Just-in-time«- bzw. dem »Zero-inventory«-Konzept verglichen werden, demzufolge sich ein Cluster von Zulieferern um große Montagefirmen wie zum Beispiel in der Autoindustrie ansiedelt. Das Konzept der Zero Emission ist die Fortsetzung des Konzepts der völligen Zufriedenstellung des Kunden, bei dem keine Führungskraft eher ruht, als bis jeder Kunde zurückkommt und mehr Produkte abnimmt. Das Ziel ist »null Abwanderung«. So wie kein Manager auch nur einen fatalen Unfall (»null Unfälle« bzw. totale Sicherheit) in seinem Betrieb dulden kann, muß das Ziel der Betriebe »null

Tabelle 5: Management der Nullen	
Managementkonzept	*Ziel*
Total Quality Management	Null Mängel
Just in time, Zero inventory	Null Lagerbestände
Völlige Zufriedenstellung des Kunden	Null Abwanderung
Gesundheit und Sicherheit im Betrieb	Null Unfälle
Totale Produktivität der Rohstoffe	Null Emission
Konsensbildung	Null Konflikte
Quelle: ZERI Foundation, Genf	

Emission« sein – nichts wird verschwendet. Erst wenn alle Stoffe ausnahmslos genutzt werden, hat die verarbeitende Industrie ihr höchstes Potential verwirklicht.

Zero Emission bedeutet, wie mehrfach ausgeführt, daß grundsätzlich »nichts verlorengeht, sämtlicher Abfall als Wertschöpfung genutzt wird«. Diese Reste können entweder innerhalb der Aktivitäten des Industriezweigs oder als zusätzlicher Input für andere Zweige wiederverwertet werden. Es ist ein integrativer Ansatz und unterscheidet sich vom linearen Ansatz, bei dem basierend auf der Strategie des Kerngeschäfts auf nur ein Produkt abgezielt wird.

Dieses neue Managementkonzept der Zero Emission verfügt wie gesagt über das Potential, der Plantagenindustrie in der Weltwirtschaft wieder einen Platz einzuräumen. Die Anwendung der ZERI-Methodologie könnte die Plantagen wie gesagt durchaus in die vorderste Reihe der Wirtschaft und der globalen Umweltpolitik katapultieren. Diese Methodologie sucht in erster Linie nach sauberen Herstellungsverfahren, und in zweiter Linie kalkuliert sie den Mehrwert, der auf der Basis der

Abfälle geschaffen werden kann. Sie beschreibt die möglichen Cluster von Industriezweigen, kann die benötigte Technik auswählen und die Regierungsrichtlinien vorschlagen, die zur Unterstützung dieses Ansatzes nötig sind. Tabelle 6 führt die Ergebnisse eines solchen methodologischen Ansatzes für die Ölpalmenplantagen auf.

Die Produktivität der Plantage

Wie andere Wirtschaftszweige müssen auch Plantagen auf die weitere Steigerung ihrer Produktivität bedacht sein. Theoretisch gibt es immer die Möglichkeit, Grenzen zu überschreiten. Die erste grüne Revolution ist jetzt an dem Punkt angelangt, an dem sie eine Verdoppelung oder Verdreifachung der Einnahmen nur dann erwarten kann, wenn sie sich die volle Nutzung der erzeugten Biomasse zum Ziel setzt.

Die Ölpalmenplantagen in Indonesien, Malaysia, Kolumbien, Nigeria, Zentralamerika und Brasilien erzeugen schätzungsweise 200 Millionen Tonnen Biomasse pro Jahr.[24] Allein die Sisalplantagen in Tansania produzieren über 10 Millionen Tonnen Biomasse. Tatsächlich gelangt nur ein geringer Bruchteil davon in den Handel. Die meisten Plantagen verwerten weniger als 10 Prozent der grünen Masse, die Stämme und Früchte liefern. Das Palmöl macht ungefähr 9 Prozent der Biomasse der Plantage für die gesamte Lebensdauer aus, die Sisalfaser etwa 2 Prozent pro Ernte[25], Zucker etwa 17 Prozent des Zuckerrohrs. Dies ist in jeder Hinsicht kein sehr produktives Geschäft. Es scheint ganz im Gegenteil so, als gäbe es viel Spielraum für Verbesserungen.

Tabelle 6: Die derzeit beste Verwendung von Abfall und potentielle neue Verwendung

Ertragsart	Beste Verwendung	Neue Verwendung im Forschungsstadium
rohes Palmöl	Rohstoff für Palmölraffinierung	Produktion von Palmdiesel
Stamm	Bodenverbesserung (keine Verbrennung)	Holzprodukte (Hartfaserplatte, Spanplatte, Möbel), Zellstoff/Papier, Tierfutter, Glucose, Cellulose-Substrat, Brennstoff, Palmenherz, aktivierter Kohlenstoff, Polypropylen-Füllstoff
Wedel	Bodenverbesserung	Vitamin-E-Gewinnung, Hartfaserplatte, Spanplatte, Zellstoff/Papier/Pappe
Fruchtwandfasern (der Palmfrucht)	Brennstoff für Werk	Hartfaserplatte, Substrat für Pilzzucht, Zellstoff/Papier, Dachpfannen/Zementzuschlagstoff, Sorption für Schwermetallkationen
Leere Fruchtbehälter	Bodenmulch	Hartfaserplatte, Substrat für Pilzzucht, Produktion von Betakarotin, fester Brennstoff
Schalen	Brennstoff für Werk	Aktivholzkohle, Zementzuschlagstoff, Pottenmedium
Entkeimungskondensat	(s. Gesamt-POME)	Cellulose, Einzellenprotein-Substrat
Schlamm	(s. Gesamt-POME)	Futterzusatz
Zentrifugenwasser	(s. Gesamt-POME)	(s. Gesamt-POME)

Ertragsart	Beste Verwendung	Neue Verwendung im Forschungsstadium
Gesamt-POME (**Palm Oil Mill Effluent** [Abwasser bei der Palmölherstellung])	Faulverfahren in geschlossenen Becken zur Herstellung von anaerobem Schlamm für Dünger, Biogas zur Hitze- und Stromerzeugung	Äthanol/Aminosäuren
Auswaschungen	(s. Gesamt-POME)	(s. Gesamt-POME)
Kesselasche	Dünger, Detergens, Bodenauffüller	—
Kern	Kernmehl, Tierfutter	—
rohes Palmenkernöl	Rohstoff zur Raffinierung von Palmenkernöl	—
Quelle: Teoh Cheng Hai, Golden Hope Plantations Bhd, Malaysia 1996		

In bezug auf das angestrebte Hauptprodukt kann nur wenig getan werden. Die Kaffeebauern in Kolumbien können ihre Erträge auch mit neuen Sorten nicht verdoppeln. Die Zuckerrohrplantagen in el Valle del Cauca, Kolumbien, können nicht mehr ernten als jetzt. Wie also kann das System verbessert werden? Wie gesagt: indem wir mehr aus dem machen, was uns die Erde gibt. Das ist ein kreativer Prozeß, der über die bestehenden besten Verfahren weit hinausgehen wird (siehe Tabelle 6).

Vom DownCycling übers ReCycling
zur Wertschöpfung

Die Plantagen beseitigen nicht allen Abfall von den Feldern oder aus der Verarbeitung. Viele benutzen die Früchtereste als Bodenanreicherung bzw. Dünger. Aber wie viele Nebenprodukte schaffen zusätzlichen Wert, der die Herstellungs- und Entsorgungskosten im großen und ganzen übersteigt? Doch nur sehr wenige. Wieviel bekommen die Kokosnußplantagen in Sri Lanka oder an der Elfenbeinküste für die Fasern der Frucht, die als Umhüllung für Abflußrohre in Europa benutzt werden? Wieviel bekommen die Zuckerrohrplantagen in Südafrika für den Verkauf von Bagasse an Viehbauern? Wieviel bekommen die Zitrusbauern für die Kerne?

Auch wenn wir alle für Initiativen eintreten und den Wunsch nach Wiederverwertung der Abfälle in Form von Nebenprodukten unterstützen, so stellt sich doch die Frage: Wieviel Mehrwert wird und kann geschaffen werden? Nur allzuoft ist der Wert minimal und ähnelt mehr einem DownCycling; das heißt, daß das Loswerden des Abfalls etwas billiger wird als die direkte Beseitigung, oder er ähnelt einem billigen ReCycling durch die Nutzung als Dünger oder, etwas hochtrabender ausgedrückt, als Bodenanreicherung. Diese Stoffe werden nur dann genutzt werden, wenn die Plantagen erheblich mehr Gewinn aus den zusätzlichen Ernte- und Verarbeitungsprodukten ziehen.

Die Mengen an Biomasse, die auf den Plantagen anfallen, sind schwindelerregend. Eine Palmölplantage erzeugt im Jahr durchschnittlich 25 Tonnen Biomasseabfälle pro Hektar. Eine 40 000 Hektar große Plantage, für Kalimantan in Indonesien nicht ungewöhnlich, muß also 1 Million Tonnen bearbeiten. Das heißt, daß jede identifizierbare Komponente eine wichtige zusätzliche Gewinnmöglichkeit darstellt.

Die erste Voraussetzung ist jedoch die Notwendigkeit, über das Kerngeschäft hinauszudenken. Die zweite Prämisse besteht im Feststellen von biochemischen Komponenten, die außerhalb des normalen Plantagengeschäfts liegen, die aber eine einzigartige Wettbewerbsmöglichkeit darstellten, wenn und sobald man sie in effektiver Weise gewänne. Ein konkreter Fall ist die Gewinnung von Furfural aus der afrikanischen Ölpalme. Das litauische Institut für Holzchemie hat im Rahmen seines Pilotprojekts in Riga demonstriert, wie man Furfural aus der Biomasse der Ölpalme gewinnt. Das Institut hat in einem Programm, das unter Vertrag mit dem ZERI zustande kam, eine Testeinheit entworfen.[26]

Nicht viele Ölpalmenanbauer haben überhaupt schon mal etwas von Furfural gehört, so daß man ihnen ihre mangelnde Strategie nicht vorwerfen kann. Furfural ist ein natürliches antienzymatisches und wirksames Bakterizid, das zum Beispiel als Lösungsmittel in Farben benutzt wird. Es erzielt einen höheren Marktpreis (etwa 1350 Dollar pro Tonne) als Palmöl (350 bis 450 Dollar). Biochemiker fanden heraus, daß die Umwandlung von Hemicellulose aus dem Baumstamm in Furfural im Labor zu einer Ausbeute von 17 Prozent führte. Eine solch hohe Konzentration spricht natürlich für eine Investitionsstudie. Wenn die Ölpalmenplantagen diese Wertschöpfungsquelle nutzten, wären sie nicht nur im Palmöl, sondern auch im Furfuralgeschäft. Natürlich würden, falls alle Plantagen dies täten, die Preise für Furfural fallen, wahrscheinlich bis auf die Hälfte oder sogar ein Drittel des gegenwärtigen Welt-

marktpreises. Furfural gibt es heute in synthetischer und erneuerbarer Form. Das natürliche Furfural dürfte billiger als das
aus Erdöl hergestellte werden und wird sich auf dem Markt
durchsetzen. Die Plantage wird größeren Gewinn machen.

Die biochemische Erforschung der Sisalpflanze – ein Gewächs, das wegen der billigeren Kunststoffseile schnell an Beliebtheit verliert – ergab, daß das Innere der Pflanze als ausgezeichnete Ausgangsbasis für die Fermentierung von Zitronen-
und Milchsäure dienen kann. Der Preis für Zitronensäure ist
zehnmal höher als der für Sisalfasern. Zitronensäure wird mit
Hilfe eines Fermentationsverfahrens hergestellt. Das tropische
Klima ermöglicht die Fermentation im festen Zustand und benötigt nicht das teure Dampfverfahren, das vielfach in Europa
und Amerika eingesetzt wird. Stellen Sie sich bloß einmal vor:
Die Sisalfaser macht 2 Prozent der Biomasse aus, und 10 Prozent des Inneren kann in Zitronensäure umgewandelt werden,
und das zum zehnfachen Wert. Damit ist es möglich, daß die
Sisalfaser wieder wettbewerbsfähig wird, wenn man zusätzlichen Gewinn aus der Produktion der Nahrungsmittelzusätze
zieht.

Dies sind nur zwei konkrete Beispiele für Mehrwertschöpfung. Aber dies ist erst der Anfang. Denken Sie nur an das Jod
aus den Seetangplantagen, das Betakarotin aus der Avocado
und den Meeresalgen, das Vitamin E und die Antioxidantien
aus der Kokosnuß, dem Palmöl und den Kernen von Zitrus-
früchten. Es gibt so viele Stoffe, die extrahiert werden können.
Fachübergreifende Studien, die die Begrenzungen von jeweils
nur einem Sektor überschreiten, werden zweifelsohne eine
Vielzahl von weiteren extrahier- und kommerzialisierbaren
Stoffen finden. Der Vergleich wird zum Beispiel zeigen, daß

Kokosnüsse viel mehr Vitamin E enthalten als Palmöl, wobei Palmöl mehr Betakarotin enthält. Das Potential ist riesig und eine Vision dringend erforderlich. Aber noch eine weitere Komponente verdient besondere Aufmerksamkeit: die Faser.

Kein Umweltschutzprogramm auf der Welt ist so erfolgreich wie das Recyceln von Papier. Länder auf der ganzen Welt betreiben die Wiederverwertung von Altpapier. Der Grund ist einfach: Die Menschen sind sich bewußt, daß Bäume gefällt werden, um Cellulose zu gewinnen, aus der dann Zellstoff und weiter Papier hergestellt werden. Die Japaner verwerten etwa 50 Prozent sämtlichen Papiers, während amerikanische Bundesstaaten sogar vorschreiben, wie groß das Minimum an recycelten Fasern in Zeitungspapier sein muß. Die Nachfrage nach Cellulose für die Herstellung von Papier und Verpackungsmaterial steigt. Die zunehmende Alphabetenrate und die Verbesserung des Lebensstandards regen die Nachfrage nach Papier an. 400 Millionen neue Konsumenten in der Mittelschicht Asiens stellen eine große Herausforderung für die Welt dar. Der Bedarf an Fasern geht über Zellstoff, Papier und Verpackungsmaterial hinaus. Cellulose wird in Baumaterialien benutzt, zum Beispiel als Zusatz zu Zement, was die Zementplatte in tropischem Klima robuster macht. Eine Zementplattenfabrik in Thailand braucht eine 2000 Hektar große Bambusplantage, um die nötige Menge an grüner Masse zur Verstärkung des Zements zu erhalten.

Aus irgendeinem Grund scheint man in den Plantagen auf der Welt zu übersehen, daß sie die größte Quelle für Cellulose darstellen. Jede Plantage, ganz gleich, welcher Art, könnte als Cellulosefabrik angesehen werden. Die meisten von ihnen befinden sich in den produktivsten Gebieten und liefern eine

Qualität, die sich durchaus mit den Cellulosearten aus Skandinavien oder Nordamerika messen kann.

Es ist deshalb nicht sehr sinnvoll, Bäume wie die Hemlock, die Douglastanne oder Pinie, die erst nach zwanzig Jahren gefällt werden können, in Gebieten anzubauen, in denen es viele Plantagen gibt, und sie dann in die neuen Zentren des Celluloseverbrauchs zu verschiffen, die sich mehr und mehr nach Südostasien und Lateinamerika verlagern. Die dortigen Plantagen könnten den Bedarf nämlich leicht decken. Am cellulosehaltigsten sind Bambus, Zuckerrohr, Rattan, Ölpalme, Banane und Kokospalme.

Weshalb wird auf Plantagen sowenig Cellulose gewonnen? Als Indonesien seine Pläne verkündete, bis zum Jahr 2010 dreißig neue Zellstoffabriken mit einer Kapazität von 11,1 Millionen Tonnen zu errichten,[27] wurde nichts darüber gesagt, wo die Cellulose herkommen sollte. Zu einer Zeit, in der die Abholzung von Primärwäldern verboten ist und die Neubepflanzung der gerodeten Gebiete Jahre dauert, sind die Plantagen die logische Antwort. Wenn Indonesien gezielt Wiederaufforstung betriebe, dann würde den Plantagenbesitzern eine einzigartige Gelegenheit zur Nutzung ihrer Biomasse entgehen. Die boomenden Plantagen auf einigen der 13 677 indonesischen Inseln könnten durchaus zum Hauptlieferanten von Cellulose werden – und dies in einer Qualität hinsichtlich Stärke und Länge, die selbst die anspruchsvollsten Zellstoffkäufer auf der Welt zufriedenstellt. Die gesamten 11 Millionen Tonnen könnten von 2,2 Millionen Hektar Ölpalmenplantagen geliefert werden.

Die Umsetzung dieser Strategie erfordert fachübergreifende Forschung, die allerdings weniger von Forstwirtschaftsexperten geleitet werden dürfte. Die müssen ja ihre Pfründe verteidigen. Die Plantagenindustrie muß die Führung übernehmen und sowohl die technische als auch die wirtschaftliche Durchführbarkeit nachweisen, um den Fortschritt voranzutreiben. Und es liegt auch bei der Industrie, herauszufinden, welche neue Technologie benötigt wird, um ihre Aufgabe und ihre Herausforderung zu vereinfachen.

Dies ist eine ökologisch und ökonomisch höchst bedeutsame Gelegenheit. Mehr noch, es ist die Geburt einer neuen Industrie als Ergänzung zum ursprünglichen Geschäft der Plantagen – das Öl der Palme oder Kokosnuß oder der Zucker aus dem Zuckerrohr. Diese Verwendung der Cellulose stellt einen wichtigen zusätzlichen Bedarf an Biomasse dar, die bis heute noch nicht ausgeschöpft wird. Und außerdem ist der geschaffene Wert viel höher als die wirtschaftliche Bedeutung der Bodenanreicherung, die sich kaum in den schwarzen Zahlen der Plantage niederschlägt. Selbst bei einem Schleuderpreis von 400 Dollar pro Tonne ergibt sich ein jährlicher Zusatzgewinn von 1100 bis 1700 Dollar pro Hektar.

Plantagen als Kohlendioxidsenken

Als wichtiger Celluloseproduzent trägt eine Plantage auch sehr effektiv zur Verringerung des Anteils von Kohlendioxid (CO_2) in unserer Luft bei, da ihre Pflanzen durch die Photosynthese Kohlenstoff aufnehmen und Sauerstoff an die Atmosphäre abgeben. Diese Grundfunktion der Wälder übernehmen mehr und mehr die Plantagen. Für sie war die Beseitigung von Cellulose in der Vergangenheit ein großes Problem. Der größte Teil davon wurde entweder in den Boden zurückgepflügt oder sogar verbrannt, was weitere Kohlendioxidemissionen bedeutete.

Würden die Fasern wiederverwendet, entstünden dadurch also nicht nur weitere Wertsteigerungsmöglichkeiten, sondern man schaffte auch eine riesige Kohlendioxidsenke. Und die Welt braucht ganz dringend Kohlendioxidsenken. Die Menschheit produziert weltweit CO_2 im Übermaß, und die Wissenschaftler fürchten, daß als Ergebnis davon die Erwärmung der Erdatmosphäre direkt bevorsteht. Die Welt wartet allerdings nicht still ab, sondern es wird massive Forschung betrieben, nicht zuletzt von den Japanern, die nach der besten Technologie suchen, die diese Bedrohung durch den extrem hohen Ausstoß von CO_2 möglichst schnell umkehren kann. Dem Research Institute for Innovative Technologies for the Earth (RITE) mit Sitz in Japan stehen jährlich rund 80 Millionen US Dollar Forschungsgelder zur Verfügung, und der Intergovernmental Panel on Climate Change (IPCC) widmet sich diesem Thema unter Einsatz von mehreren tausend Forschern auf der ganzen Welt.

Wenn auch nur ein Bruchteil dieses Budgets für die Erforschung der Nutzung von Plantagen als Kohlendioxidsenke durch die kommerzielle Verwertung von Cellulose verwendet werden könnte, so würde das CO_2 durch langlebige Produkte aufgefangen werden – und darüber hinaus könnten neue Arbeitsplätze geschaffen, der Handel ausgedehnt und Investitionen gefördert werden.

Zum jetzigen Zeitpunkt könnten die Plantagen die Zertifizierung als Kohlendioxidsenken in Erwägung ziehen – durch offizielle Organisationen bestimmen zu lassen, wieviel CO_2 sie effektiv binden und wie sie die Mengen erhöhen könnten. Weshalb? Weil diese Daten international Interesse für die Rolle der Plantagen wecken könnten, so daß mehr Gelder für die Forschung zur Verfügung gestellt würden. Auf lange Sicht gesehen könnten sie sogar selbst eine Schlüsselquelle für Gewinne darstellen. Es sieht sehr danach aus, daß mit der Zeit ein System von handelsfähigen Rechten für die Emission von Kohlendioxid eingeführt wird. Das bedeutet, daß jeder Betrieb über eine bestimmte, begrenzte Anzahl von Emissionsrechten verfügt, und wenn er diese Rechte überschreitet, muß die Betriebsleitung entweder den Ausstoß reduzieren, was technisch vielleicht nicht möglich ist, oder Rechte von denen kaufen, die sie entweder nicht gebraucht oder die Kohlendioxid aus der Luft aufgefangen haben.

Um die Frage »In welcher Branche sind Sie?« geht es in diesem Buch an mehreren Stellen. Die Plantagen mögen zwar bereit sein, sich der Nutzung von bisher ungenutzten biochemischen Komponenten zuzuwenden, aber mit Kohlendioxidrechten zu handeln erscheint uns heute noch etwas weit hergeholt. Doch dies wird sicher nicht mehr lange Theorie bleiben.

Die Regierung Costa Ricas ist der voraussichtlichen Einigung auf ein globales System für den Kohlendioxidhandel zuvorgekommen. Das Land etablierte bereits eine Infrastruktur für den »Handel mit CO_2«, die auf seinem natürlichen Kapital des Regenwalds basiert. Es verkaufte schon 1997 erste »CO_2-Gutschriften« (als »Certified Tradable Offsets« [CTOs] in Kioto notiert). Die Gutschriften wurden zertifiziert durch die Société Générale de Surveillance (SGS), die nun ein Zentrum für die Inspektion, Prüfung und Verifizierung von CO_2-Offsets etabliert hat. Einmal erworben, erlauben es diese Gutschriften dem Besitzer, eine gewisse Menge Kohlendioxid zu emittieren. Die Regierung Costa Ricas hat die Gelder aus dem Handel mit diesen Papieren dazu genutzt, nachhaltige forstwirtschaftliche Projekte zu fördern und die Nationalparks zu schützen.

Es ist nur noch eine Frage der Zeit, bis dies weltweit zur Norm geworden ist. Aus Japan ist zu vernehmen, daß es auf der Prioritätenliste für den Weg zu weltweiter umweltpolitischer Verwaltung steht. Das japanische Institut für Energie hat detailliert untersucht, inwiefern die Einführung eines solchen Systems möglich ist: Das fehlende Kernelement waren die Hersteller der Senken. Plantagen: »In welcher Branche seid ihr?«

Erweiterte Lebenszyklusanalyse

Eine weitere Herausforderung für die Plantagen (wie auch für alle anderen Industrien) ist die Einführung von umfassenden Lebenszyklusanalysen (LZA). Die LZA werden mehr und mehr in Industrienationen angewandt, wodurch besser ersichtlich wird, welche Auswirkungen Produkte auf die Umwelt haben. Für eine gründliche LZA braucht man Jahre, und häufig fehlen Daten, um einen Gesamtüberblick zu bekommen. Es muß jetzt einerseits alles unternommen werden, um den Lebenszyklus eines Produktes von der Wiege bis zur Bahre zu bestimmen, doch andererseits besteht auch der Bedarf nach einer neuen, erweiterten Form des Verfahrens, die in den nächsten Jahren eingeführt werden kann. Nur wenige sind besser geeignet, hier die Führung zu übernehmen, als die Plantagen.

Nehmen wir als Beispiel den Fall der Kokosnüsse aus Plantagen in den Philippinen. Wenn sich die Verbraucher in Japan – wie die Europäer einige Jahre zuvor – zunehmend der Tatsache bewußt werden, daß größtenteils Detergentien das Wasser in unkontrollierbarer Form verschmutzen, dann möchten sie wahrscheinlich, daß die nur sehr langsam abbaubaren chemischen Tenside durch schnell abbaubare Oberflächenspannungsreduzierer auf pflanzlicher Basis ersetzt werden. Dies ist auf jeden Fall lobenswert. Die beliebtesten pflanzlichen Detergentien sind Fettsäuren aus Kokosnußöl, Palmenkernöl und insbesondere Laurinäthersulfat. Eine erweiterte LZA eines Detergens auf Kokosnußbasis weist zunächst einmal nichts Besonderes auf, doch bei genauerem Hinsehen kommt man zu einer anderen Einschätzung.

Auch wenn die Flüsse in Japan oder Europa sauberer sind, weil dort die weniger umweltschädlichen Rohstoffe pflanzlichen Ursprungs verwendet werden, weist die Logik doch einen schwerwiegenden Fehler auf. Denn die Fettsäuren aus dem Kokosöl machen nur wenige Prozent der auf der Plantage jährlich anfallenden Biomasse aus – alles andere wird fast vollständig weggeworfen. Die Schlußfolgerung wäre also, daß man diese erneuerbare Rohstoffquelle *nicht* favorisiert, es sei denn, die Praxis der Vernichtung des größten Teils der Biomasse würde geändert.

Die philippinische Kokosnuß-Plantagenindustrie wäre auch daran interessiert, daß die Japaner durch eine erweiterte Lebenszyklusanalyse dazu gezwungen würden, darüber nachzudenken, inwieweit die geringe Auswirkung dieser umweltpolitisch gesunden Produktentwicklung in ihrer Industriegesellschaft den Plantagen zugute kommen könnte, und zwar mehr als nur dadurch, daß sie einen Stoff wie die Fettsäure kaufen. Die Kokospalme liefert bekanntlich nicht nur Öle und Säuren, sondern auch Cellulose, die ein Drittel ihrer Biomasse ausmacht. Sie ist eine Quelle von Biochemikalien und sauberen Brennstoffen (zum Beispiel Lignin), die effektiv genutzt werden können. Die kurzen Fasern können für Spanplatten verwertet werden. Das Kokosöl ist äußerst reich an Vitamin E. Anstelle eines einzelnen Geschäftszweigs sehen wir die Entstehung von fünf Industriezweigen in Form eines Clusters um die Kokospalme herum – und gleichzeitig wird damit dem Wunsch der Japaner und Europäer nach sauberen Flüssen Rechnung getragen.

Eine solche erweitere Lebenszyklusanalyse liefert potentiell Antworten auf viele Herausforderungen. Sie ist mehr als eine Umweltstrategie – sie ist eine Investitionsgrundlage, fördert den Handel und schafft Arbeitsplätze.

Die ZERI hat bereits biochemische Analysen der Biomasse von Ölpalmen in Malaysia und Indonesien durchgeführt, von Sisal in Tansania, von Zuckerrohrplantagen in Brasilien und Ananasplantagen in Indonesien – und zwar mit Erfolg. Die erste Vitamin-E-Produktionsstätte wurde schon gegründet, und zwar von den Golden Hope Plantations Bhd in Malaysia, die ebenfalls Spanplatten herstellen. Pilotprojekte für die Extraktion von Furfural wurden in Litauen gestartet. Andere Plantagen sind im Begriff, diesen Ansatz zu übernehmen, zum Beispiel die Olivenplantagen in Italien. Dies sind zwar nur wichtige erste Schritte, aber diese Methodologie breitet sich rapide aus, da alle Partner erkennen, daß sich ihnen hiermit eine einzigartige Chance zur Verschmelzung der Interessen bietet: Umweltschutz, höhere Produktivität der Biomasse,

Schaffung von Arbeitsplätzen, Anreize für zusätzliche Investitionen, Ausdehnung des Handels und Durchführung von innovativen Forschungs- und Entwicklungsprogrammen. Last, not least, reduziert dieses Modell wie gesagt das Risiko, das mit der Konzentration auf ein einziges Produkt verbunden ist.

Der Portfolio-Ansatz

Die Clusterbildung von Industriezweigen um die Biomassefabrik, das heißt die Plantage, herum macht aus dem Geschäft mit einem Einzelprodukt, das ständigen Preisänderungen auf dem Weltmarkt unterliegt, ein Portfolio von Produkten und Nebenprodukten, die in unterschiedliche industrielle Zyklen einfließen und die deshalb eine größere Einkommensstabilität garantieren. Im Laufe der Geschichte haben wir nur allzuoft gesehen, daß die Überproduktion von einem Produkt das Risiko in sich birgt, daß fast alle Plantagen ausgelöscht werden oder daß ein synthetischer Ersatz wie etwa Kunstgummi gedeihende Betriebe innerhalb von wenigen Jahren ruinieren kann.

Ein Portfolio-Ansatz, welcher auf der Biomasse basiert, die bei der kommerziellen Ausnutzung einer speziellen Pflanze anfällt, liefert neben dem Hauptprodukt eine Reihe von anderen Produkten, die den Mineralölderivaten preislich und mengenmäßig Konkurrenz machen könnten.

Schlußfolgerungen

Der Entwurf der ökologisch nachhaltig produzierenden Plantage des 21. Jahrhunderts ist mehr als eine Strategie zur Erhaltung der Umwelt. Er wird die Plantagen sowohl untereinander als auch gegenüber Ersatzmaterialien synthetischen Ursprungs wettbewerbsfähiger machen. Größere Wettbewerbsfähigkeit kann durch die fortgesetzte Konzentration auf die Steigerung der Produktivität erlangt werden. Da die Erträge jetzt an ihre Obergrenzen gestoßen sind, werden die Plantagen die Analysen anstellen, die ihnen die Möglichkeiten für Nebenprodukte aufzeigen. Diese entstehen durch die Ausnutzung der riesigen Mengen an Biomasse, die bisher nicht zur Wertschöpfung beigetragen haben. Das ist eine fruchtbare Basis für Neuinvestitionen, für die Schaffung von Arbeitsplätzen, für Handel und technologische Kooperation.

Notwendig hierfür ist ein fachübergreifender Ansatz. Dieser kann nur erfolgreich sein, wenn es zu einer Kooperation über die Sektorengrenzen hinaus kommt, zum Beispiel daß Fasern von der Plantage in der Zellstoffindustrie verwertet werden, Lignin als Bindemittel, Hemicellulose in der Lebensmittelindustrie. Die japanische Regierung ist mit Sicherheit dazu bereit, an einer solchen Analyse mitzuwirken, und die Industrie wird dazu bereit sein, die Ergebnisse in neue industrielle Entwicklungsmodelle umzusetzen.

Das Konzept der Zero Emission ist an vielen Stellen auf fruchtbaren Boden gestoßen, und wenn es die großen Plantagenbauern auf der Welt mit der Unterstützung ihrer Regierung verlangten, dann könnten kurzfristig mehrere Initiativen gestartet werden.

Nach der Periode des DownSizings kann sich die Agrarindustrie jetzt eine Strategie für ein UpSizing vorstellen. DownSizing zielt ja darauf ab, mehr mit weniger Menschen zu produzieren, doch UpSizing demonstriert, daß man mit mehr Menschen mehr produzieren kann.

Kapitel 5

Die ersten Schritte tun –
Von »umweltfreundlicher Produktion«
zu Zero Emission

Die Konzepte des ReCyclings, der Wiederverwendung, und umweltfreundlicher Techniken in der Fertigungswirtschaft finden weitreichende Unterstützung. In Japan werden etwa 50 Prozent des Papiers recycelt. Innerhalb Europas gibt es gesetzliche Vorschriften zum Recyceln von Plastik. In vielen amerikanischen Bundesstaaten ist die Verwendung von recycelten Fasern in Zeitungspapier gesetzlich geregelt. Amerikanische Haushalte erhalten finanzielle Unterstützung, wenn sie ihre wasserverschwendenden Toiletten und Duschen auf wassersparende umrüsten. Es gibt eine lange Liste solcher Initiativen. Diese haben zwar den Energie- und Wasserverbrauch reduziert, und natürlich sollte die Wiederverwendung von Abfallstoffen und das ReCycling von Altmaterialien weiter angeregt werden, aber dennoch sind die Ergebnisse nicht ausreichend. Auch wenn seit zwanzig Jahren Papier recycelt und die Forstwirtschaft mehr und mehr nach den Nachhaltigkeitsprinzipien betrieben wird, schwindet der Regenwald weiter, während die Nachfrage nach Produkten des tropischen Regenwaldes steigt.

Wenn sich die Gesellschaften zu einer ökologisch dauerhaften Gemeinschaft entwickeln wollen, die nicht nur die Wettbewerbsfähigkeit ihrer Industrien gewährleistet, sondern darüber hinaus der heutigen und auch den zukünftigen Generationen Wasser, Nahrung und Unterkunft in ausreichendem Maße verschafft, dann brauchen wir einen innovativeren Ansatz. Dieser Ansatz erfordert die Erforschung einer quellenorientierten Industrie, das heißt von neuen Verfahren und Systemen auf der Ebene der Rohstoffe. Eine weitere zentrale Rolle werden hierbei Konzepte von gegenseitiger Verantwortung, das Clustering von Industriezweigen und das UpSizing spielen. Die Bemühung um umweltfreundlichere Herstellungsweisen schafft schon den richtigen geistigen Rahmen, doch das Ziel muß auf jeden Fall null Emissionen sein, wenn die Menschheit erfolgreich sein will.

Kann die Industrie von der Natur lernen? Können Gesetzgeber die Akzeptanz für an der Natur orientierte Vorschriften und Richtlinien erwirken? Wir wissen ja, daß es der Industrie nie gelingen wird, ihren ganzen Abfall loszuwerden, wenn wir sie nur zu den »drei Rs« verpflichten: eigenständig zu reduzieren *(reduce)*, wiederzuverwerten *(re-use)* und zu recyceln *(recycle)*. Damit ist die Gesellschaft – wie zur Zeit – gezwungen, all die Reste, die für bestimmte Verfahren wertlos sind, zu entsorgen. Das Drei-R-Programm ist für sich genommen zwar recht logisch und kann durchaus eine bessere Verwendung von Rohstoffen sicherstellen, aber dennoch ist es nicht nur schwer, es ganz umzusetzen, sondern es wird höchstwahrscheinlich auch zu teuer werden. Und wenn sich die drei Rs finanziell nicht selbst tragen, hat das Auswirkungen auf die Wettbewerbsfähigkeit der Industrie und wird somit Subventionen erfordern. Subventionen führen mit der Zeit garantiert zum Mißerfolg, da sie vom Verbraucher getragen werden, entweder durch höhere Marktpreise oder durch erhöhte Steuern, die der Industrie zufließen. Beides ist nicht ratsam.

Das Drei-R-Programm wird ergänzt durch die Einführung von saubereren Fertigungstechniken, deren Hauptziel darin besteht, die Verschmutzung der Umwelt zu verringern. Waschtürme reduzieren die Ausscheidung von Schwefeldioxid und Stickstoffdioxid, der Katalysator begrenzt die giftigen Autoabgase, durch Vakuumverdampfungstechniken läßt sich Zink aus plattiertem Stahl wiedergewinnen. All diese Bemühungen sind zwar lobenswert, reichen aber nicht aus. Die Nachfrage steigt weiter, doch das Angebot an Biomasse und Mineralien kann nicht Schritt halten. Dementsprechend steigen die meisten Preise, und ein wachsender Anteil der Weltbevölkerung kann sie einfach nicht mehr zahlen. Außerdem ermöglicht die Eindämmung der Umweltverschmutzung eine gewisse Kostenreduzierung, doch weitreichendere Schritte brächten so hohe Kosten mit sich, daß sie die Rücklagen überschreiten würden. Folglich ist es also durchaus richtig anzunehmen, die völlige Vermeidung von Abfall und sämtlicher Umweltverschmutzung sei zu teuer. Man geht allgemein davon aus, daß eine gewisse Menge von Umweltverschmutzung in Kauf genommen werden muß, wenn man unverhältnismäßig hohe Kosten vermeiden will. Und dies stimmt, solange man sich innerhalb eines linearen Modells bewegt. Wenn aber die Industrie nach einem Systemmodell gestaltet würde, dann gäbe es keinen Grund, Zero Emission für die teuerste Möglichkeit zu halten. Sie wird ganz im Gegenteil die billigste und profitabelste Option sein.

Bei der Herstellung von Bier beispielsweise kann man aus der Gerste nur 8 Prozent der Nährstoffe gewinnen. Es gibt keine Möglichkeit, die Fasern und Proteine der frischen Körner besser zu verwenden. Keine Technik kann dies ändern; kein Drei-

Konventionelles lineares Modell

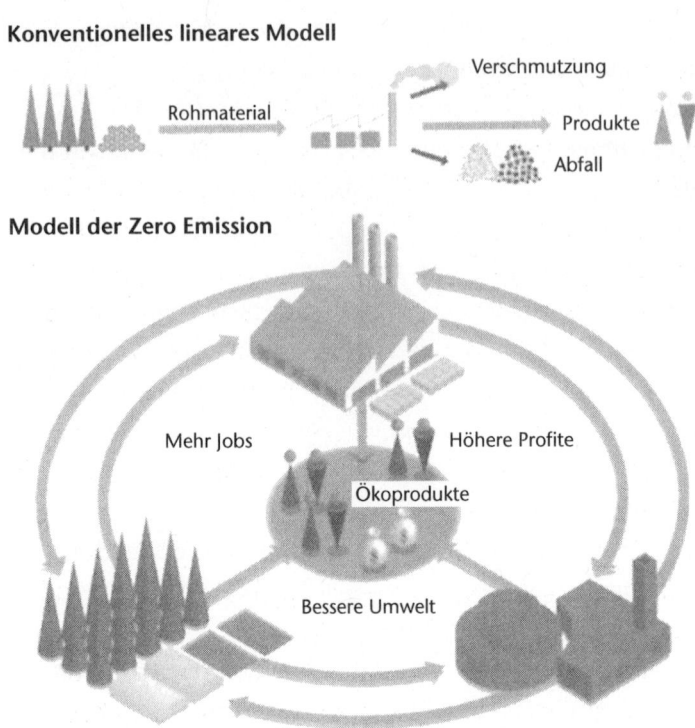

Modell der Zero Emission

Abbildung 1:
Konventionelles lineares Modell versus Zero-Emission-Modell
Quelle: ZERI Foundation, Genf

R-Programm kann eine vollkommene Lösung bieten. Wenn aber die Brauerei, die bis zu 30 Liter Wasser für 1 Liter Bier braucht, ihren Wasserverbrauch auf 7 oder sogar 5 Liter reduzieren könnte, dann wäre dies eine ausgezeichnete Anwendung des Drei-R-Programms und umweltfreundlicher Technik. Dennoch sind sich alle Brauer darüber einig, daß sie zwar die Menge des Abwassers reduzieren müssen, es aber nicht möglich ist, jegliches Abwasser zu vermeiden. Ein gewisser Rest wird immer übrigbleiben.

Wenn die Wasserkosten hoch sind, achtet man besonders auf die Produktivität von Wasser, etwa wie die Namibian Breweries in der Wüste Tsumeb. Sind die Wasserkosten niedrig, wie in China, dann wird ein beträchtlicher Teil dieser lebenswichtigen Ressource verschwendet. Über einen bestimmten Punkt hinaus ist es zu teuer, die Gesamtmenge des Wassers zu reduzieren und wiederzuverwerten – und damit unmöglich, die weitere Reduzierung des Wasserverbrauchs zu rechtfertigen. Die Brauer geben an, daß die Grenze bei etwa 5 Liter Wasser für 1 Liter Bier liegt. Dies bedeutet jedoch nicht, daß das Wasser einfach in die Kanalisation abgelassen werden muß. Nach Lösungen für die Wiederverwertung des Abwassers muß man daher wie gesagt außerhalb der Brauerei suchen. Und genau hier zeigt sich der einzigartige Wert des Zero-Emission-Konzepts. Wenn die Kosten für Umweltverträglichkeit durch sauberere Herstellung zu hoch werden, dann setzt das Konzept der Zero Emission ein. Wofür könnte man denn das überflüssige Wasser gebrauchen? Zum Beispiel läßt es sich bei der Fischzucht verwenden.

Dieselbe Logik gilt beispielsweise bei den Fettsäuren für grüne Detergentien, bei deren Herstellung der überwiegende Teil der Kokosnuß wie gesagt einfach als Abfall behandelt wird. Um die anderen Stoffe zu nutzen, muß man deshalb außerhalb der Kokosplantage und der Detergentienherstellung nach Lösungen suchen. Während sich die sauberere Produktion nur innerhalb des jeweiligen Geschäftszweigs bemüht, sucht das Zero-Emission-Konzept in anderen Industriezweigen nach Lösungen – vor-, zwischen- und nachgeschaltet.

Der erste Schritt versus »Endziel«

Sauberere Herstellungsverfahren sowie Wiederverwertung und ReCycling sind wichtige erste Schritte, um Wirtschaft und Gesellschaft in Richtung Nachhaltigkeit zu dirigieren. Aber dabei darf es nicht bleiben. Nachhaltigkeit kann nur dann erreicht werden, wenn Zero Emission als Endziel steht, und zwar ohne Ausnahme. Zero Emission ist zur optimalen Anwendung sauberer Produktion geworden und die fortgeschrittenste Form der »drei Rs«. Wir brauchen nun eine Evolution in dem Gedankengut des Managements, das bereits zu umweltfreundlicheren Herstellungsverfahren geführt hat: eine Evolution in Richtung Zero Emission.

Die Wirtschaft ist indes nicht untätig. Es werden Systeme entwickelt, um die Art und Weise, wie die Wirtschaft die Umwelt in ihre alltägliche Managementpraxis integriert, zu verbessern und sogar zu zertifizieren. Die Anwendung der ISO 14 001 gewährt wie gesagt einen ausgezeichneten Einblick in den Prozeß der Fertigung. Darin dokumentiert ein Betrieb ganz klar, inwieweit er um Umweltschutz bemüht ist. Sie verifiziert im einzelnen, wie der Betrieb seine eigenen Ziele verwirklicht und – hoffenswerterweise – alle Umweltbestimmungen übertrifft. Sie bietet die Möglichkeit, Leistungsvorgaben sowie die Annäherung an klar gesteckte Ziele auf vorhersagbare Weise zu erfassen, und muß dies ausführlich dokumentieren, so daß es selbst von einer dritten Partei vollkommen verifiziert werden kann.

Dies ist ein erheblicher Fortschritt, aber der Prozeß bleibt immer noch linear. Die Betrachtung von Input und Output (und wie diese im Rahmen des Gesetzes gehandhabt werden) sowie der Ziele des Unternehmens ist genauso begrenzt, wie wenn man die Erforschung des Baums ohne die Berücksichtigung des ihn umgebenden Mikrosystems betriebe. Im Gegensatz dazu bietet die Kampagne in Richtung Zero Emission einen Rahmen für Innovation und volle Ausnutzung sämtlicher Stoffe, die für den einen wertlos, für den anderen aber wertvoll sind. Sie sucht mit Hilfe der Output-Input-Tabellen (siehe Kapitel 6) nach den besten Verwendungsmöglichkeiten für den Output. Dies ist eine komplexe Übung, aber sie lohnt sich überaus, da die Voraussetzung für den Erfolg nicht einfach von dem Wunsch gekennzeichnet ist, den Abfall loszuwerden, sondern von dem Streben nach Wertzuwachs.

Die Industrien werden zur Quelle von Tausenden neuer Arbeitsplätze werden und gleichzeitig gegenwärtige Produktionsanlagen ersetzen, die niemals Zugang zu solch einem Rohstoffvolumen bei so geringen Transport- und Erwerbskosten haben werden – und das auf nachhaltige Weise. Der erste bekannte Fall dieser Art ist das Industriegebiet von Kalundborg in Dänemark. Die Transportwege des Abfalls von einer Fabrik zur anderen betragen dort maximal 20 Kilometer, und dieses erfolgreiche Projekt wurde hoch gelobt. Die Integration von Betrieben, Produktionsanlagen mit koordinierter Rohstofftrennung ermöglichen die Weiterleitung von Restkomponenten zu anderen Industriezweigen mit solcher Effizienz, daß schließlich nicht nur die gänzliche Vermeidung von Abfall erzielt werden wird, sondern auch wettbewerbsfähigere Unternehmen geschaffen werden.

Von einfachen zu komplexen Systemen

Es liegt auf der Hand, daß dies ein höchst komplexes und dynamisches System erfordert. Dieser Preis muß gezahlt werden, denn damit wird schließlich die Wertschöpfung erheblich gesteigert. Die Summe der Teile übertrifft bei weitem, was ein Drei-R-Programm oder die Einführung von umweltfreundlichen Brennstoffen bewirken können. Es gibt immer noch nicht viele ReCycling-Programme, die zusätzlichen Wert schaffen. Die meisten Produkte sind teurer, wie das ReCycling von Altpapier in den vergangenen Jahrzehnten gezeigt hat, obwohl Altpapier umsonst angeboten wird. Das Zero-Emission-Programm hingegen zielt auf Cluster von Industrien ab, die zusätzliches Einkommen erwirtschaften und deshalb sowohl in finanzieller als auch in technischer Hinsicht nachhaltig sind.

Unternehmensstrategen fragen sich, ob dieses komplexe System jemals verwirklicht werden kann. Doch es ist nicht das erste Mal, daß die Industrie nach Wegen sucht, um die Effizienz durch Clustering zu erhöhen. Das Just-in-time-Programm, das zur Beseitigung von so vielen Lagerbeständen und Lagerraum geführt hat, die das Kapital einfroren und unvorstellbare Mengen Raum erforderten, konnte nur deshalb funktionieren, weil Hunderte von Betrieben zusammengearbeitet und den Standort gewechselt haben. In Japan, wo Raum Mangelware ist und die Grundstückspreise sehr hoch sind, waren Dutzende von Materialzulieferern gezwungen, den Standort so zu wechseln, daß sie die strengen, von den führenden Herstellern aufgestellten Lieferbedingungen einhalten konnten.

Die sauberere Produktion und die Drei-R-Programme zielen

Tabelle 7: Sauberere Produktion versus Zero Emission	
Sauberere Produktion und die drei Rs (reduce, re-use, recycle)	*Zero Emission oder höchste Produktivität*
1. Der erste Schritt	Das »Endziel«
2. Auswirkungen der Nach- schaltung reduzieren	Neue Industrien vorschalten
3. Abfall minimieren	Input für Wertschöpfung
4. Kosten senken	Mehr Einkommen erzielen
5. Kernprozeß	Cluster von Industrien
6. Ausrichtung auf Abfall, Energie, Wasser	Verschmelzung der Agenden, mehr Arbeitsplätze
7. Ausrichtung auf die Anliegen »hier und jetzt«	Ausrichtung auf die generischen Bedürfnisse
8. Auf Input-Output basierender Prozeß	Auf Output-Input basierender Prozeß
9. Linear	Komplex
Quelle: ZERI Foundation, Genf	

auf den Schutz der Umwelt ab. Sie wollen bewirken, daß schädliche Spätfolgen verringert werden und Abfall minimiert wird. Sie hoffen, daß die Kosten dafür gesenkt werden kön- nen, speziell die Kosten der Abfallbeseitigung und die damit verbundenen Ökosteuern, die eine immer größere Last wer- den. Man konzentriert sich auf Wasser, Energie und feste Abfallstoffe. Verfahrenstechniker haben im Laufe der Jahre detaillierte Input-Output-Tabellen erstellt, die eine schnelle Übersicht über Möglichkeiten der Leistungssteigerung gewäh- ren (siehe Tabelle 7).

Das Zero-Emission-Konzept hat nicht die Umwelt als einzi- ges Ziel vor Augen – es ist bestrebt, die Agenden – also das, was

»zu tun« ist – zu verschmelzen. ZERI untersucht, wie die Wertschöpfung verbessert werden kann, welche Industrien vorgeschaltet werden können und wie dies das Gesamteinkommen steigert. Die Verwendung der innovativen Output-Input-Tabellen (siehe Kapitel 6) bietet multidisziplinären Teams eine Methodologie zur kreativen Lösungsfindung. Wenn die Industrie zur treibenden Kraft für eine nachhaltige Entwicklung gemacht werden soll, dann darf man ihr keine Zusatzkosten aufbürden, die entweder ihre Wettbewerbsfähigkeit einschränken oder auf den Verbraucher abgewälzt werden. Zero Emission ist das Ziel, und UpSizing ist das Verfahren.

Das Verschmelzen der verschiedenen Agenden hat auch soziale Aspekte zum Inhalt. Die Arbeitslosenrate ist weltweit inakzeptabel hoch. Selbst in Japan hat sie ein Rekordhoch erreicht. Ein Land wie Indonesien muß jährlich schätzungsweise drei Millionen Arbeitsplätze schaffen, um die Arbeitslosenrate auf dem gegenwärtigen Stand zu halten. China bleibt nichts anderes übrig, als jedes Jahr zehn bis zwölf Millionen neue Stellen einzurichten, was wirklich keine einfache Aufgabe ist.[28] Es wird deshalb leicht zu verstehen sein, weshalb Regierungen an einer Schnellösung interessiert sind, die zumindest auf kurze Sicht Erfolg verspricht – selbst wenn andere Optionen bestehen. Das Zero-Emission-Konzept hat deutlich gemacht, daß es möglich ist, die Produktivität des Fertigungssystems zu erhöhen und gleichzeitig zusätzliche Arbeitsplätze zu schaffen, also eines der dringlichsten Probleme unserer Zeit anzugehen.

Papier in China: Vergleich von sauberer Produktion mit Zero Emission

Die Produktion von Zellstoff und Papier in China verdeutlicht die Unterschiede zwischen saubererer Produktion, ReCycling und Zero Emission bzw. wie diese sich ergänzen. China braucht alle drei Ansätze, um sich zu einer Gesellschaft zu entwickeln, die nachhaltig produziert. Die drei Rs sind der erste Schritt. Zero Emission könnte letztlich sicherstellen, daß das Ziel der Wirtschafts- und Gesellschaftsentwicklung bereits heute erreicht wird, ohne die Fähigkeit von zukünftigen Generationen in China und in der übrigen Welt, dasselbe zu tun, zu schmälern.

Der Zero-Emission-Ansatz schreibt – wie in dieser Beziehung wohl jeder Wirtschaftsansatz – vor, die Suche nach einer nachhaltig wirksamen Lösung für ein Nachfrageproblem auf dem Markt müsse damit anfangen, daß man sowohl die Nachfrage versteht als auch eine Vision von einem potentiell nachhaltig wirksamen Angebot hat. Die Nachfrage nach Papier steigt in China rapide. Angesichts des großen Bedarfs fällen die Chinesen nicht nur ihre Wälder, sondern importieren auch Zellstoff und Altpapier zum ReCycling. Die Regierung plant die Errichtung von zahlreichen neuen Papierfabriken und versucht gleichzeitig, der Umweltverschmutzung in Lande Herr zu werden. Da Fasern von Bäumen nur in begrenztem Maße zur Verfügung stehen und die Abholzung der Wälder schon alarmierend weit fortgeschritten ist, greift man im ganzen Land weitgehend auf alternative Quellen für Zellstoff zurück.

Die Gewinnung von Cellulose aus Reisstroh ist einer der wichtigsten Input-Faktoren für die Zellstoffindustrie in China.

Doch die Verwendung von Alkalisulfaten, wie sie bei der Zellstoffherstellung üblich ist, erschließt nur etwa 13 Prozent der vorhandenen Cellulose aus der Biomasse des Strohs. Der große Rest bleibt als Abfall – toxischer Abfall – übrig. Da die meisten Zellstoffabriken für Reisstroh Kleinbetriebe und nur schwer zu kontrollieren sind, hat sich die Regierung entschlossen, alle Fabriken zu schließen, die nicht eine Mindestmenge von 6000 Tonnen pro Jahr produzieren. In einem späteren Stadium wird die Mindestmenge auf 11 000 Tonnen heraufgesetzt werden.[29]

Fachleute meinen, dies sei die Mindestmenge, ab der die Wirtschaftlichkeit von saubereren Produktionstechniken unter Verwendung von Alkalisulfaten gesichert sei, denn damit könnte der Großteil der Chemikalien wiederverwendet werden. Doch ein Ertrag von 13 Prozent kann angesichts der hohen Belastung des Strohs durch Chemikalien nicht wesentlich steigen. Durch die Zwangsschließung der Fabriken werden zwar die größten Verschmutzer ausgeschaltet, aber die Einführung neuer Techniken sichert die Reduzierung des Abfalls und den Erhalt der Chemikalien zur Wiederverwertung. Wie bei den europäischen und nordamerikanischen Zellstoffabriken wird die kontaminierte Restbiomasse, die sogenannte Schwarzlauge, verbrannt und liefert damit Energie und Dampf für die Zellstoffverarbeitung.

Angesichts der geringen Erträge und der hohen Umweltverschmutzung lautet der Rat, analog zur üblichen Praxis in der industrialisierten Welt, sich als Quelle für Cellulose von Stroh auf Holz zu verlagern, vorzugsweise schnellwachsendes Hartholz. Da der Celluloseertrag aus den 30 Prozent in der Biomasse enthaltener Fasern auf etwa 90 Prozent steigt, wird dies als effizienter angesehen, weil weniger Rohstoffe einen größeren Ertrag bringen. Andere Fachleute haben die chinesische Regierung dabei beraten, wie sie ein nachhaltig wirksames Forstmanagement einführen kann, bei dem wenig oder gar keine Chemikalien zur Beseitigung des Unterholzes eingesetzt werden, und wie eine selektive Erntepraxis die Gefahr der Bodenerosion verringern kann. Den Chinesen wird also die beste bisher bekannte Methode auf der Welt angeboten. Ist das ausreichend?

Die gesamte Herstellung von Zellstoff und Papier verlagert sich in China von einem ineffizienten und äußerst umweltbelastenden Verfahren mit Tausenden von unkontrollierbaren Fertigungsanlagen hin zu saubereren Produktionstechniken, wobei die Menge des Einsatzmaterials gesenkt, das Wasser effektiv recycelt und der Abfall zu Energiequellen umgewandelt wird, so daß man weniger Kohle für die Stromerzeugung benötigt. Das ist lobenswert und muß gefördert werden. Dieses Unterfangen hat die Unterstützung der Zentralregierung und zieht ausländische Investitionen und internationale Finanzierungen an. Die Einführung von saubereren Produktionstechniken und der Drei-R-Programme hat zu einer Strategie der Abfallreduzierung und der effizienten Ausnutzung von Rohstoffen geführt. Dies ist nicht allein ein Problem von China, auch Indien kann seinen Bedarf an Papier auf ähnlich innovative Weise decken, selbst wenn heute bereits Bambus- und Textilreste einen Großteil der Faserquellen ausmachen.

Der Zero-Emission-Ansatz für Papier in China
Die Nachfrage nach Papier steigt stetig und in starkem Maße, weil einerseits die Analphabetenrate abnimmt und andererseits in China eine Mittelschicht entsteht, die sich jeden Tag eine

Tabelle 8: Vergleich von sauberer Produktion mit Zero Emission am Beispiel von Zellstoffabriken in China

Zu lösende Probleme	Ansatz »sauberere Produktion«	Ansatz »Zero Emission«
1. Produktivität	Ziel: Ertragssteigerung	Ziel: vollständige Ausnutzung
2. Niedriger Ertrag an Fasern	Stroh durch Holz ersetzen	Technik ändern, weiter Stroh benutzen
3. Gestiegene Nachfrage	Nachhaltig arbeitende Forstwirtschaft initiieren	Vorhandene Biomasse wie Stroh oder Bambus nutzen
4. Kleinbetriebe	Zwangsschließung von Kleinbetrieben	Alkalisulfate vermeiden, Kleinbetriebe aufrechterhalten
5. Restbiomasse	Verbrennen, als Brennstoff nutzen	Technik ändern, Wiederverwertung als Einsatz für Wertschöpfung
6. Giftige Chemikalien	Chemikalien wiederverwerten, Aufbau eines geschlossenen Kreislaufs	Chemikalien ausschließen
7. Wasserverbrauch	Reduzieren, wiederverwerten und recyceln (drei Rs)	Drei Rs, darüber hinaus Reststoffe anderen Industrien zukommen lassen
8. Kosten und Investitionen	Kosten bis zu einer gewissen Höhe senken	Neue Profit-Center schaffen
9. Anzahl der Ernten	Einmal in sieben Jahren	Mindestens einmal pro Jahr

Quelle: ZERI Foundation, Genf

Zeitung kaufen möchte und Material zum Einwickeln und Verpacken von Waren brauchen wird. Für eine nachhaltig wirkende Lösung wird man deshalb zunächst alle Möglichkeiten für eine kontinuierliche Versorgung mit Cellulose untersuchen, ohne daß der gegenwärtige und zukünftige Nachfragefluß sowie das ökologische Gleichgewicht gestört werden. Außerdem besitzt auch eine Nation wie China nicht unbegrenzt Land für die Wiederaufforstung und eine nachhaltig wirkende Forstwirtschaft. Die chinesischen Ressourcen an Hart- und Weichholz werden weder auf kurze noch auf mittelfristige Sicht die Nachfrage decken können. Und angesichts der Riesenmengen, die China mit seinen etwa 1,2 Milliarden Menschen brauchen wird, darf keine alternative Quelle unberücksichtigt bleiben. Eine höhere Nachfrage nach Zellstoff in diesem Land wird die Weltmarktpreise für alle Arten dieser Ressource mit Sicherheit in schwindelerregende Höhen treiben.

Die beiden Hauptquellen, die noch nicht sinnvoll genug ausgebeutet werden, sind erstens Reisstroh und zweitens Bambus. Stroh und Bambus binden Kohlenstoff am besten, indem sie ihn durch die Photosynthese in Cellulose, Hemicellulose (Zucker) und Lignin (der die Fasern bindende Klebstoff) umwandeln. Somit ist das Ersetzen von Stroh durch Holz zwar eine Möglichkeit, aber es gibt bessere Lösungen. Die Strategie des Umsteigens auf Holz als Quelle für Zellstoff und die Einführung eines geschlossenen Kreislaufsystems stellen zwar sicher, daß im Gegensatz zum Stroh kein Abfall mehr anfällt, aber damit ist noch keine langfristige Lösung gefunden. Allein durch Holz kann die Nachfrage nach Zellstoff nicht gedeckt werden. Außerdem muß bei dem auf Holz basierenden Verfahren noch viel zusätzlich eingeführt werden. Das Herstellungsverfahren selbst mag zwar sauberer sein, doch es fällt dabei ungeheuer viel Abfall an, der entweder zum Verrotten auf dem Feld liegenbleibt oder verbrannt wird und somit zum Treibhauseffekt beiträgt.

Wenn die Gewinnung von Cellulose aus Stroh gegenwärtig ineffektiv ist, muß eine andere Technik gefunden werden, um sie im Hinblick auf das Verfahren und das Produkt effektiv zu machen. Der Ansatz »sauberere Produktion« suchte nach einer Lösung für ein lineares Problem: die Ineffektivität der Cellulosegewinnung und die Entsorgung des erzeugten Abfalls. Wenn wir neue Techniken zur Trennung der Stoffe sowie die vorgeschalteten Probleme der Erzeugung von Fasern und die Suche nach Wertschöpfung durch ungenutztes Stroh in die Überlegungen einbeziehen, dann kommen wir schnell zu der Schlußfolgerung, daß alternative Gewinnungsmethoden den Weg nach vorn weisen. Eine Kombination aus Dampfexplosions- und Membranfiltertechnik stellt eine ausgezeichnete Alternative zu den Alkalisulfaten dar, die üblicherweise bei der Zellstoffgewinnung eingesetzt werden.[30] Außerdem erfordern diese neue Gewinnungstechniken keine scharfen Chemikalien und machen damit auch spezielle Verfahren zu ihrer Rückgewinnung überflüssig. Die Notwendigkeit des ReCyclings von giftigen Chemikalien und der Konstruktion von komplexen geschlossenen Kreislaufsystemen ist damit ganz und gar beseitigt!

Durch das Dampfexplosionsverfahren und die Membranfiltertechnik läßt sich der Celluloseertrag von 3 auf 18 Prozent steigern, das heißt um das Sechsfache. Wichtiger dabei ist die Überlegung, daß die schnellwachsenden Baumarten viel Anbaufläche und wenigstens sieben Jahre Wachstumszeit benötigen, während Reisstroh mindestens einmal pro Jahr geerntet wird und in einigen Gebieten sogar zweimal. Für den Bauern bedeutet das einen zweifachen Ertrag, einmal in Form von Reis und einmal in Form von Fasern. Mit dem Einsatz neuer Techniken ist dies zweifelsohne wirtschaftlich realisierbar. Es gibt viele Reissorten, die durch gentechnische Veränderungen weniger Stroh hinterlassen, und so wird es dank der technologischen Neuerungen möglich sein, wieder natürlichen Reis mit extrem viel Stroh einzusetzen.[31] Darüber hinaus läßt sich aus dem Stroh nicht nur Cellulose gewinnen. Andere Komponenten der Biomasse wie das Lignin können in aktiver Form erschlossen und wie oben beschrieben verwandten Industriezweigen zur Weiterverwertung angeboten werden. Und schließlich trägt die Verwendung der Strohfasern für die Papierherstellung zur Schaffung einer Kohlendioxidsenke bei, die dringend zur Eindämmung der globalen Erwärmung benötigt wird.

Die Anwendung des Zero-Emission-Konzepts beschränkt sich nicht nur auf Länder wie China und Indonesien, die sich mit einer explosiven Nachfrage nach Papier konfrontiert sehen. In Lateinamerika gilt dies beispielsweise für den Anbau von Pinien und Eukalyptusbäumen, die den Wert solcher schnellwachsenden Faserproduzenten wie Bambus herabsetzen, besonders der in Kolumbien heimischen Guadua-Art.

Bambus als Möglichkeit

Bambus ist eine weitere nachwachsende Cellulosequelle, die durchaus eine attraktive Alternative darstellt. Er liefert am schnellsten die meiste Biomasse, und seine hochwertigen Fasern sind so leistungsstark, daß sie sogar – als Ersatz für Asbest – Zement verstärken, zum Beispiel für die Zementplatten, die Chichibu Onada Cement in Japan herstellt. Bambus ist härter als Stahl, er ist ebenso eine ausgezeichnete Quelle für Papier, wie man in Indien, Indonesien und China nachgewiesen hat. Selbst bei der Cellulosegewinnung durch das Verbrennen der anderen Bestandteile – ein Verfahren, das ursprünglich für Hartholz und nicht für Bambus konzipiert war – kann der hochwertige Zellstoff für Qualitätspapier verwendet werden.

Bei der Anwendung derselben Trennungstechniken – allerdings bei entsprechender Druck- und Temperaturanpassung – können nicht nur die Fasern genutzt, sondern auch andere Komponenten wiederverwertet werden. Die Hemicellulose kann in Süßstoffe auf Nichtproteinbasis umgewandelt werden. Das Lignin kann entweder als reiner Brennstoff benutzt werden, der im Gegensatz zur Schwarzlauge die Luft nicht mit Schadstoffen belastet, oder es kann als Bindemittel für Spanplatten aus Fasern, die für die Papierherstellung zu kurz sind, verwendet werden, so daß es damit möglich ist, auf formaldehydhaltige Epoxidharze zu verzichten. Auch wenn das Verbrennen der Schwarzlauge aus der Zellstoffherstellung sinnvoller ist als etwa die Entsorgung in Form von Bodenauffüllungen, so stellt sich der geschaffene wirtschaftliche Wert doch eher gering dar, wenn überhaupt positiv. Der aufgrund der Wiederverwendung der Komponenten in anderen Industriezweigen geschaffene Mehrwert ist die viel vorteilhaftere Option.

Das Potential dieses Clusters (siehe Abbildung 2) ist ungeheuer groß und geht selbst über das, was Fachleute im Fall von Bambus erwarten, weit hinaus.[32] Bereits vor der Ernte des Bam-

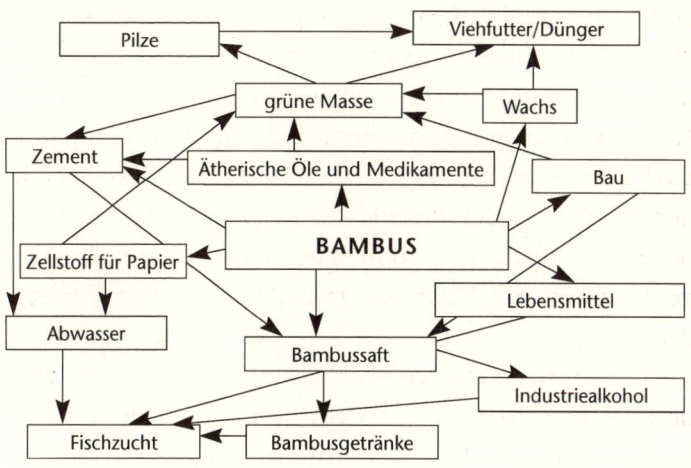

Abbildung 2:
Cluster von Industriezweigen um den Bambus herum
Quelle: ZERI Foundation, Genf

bus, der später Zement und Papier beigemischt werden soll, könnte der Saft abgezapft und zu einem Alkohol vergoren werden, der eine sauberere Form von Energie liefert. Der getrocknete und seiner Nahrung beraubte Bambus färbt sich gelb. Mit den entsprechenden Techniken lassen sich die Fasern und die anderen Komponenten herauslösen, so daß der Ertrag an Cellulose hoch wäre. Das höchst Attraktive dabei ist, daß die Bambusreste als Grundstoffe für zahlreiche andere Industrien dienen könnten, die selten als Cluster der Bambusindustrie gesehen werden. Die japanische Firma Cera Rica, die Qualitätshaarwachs für Sumoringer herstellt, hat viele zuvor unberücksichtigte Geschäftsgelegenheiten entdeckt und ist aktiv mit der Aufstellung eines Forschungs- und Entwicklungs-Programms beschäftigt, um die effektive Durchführung zu sichern.

Der große Zementkonzern Chichibu Onada aus Japan hat ein Investitionsprogramm in Südostasien in Gang gesetzt, um Bambusfasern in Zement einzuarbeiten. Gunung Sewu in Indonesien ist eine der größten Ananasplantagen der Welt, und sie hat angefangen, Bambus anzubauen, um ihn für die Herstellung von Papier zu verwenden.

Diese Entwicklungen eröffnen die Perspektive für eine langfristige Lösung der Probleme Deckung des Zellstoffbedarfs auf nachhaltige Weise und Schaffung von Arbeitsplätzen bzw. neuen Quellen für Wirtschaftsaktivitäten. Damit wird viel mehr erreicht als »nur« ein Schutz der Umwelt. Es findet ein UpSizing im wirtschaftlichen Bereich statt, der steigende Bedarf wird gedeckt, und man verlangt nicht von der Erde, daß sie immer mehr produziert. Dies ist genau die Art von Entwicklung, auf die wir gewartet haben. Die ersten Schritte mögen die Bemühungen um eine sauberere Produktion sein, aber das »Endziel« kann nur UpCycling bzw. UpSizing heißen.

Kapitel 6

Weltweit mit Wertschöpfung, ohne Naturverbrauch und ohne schädliche Emissionen produzieren – Die Methodologie des UpSizings

Die Analyse ist klar, die Wissenschaft ist da, die Ziele sind definiert, und somit ist es an der Zeit, sich um ihre praktische Verwirklichung zu bemühen. Eine Theorie ist so lange wertlos, wie sie nicht in einer konkreten Situation angewendet worden ist. Auch wenn Ausnahmen die Regel bestätigen, so wird es eine generell anwendbare Methodologie möglich machen, daß das Konzept der Zero Emission und des UpSizings jederzeit und an jedem Ort umgesetzt werden kann.

Fassen wir das Ziel des Zero-Emission-Konzepts noch einmal in folgender Definition zusammen:

- Es wird kein flüssiger, kein gasförmiger und kein fester Abfall produziert.
- Alle Einsatzgüter finden in der Produktion Verwertung.
- Wenn Reste anfallen, werden sie zur Wertschöpfung durch andere Industrien genutzt.

Der Zentralbegriff bei dieser Definition von Zero Emission ist »Wertschöpfung«. Wertschöpfung hält die Wirtschaft in Gang, gewährleistet einen nachhaltigen Finanzierungsfluß und ist die Voraussetzung für Unabhängigkeit und Wachstum, für autokatalytisches Wachstum. Wenn das Aufarbeiten des Nebenprodukts bzw. der Reststoffe nur in einem DownCycling, Beseitigen oder einmaligen Wiederverwenden besteht, ohne daß ein zusätzlicher Wert geschaffen wird, dann entspricht dies nicht der Zero Emission. An dieser Stelle muß das Konzept des UpSizings einsetzen; denn wie kann es möglich sein, durch Umweltschutzmaßnahmen das Geschäft anzukurbeln und Arbeitsplätze zu schaffen, wenn es keine Wertschöpfung gibt? Politiker behaupten, daß der Umweltschutz ein gutes Geschäft sei – was für ein Geschäft soll das sein?

Das erste Geschäft ist die Kostenreduzierung. Es wurde schon mehrmals erwähnt, daß die unter Umweltgesichtspunkten arbeitenden Industrien weltweit boomen. Aber all ihre Maßnahmen geschehen vor dem Hintergrund ihres linearen Paradigmas und können nie die völlige Emissionsfreiheit herbeiführen. Das Reduzieren von Kosten wird also nur bis zu einem gewissen Punkt gelingen. Beim UpSizing kommt deshalb – wie gesagt – ein zweiter, wesentlich interessanterer Faktor hinzu, nämlich die Schaffung zusätzlichen Gewinns. Deshalb wird UpSizing folgendermaßen definiert:

Unter UpSizing verstehen wir das Bündeln von Wirtschaftsaktivitäten in Clustern, in denen die Nebenprodukte, die für den einen wertlos sind, zu wertschaffenden Einsatzgütern für einen anderen gemacht werden; dies führt zu einer Produktivitätssteigerung der Gesamttransformation von Kapital, Arbeitskräften und Rohstoffen in zusätzliche Produkte und handelsfähige Dienstleistungen zu wettbewerbsfähigen Preisen, was wiederum Arbeitsplätze schafft sowie schädliche Auswirkungen auf Mensch und Umwelt eindämmt und letztendlich ausschaltet.

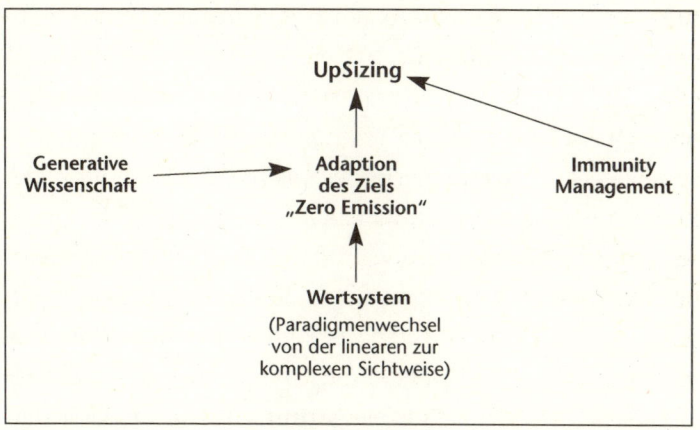

Abbildung 3:
Die Methode des UpSizings
Quelle: ZERI Foundation, Genf

UpSizing erfolgt, sobald sich eine Industrie Zero Emission zum Ziel gesetzt hat. Zero Emission ist das »Endziel«, UpSizing ist das direkte Ergebnis (siehe Abbildung 3).

Ziel der ZERI-Methode ist es, zuerst einmal Mittel und Wege zu finden, den im Hauptverfahren benötigten Input zu minimieren und dann ein Maximum an Output zu erreichen, indem man einen vollständigen Durchsatz anstrebt. Solange die Industrie keinen vollständigen Durchsatz erreicht und weiterhin Komponenten des Inputs als Abfall vernichtet, operiert sie nicht auf der Ebene des maximal Möglichen. Dies soll keine generelle Kritik sein. Es zeigt nur, daß dieser industrielle Prozeß hinsichtlich seiner Gesamtproduktivität verbessert werden muß. Da kein Industriezweig dieses Ziel für sich allein verwirklichen kann, so wie sich in der Natur kein Baum um seine eigenen Blätter zu kümmern vermag, so können sich verschiedene Industrien in einem Cluster gegenseitig vollkommen ergänzen und neue Gelegenheiten ermöglichen.

In einem Wirtschaftssektor – der Agrarindustrie – kann die Zero Emission in vier bis fünf Jahren verwirklicht werden. Im Bereich der Lebensmittelverarbeitung sowie der Baustoffe, der Forstprodukte und sogar der Chemikalien könnte dieses Ziel in sehr kurzer Zeit erreicht werden, vielleicht in einer Dekade. Andere Industriezweige werden länger brauchen. Die Textil- und Lederindustrie könnten die strenge Norm durchaus innerhalb zweier Jahrzehnte erfüllen. Andere werden drei, vier oder sogar fünf Jahrzehnte benötigen. Bis zur erfolgreichen Verwirklichung des Zero-Emission-Konzepts bei Fernsehern ist es allerdings wohl noch ein langer Weg. Fernseher stecken voller Schwermetalle wie zum Beispiel Chrom und Blei, für die es derzeit keinen Ersatz gibt. Dasselbe gilt für Kopiergeräte, besonders für Farbgeräte, Kühlschränke und zahlreiche andere komplexe Produkte sowie Nutzgegenstände wie das Auto und den Computer. Der Weg bis zur Zero Emission ist in der Tat lang, aber schon heute können die ersten Schritte in Richtung UpSizing gemacht werden. Doch die Methodologie wird sich nicht ändern; der Grundansatz ist für jede Branche derselbe. Er würde sogar für einen Haushalt, eine Universität, ein Krankenhaus oder eine Stadt, eine Insel oder ein Land gelten. Der Anwendung dieser Methodologie sind keine Grenzen gesetzt.

Die ZERI-Methode erleichtert das Finden von Antworten auf Fragen, die auf den ersten Blick als überaus komplex erscheinen. Sie macht es möglich, die Intelligenz, die in einem Betrieb, einer Region oder einer Gemeinde im Überfluß vorhanden ist, freizusetzen, indem sie ein Instrumentarium zur Konzentration auf eine Vielzahl von Zielen zur Verfügung stellt.

Umweltverschmutzung zu beseitigen, Arbeitsplätze zu schaffen und Wirtschaftsaktivitäten produktiver zu machen sind Ziele, die wohl die meisten Interessengruppen anstreben.

Die Methodologie ist bereits in über fünfzig Industriebereichen von Forschern, Betriebsangehörigen, Studenten und Regierungsvertretern aller Kontinente mit Ausnahme der Antarktis getestet worden (siehe Tabelle 9). Ihre Anwendung erstreckte sich auf Inseln wie Yakushima und Okinawa in Japan, Gotland in Schweden, auf Städte wie Mompox in Kolumbien

---

Tabelle 9: Sektoren, die die ZERI-Methodologie zwischen 1994 und 1997 angewendet haben

– agroindustrielle Verarbeitung	– Fermentierungsindustrie	– Nahrungszusätze
– Algenverarbeitung	– Fischzucht	– Olivenölmühlen
– Ananas	– Früchteverarbeitung	– Pflanzenölmühlen
– Antioxidantien, Vitamine und Betakarotin	– Funktionsnahrung	– Pharmazie
– bambusverarbeitende Industriezweige	– Furfural-Gewinnung	– Pilzanbau
	– Gracilaria	– Plantagen
– Banking	– Hähnchengrills	– Proteingewinnung
– Baumwolle	– Herstellung von Alkohol	– Rayonfasern
– Baustoffe	– Holzkohle	– Seetang
– Brauen von Bier	– Holzverarbeitung	– Sisal
– Cellulose	– Investmentfonds	– Spanplatten
– Chemie (organische und anorganische)	– Jodgewinnung	– technische Dienste
	– Kokosnuß	– Textilien
– Detergentien	– Kolophonium	– Tierfutter
– Energie	– Kompost	– Tourismus
– Enzymverarbeitung	– Milch und Milchverarbeitung	– Viehzucht
	– Möbel	– Wasserhyazinthenverarbeitung
		– Zellstoff und Papier
		– Zement
		– Zuckerverarbeitung

Quelle: ZERI Foundation, Genf

und Regionen wie Saitama in Japan. Die Unternehmen Södra Cell und BP sind mittlerweile sehr aufgeschlossen gegenüber dem ZERI-Ansatz. Sie alle haben sich der Herausforderung durch die ZERI-Methode in ihrem Gebiet und ihrer Industrie gestellt.

Die Branche, die die Studie am schnellsten in die Praxis umgesetzt hat, ist das Brauereiwesen. In weniger als drei Jahren nachdem die ersten Ideen über die Zero Emission und das Up-Sizing formuliert worden waren, wurde in Namibia das erste kommerzielle Projekt eröffnet, und nach nur anderthalb Jahren ging eine Testanlage in Fidschi in Betrieb. Weitere Projekte und Planungen gibt es in Nordamerika, Brasilien, Deutschland, Kolumbien, Kamerun und auf den Seychellen. Dies ist eine bemerkenswerte Entwicklung, da es normalerweise Jahrzehnte dauert, bis eine solche Neuerung in der Industrie Fuß – oder auch nur »Zehen« – faßt.

Die ZERI-Methodologie

Die ZERI-Methodologie besteht aus *fünf* einzelnen Schritten, die jeweils aufeinanderfolgen:

1. Modelle für vollen Durchsatz unter Verwendung der Input-Output-Tabelle.
2. Kreative Suche nach Wertschöpfung unter Verwendung von Output-Input-Modellen.
3. Anordnung zu Industrieclustern.
4. Identifikation von innovativen Techniken.
5. Entwurf einer Industriepolitik.

Input-Output-Modelle

Bei der Anwendung der Input-Output-Modelle basiert der erste Schritt auf dem ISO-14 001-Zertifikat bzw. den Verfahren guter Haushaltsführung wie zum Beispiel sauberer Produktion, die dem Betrieb bescheinigen könnten, daß er über die bestmöglichen Standards und Prozesse in der Industrie verfügt. Dieses Verfahren ist gang und gäbe und basiert auf der Anwendung der Input-Output-Tabelle. Bei einer solchen Tabelle werden senkrecht die gesamten Einsatzgüter aufgeführt, die im Verfahren benötigt werden. Auf der horizontalen Achse erscheinen sämtliche Erträge, die im Prozeß anfallen. Durch die Quantifizierung von Input und Output läßt sich leicht ein Überblick gewinnen. Tabelle 10 stellt ein vereinfachtes Beispiel für eine Input-Output-Tabelle dar. Das Brauen von Bier erfolgt prinzipiell dadurch, daß man Wasser mit gemälzter Gerste und Hefe mischt. Der Ertrag ist Bier, Abwasser und Bier-

Tabelle 10: **Einfache Input-Output-Tabelle**

O \ I	Bier	H_2O	Biertreber	CO_2
H_2O	10 \ 100	80 \ 100	10 \ 100	
Malz	8 \ 100	1 \ 100	91 \ 100	
Hefe	—	—	—	

I = Input, O = Output
Quelle: ZERI Foundation, Genf

treber sowie Resthefe und CO_2, das bei der Fermentierung der Zucker entsteht.

Diese vereinfachte Darstellung der Bierbrauerei beschreibt das Verfahren, wie Input in Output und die im Verfahren erzeugten Abfallströme umgewandelt wird. Als erster Schritt vor der Suche nach Verwendungsmöglichkeiten für die Abfallstoffe muß sichergestellt werden, daß das vorhandene Produktionssystem nicht verbessert werden kann, indem man zum Beispiel den Wasserverbrauch reduziert. Da Brauereien Unmengen an Wasser benötigen, könnte eine effizientere Verwendung etwa des Reinigungswassers für einen zweiten Durchlauf oder der Einbau von elektronischen Schranken für den geregelten Zulauf von Wasser die benötigte Wassermenge bei derselben Menge Bier auf die Hälfte senken (siehe Tabelle 11).

Eine höhere Produktivität kann nicht immer erreicht werden. Es gibt bestimmte biologische und Verfahrensgrenzen.

Tabelle 11: Input-Output-Tabelle für saubere Produktion

I \ O	Bier	H_2O	Biertreber	CO_2
H_2O	50 \ 10	50 \ 30	50 \ 10	
Malz	100 \ 8	100 \ 1	100 \ 91	
Hefe	—	—	—	

I = Input, O = Output
Quelle: ZERI Foundation, Genf

Der Einsatz von Malz kann nicht verändert werden, genausowenig wie der Output. Der Geschmack des Biers ist unter anderem das Ergebnis eines Gärungsprozesses der Malzzucker, und die anderen Komponenten der gemälzten Gerste wie die Fasern und die Proteine müssen den Prozeß als Nebenprodukt verlassen. Wenn man ein Verfahren entwickelte, in dem alle Komponenten des Malzes verwendet würden, käme als Endergebnis nicht dieses wohlbekannte Getränk mit Schaum und dem Namen Bier heraus.

Dieser Prozeß hängt ab vom vorhandenen Know-how der Verfahrenstechniker. Wenn sie richtige Profis sind, werden sie in der Lage sein, die Details in der Tabelle schnell zu dokumentieren und zu quantifizieren. Dies ist keine kreative Leistung; es ist eine Aufzählung von Tatsachen, eine eindeutige Beschreibung der Einsatzgüter, eine klare Berechnung der Umwandlungsraten und die Quantifizierung der Erträge in fester, flüssiger oder gasförmiger Form. Die Suche nach besseren Verwendungsmöglichkeiten des Inputs führt eindeutig in den Bereich der saubereren Produktionsprozesse und Techniken. Dies ist ein wichtiger erster Schritt in Richtung Zero Emission.

Die Output-Input-Tabelle

Beim zweiten Teil der Methodologie, der Output-Input-(O/I)Tabelle, geht es um das Ziel der Zero Emission. Diese erfordert einen kreativen Ansatz und ist Grundlage für die Suche nach Wertschöpfung durch die ungenutzten Komponenten. Hier zeigt die Erfahrung, daß man die Verfahrens- und Produktionstechniker am besten außen vor läßt. Ihr Input war der kritische Punkt in den I/O-Tabellen, und so sollte man am besten die Protagonisten aller anderen Disziplinen, die im Betrieb vorhanden sind, für die Aufstellung der O/I-Tabellen heranziehen.

In der vertikalen Achse der O/I-Tabellen sind die gesamten Erträge aufgeführt, die nicht zum Endprodukt gehören. Die horizontale Achse ist eine kreative Liste aller möglichen Verwendungszwecke für diese Erträge. Dieses Verfahren ist offensichtlich nur dann sinnvoll, wenn die Tabelle erstellt worden ist und wenn der Betrieb alles unternommen hat, die Kosten zu senken und den Durchsatz zu verbessern, das heißt, mehr aus weniger Material zu machen.

Die zu erwartenden Outputs müssen konstruktiv quantifiziert werden, es sind also detaillierte Informationen über die Biertreber notwendig, um sich vorstellen zu können, wie man sie wiederverwendet oder welcher Teil für ein anderes Verfahren wertvoll ist. Wie hoch ist der Feuchtigkeitsgehalt, der Proteingehalt, der Faseranteil? Wenn man diese Daten kennt, besteht die Chance auf Wertschöpfung. Wenn der Abfall der Brauerei mit typischen Problembegriffen wie biologischer Sauerstoffbedarf, chemischer Sauerstoffbedarf, Schwebstoffe, pH-Wert (sauer oder alkalisch) etc. beschrieben wird, ist es unmöglich, sich vorzustellen, wie die optimale Verwendung aussehen könnte. Es ist vielmehr notwendig, Beschreibungen der Möglichkeiten zu erstellen und nicht detaillierte Analysen der Probleme. Die Beschreibung der Probleme fällt in den Bereich der Untersuchungen zur saubereren Produktion. Der Zero-Emission-Ansatz erfordert einen kreativen Input. Vereinfacht dargestellt, könnte eine Output-Input-Übersicht wie in Tabelle 12 dargestellt aussehen.

Wenn eine gute Verwendung gefunden worden ist, zum Beispiel der Anbau von Pilzen auf der Grundlage von getrockne-

I \ O	Rein-gung	Fisch-zucht	Algen	Bewäs-serung	Pilze	Regen-würmer	Summe
H_2O	10 / 100	72 / 100	10 / 100	8 / 100	0 / 100	0 / 100	100% / 100%
Fasern, Protein	0 / 100	6 / 100	0 / 100	0 / 100	40 / 100	54 / 100	100% / 100%
...							
Kompost-reste aus Pilzanbau						50 / 100	
Hühner							
Dung							

Tabelle 12: **Output-Input-Tabelle mit dem Ziel der Zero-Emission**

I = Input, O = Output
Quelle: ZERI Foundation, Genf

tem Biertreber, dann fällt bei dem Verfahren wiederum Abfall an. Die Sporen wandeln nur 25 bis 50 Prozent des Substrats in Pilze um, und nach mehreren Wochen des Wachstums sind Reste des Substrats als Abfall übrig. Der muß in die vertikale Achse zurückgeführt werden. Abfallkompost von den Pilzen ist dann ein neuer Output, für den das kreative Team eine Lösung finden muß.

Der Substratabfall wird dann möglicherweise als Viehfutter benutzt. Aber auch das Vieh hinterläßt Abfall. Es verwandelt zwar 7 Kilo dieser Abfallstoffe in 1 Kilo Fleisch, doch in dem Verfahren werden viele feste, flüssige und gasförmige Abfall-stoffe erzeugt. Der feste und flüssige Abfall wird in einem Rottebehälter oder Faulraum (Digester) wiederverwendet, der

Methangas (CH₄) erzeugt. Das Gas wird als Energiequelle in der Brauerei verbraucht, und die Gülle aus dem Rottebehälter ist bis zu 60 Prozent mineralisiert und kann nach einer Sauerstoffbehandlung – was die Mineralisierung auf 90 Prozent bewirkt – direkt als Fischfutter verwendet werden.

Jedesmal wenn Abfall erzeugt wird, führt man ihn wieder in die vertikale Achse ein. Diese sich fortsetzenden Feedbackschleifen machen es möglich, im System nach einem immer effizienteren Cluster von sich ergänzenden Aktivitäten zu suchen. Wenn auf diese Weise alle Erträge einer Verwendung als Input für andere Prozesse oder Industrien zugeführt worden sind, dann hat die untersuchte Industrie das Ziel der Zero Emission erreicht. Das Ergebnis ist eine erhebliche Effizienzverbesserung – unter der Bedingung, daß der zu Input gewordene Output nicht weit transportiert werden muß.

Ein kreatives Team wird sich nie mit nur einer Lösung für einen Ertrag zufriedengeben. Aus Erfahrung wissen wir, daß mehrere Arbeitsgruppen, die dieselbe Industrie untersuchen, häufig zu höchst unterschiedlichen Lösungen kommen. Es ist somit notwendig, aus den innovativen Vorschlägen die besten Möglichkeiten auszuwählen. Es werden überzeugende Argumente gebraucht, um nicht nur die Techniker, sondern auch die Leiter der Finanzabteilung der Betriebe davon zu überzeugen, daß die Pilzzucht und die Kultivierung von Regenwürmern auf einem Stück ungenutzten Landes Sinn macht.

Auf der Grundlage der Ideen, die in dem Versuch, eine Output-Input-Tabelle aufzustellen, gefunden worden sind, wird das Team die Aktivitäten nach einer Prioritätenskala auswählen müssen. In der ZERI-Methodologie werden folgende Selektionskriterien empfohlen:

1. Bestimmen und Einschätzen des Marktes für die Produkte, die eine Wertschöpfung möglich machen,
2. den Energiebedarf feststellen,
3. die Kapitalinvestition bestimmen,
4. den Bedarf an Land errechnen und
5. die Möglichkeiten zur Schaffung von Arbeitsplätzen kalkulieren.

Die Argumentation muß vor allem über die Finanzen laufen: Wieviel kann an Mehrwert geschaffen werden? Auf der Grundlage des Verkaufspreises für das erzeugte Produkt können im Verhältnis zu den Kosten für die Entsorgung der ursprünglichen Stoffe nach Prioritäten geordnete Verwendungsmöglichkeiten gefunden werden. Wird zum Beispiel 1 Tonne Biertreber für 20 Dollar als Tierfutter verkauft, lassen sich damit kaum die Transportkosten decken. Wenn man bedenkt, daß in Japan 1 Tonne Biertreber als Bodenauffüllung ungefähr 100 Dollar kostet, wird klar, daß sich der Verkauf lohnt. Es ist aber ebenso offenbar, daß die Notwendigkeit besteht, das Material wiederzuverwenden und dabei den höchstmöglichen ökonomischen Gewinn zu erzielen. Wenn nun die Bierbrauer damit kalkulieren, daß mit der Tonne Biertreber 250 Kilo Shiitake-Pilze erzeugt werden und diese an einen Großhändler für 4 Dollar pro Kilo verkauft werden können, wodurch der Erlös für 1 Tonne Treber auf 1000 Dollar hochschießt, werden sie zu dem Schluß kommen, daß es eine solche Möglichkeit gibt. Der Treber ist dann nicht länger Abfall, der für hohe Kosten entsorgt werden muß, sondern ein neues Rohmaterial.

Der Vorteil bei der Pilzzucht liegt darin, daß nicht viel zusätzliche Energie eingesetzt werden muß – dennoch ist der

Energiebedarf genau zu ermitteln, damit durch versteckte Kosten nicht etwa die Logik der Operation verändert wird. Eine interessante Idee für Bierbrauer ist zum Beispiel, CO_2 beim Gärungsprozeß zu verflüssigen, um dieses Gas zu nutzen und es an Hersteller von kohlensäurehaltigen Getränken weiterzuverkaufen. Doch häufig wird zuviel Energie benötigt, so daß sich die Investition nicht lohnt.

Wieviel Kapital muß man also zusätzlich investieren, um den erwarteten Zusatzgewinn zu erzielen? Wenn die Biertreber in der Pilzzucht verwendet werden, müssen sie durch Trocknen vorbehandelt werden. Feucht sind die Biertreber für die Pilze ungeeignet, denn es wird ein Feuchtigkeitsgehalt benötigt, der weit unter den 80 Prozent liegt, mit denen sie den Brauprozeß verlassen. Die 1000 Dollar pro Tonne sind also nur dann erreichbar, wenn man sich zur Investition in einen Trockenturm entschließt. Mehrere Brauereien haben dies bereits getan, da der Transport von Biertreber zur Entsorgung als Bodenauffüllung oder zum Wiederverkauf häufig einen Feuchtigkeitsgehalt von nur 15 bis 20 Prozent erfordert. Darüber hinaus sind Investitionen in Pilzbehälter erforderlich. Die Pilzsporen müssen gelagert und in sauberen Laboratorien für den Anbau vorbereitet werden. Glücklicherweise verfügen die meisten Brauereien über solche Anlagen, da sie die Hefe in einwandfreiem Zustand halten müssen.

Diese ersten vier Elemente – die laufenden Kosten für die Entsorgung, der wahrscheinlich zu realisierende Erlös, der durch den Verkauf des neuen Produkts erzielt wird, der Investitionsaufwand und die voraussichtliche Amortisationszeit – bieten eine gute Grundlage für eine Cash-flow-Analyse und eine Investitionsentscheidung. Dabei muß berücksichtigt werden, daß das System, wenn es einmal effizient funktioniert, keine Form von Quersubvention mehr erforderlich machen darf. Alle Prozesse sollten sich selbst finanziell tragen.

Es wird immer klarer, daß finanzielle Überlegungen bei dem ganzen Unterfangen sehr wichtig sind. Die Anwendung der Zero-Emission-Methodologie kann das Konzept des Cash-flow verändern und wieder neue Gelegenheiten zur Kostenersparnis einführen. Der Cash-flow beim Bierbrauen erfordert Geld. Es gibt keinen einzigen Kunden, keine Supermarktkette, kein Café oder Hotel, das sein Bier bei Lieferung bar zahlt. Das bedeutet, der Brauer muß bis zu zwei Monate warten, bevor er sein Geld erhält. In einem Monat braucht die Brauerei also ein Zwölftel ihres jährlichen Barumsatzes für die Finanzierung der betrieblichen Prozesse.

Aber jetzt wird ein neuer Geschäftszweig eingeführt: die Pilzzucht. Hier sieht der Bargeldzyklus ganz anders aus. Die Rohstoffe sind praktisch umsonst und erfordern kein Geld im voraus, da die Kosten durch den Brauprozeß ja schon abgedeckt wurden. Die Kapitalinvestition ist begrenzt, und es wird kontinuierlich geerntet. Da 1 Tonne Biertreber 250 Kilo Shiitake-Pilze erzeugen könnten, bedeutet dies, daß eine Brauerei jeden Tag bares Geld verdient. Pilze werden gegen Bargeld auf dem Markt verkauft. Der Cash-flow der Brauerei verändert sich, da sich aus dem Abfall ein anderer Einkommensstrom ergibt. Wenn all diese Elemente aus sämtlichen neuen Prozessen integriert worden sind, verändert sich der gesamte Cash-flow der Industrie und dürfte sich höchstwahrscheinlich positiver gestalten.

Die Suche nach der angemessenen Größenordnung

Wenn alle Investitionsanalysen durchgeführt worden sind, kommt die entscheidende Frage: Wo kann man das Ganze realisieren? Hat man genug Land zur Verfügung, gibt es welches in der Nachbarschaft oder in der Nähe der Produktionsstätte?

Es leuchtet ein, daß ein solches Vorhaben nur dann in vollem Umfang durchführbar und nutzbar ist, wenn man ausreichend Land dazu hat. Dies ist fast überall in Afrika, Lateinamerika und Asien der Fall, nicht aber in städtischen Gebieten und in Japan[33] so gut wie gar nicht. Die Entscheidung zur vollständigen oder teilweisen Umsetzung des Zero-Emission-Konzepts bei detaillierter Integration des Abfalls als Input für andere Operationen hängt deshalb von der Verfügbarkeit von Land ab. Und der Bedarf an Land wird groß sein. Je mehr Abfall entsteht, der zur Zeit vernichtet wird, desto größere Flächen werden gebraucht, um ihn in nützliche Produkte umzuwandeln.[34] Und je mehr nützliche Produkte wir unter Wertschöpfungsaspekten hervorbringen, um so mehr Arbeitsplätze werden geschaffen.

Zur Zeit kann die Output-Umwandlung deshalb häufig nicht mehr als eine gute Idee oder potentielle Chance sein. Das Forschungs- und Analyseteam muß die bestmöglichen Cluster der Verarbeitung finden und miteinander kombinieren. Es muß erforscht werden, wie diese verschiedenen Aktivitäten in ein Netzwerk bzw. eine Reihe von untereinander verbundenen Netzwerken integriert werden können.

Hierbei sind wieder die Verfahrenstechniker gefordert. Die Integration dieser verschiedenen Operationen wird zum Aufbau eines Clusters von Industrien führen, basierend auf den

Wiederverwertungsmöglichkeiten allen Abfalls. Ein kurzer Blick auf die Output-Input-Tabellen verschafft uns einen vorläufigen Eindruck von dem, was entstehen soll, doch es ist auch eine gründliche Untersuchung der technischen Möglichkeiten erforderlich, um die Funktionstüchtigkeit aller Elemente zu bestätigen. Es mag auf der Hand liegen, daß man das alkaline Wasser der Brauerei für den Anbau von Algen nutzt, aber ist dies innerhalb der Anlage der Brauerei und dem vorhandenen Land bei den gegenwärtigen Bestimmungen auch durchführbar?

Eine der Hauptaufgaben der Verfahrenstechniker, unterstützt von den Biologen, Chemikern und Physikern, besteht also darin, die optimale Größe der Betriebsanlage zu bestimmen. Bei der Pilotbrauerei mit integrierten Biosystemen in Fidschi kam man zu dem Schluß, daß die ideale Größe für eine Anlage bei ungefähr 1,2 Hektar pro 2000 Hektoliter Output liegt. Das integrierte System, das in Kapitel 8 noch genauer beschrieben wird, hat somit die ideale Operationsgröße erreicht. Ist die Produktion der Hauptfabrik höher – etwa wenn die Brauerei 20 000 Hektoliter herstellen soll –, bleibt die Einheitsgröße weiterhin 1,2 Hektar, doch dies wird dann zehnmal wiederholt. Auch hier drängt sich wieder eine Parallele zur Natur auf. Wenn eine Eiche 50 Meter hoch wird, ist sie ein stattlicher Baum, dessen Fasern fest und stark genug sind, um Wind und Abnutzung zu widerstehen. Eine Eiche erreicht nie eine Höhe von 500 Metern, weil die Natur nicht genügend Nahrung im Boden liefert. Sie stellt ganz im Gegenteil Platz für zehn Bäume zur Verfügung, wobei jeder von seinem eigenen Ökosystem unterstützt wird. Und da sich der Baum nicht dorthin bewegen kann, wo er Nahrung findet, muß er sich eine

Nahrungskette um seine Wurzeln, den Stamm, die Äste und Blätter herum sichern, die seinen Bedarf deckt und eine Pufferzone mit genügend Reserven enthält, um Lücken in der Versorgung zu überbrücken.

Das Clustering von Industrien ist daher eine Übung zur quantitativen Festlegung der Idealgröße, so daß das UpSizing parallel zum Materialfluß stattfinden kann, ohne die Wirtschaftlichkeit und die Effizienz der Umwandlung eines Abfallstoffs in Input für einen anderen Prozeß zu gefährden.

Dies bedeutet, daß die Biologen und die Techniker ernsthaft ihre Köpfe zusammenstecken müssen. Die Techniker unterliegen nur allzuoft der Versuchung, die Größenordnung in die Höhe zu treiben, während die Biologen wissen, daß der Natur vielerlei Begrenzungen innewohnen. In der Fischzucht soll zum Beispiel die Grundgröße für einen Teich festgelegt werden; wenn sich dann 3 Meter Tiefe und eine Oberfläche von 300 Quadratmetern als Idealgröße erweist, wird man diese auch beibehalten. Wäre eine ausreichende Versorgung mit Mineralien und Wasser vorhanden, um einen zehnmal oder sogar hundertmal so großen Teich anlegen zu können, dann wäre der Techniker versucht, über die gesicherte Erfahrung hinaus eine solche Anlage ins Auge zu fassen. Der Biologe weiß aber nur allzugut, daß dies nicht nachhaltig ist. Ein Baum wächst nicht zu einer Struktur von 500 Metern Höhe an, weil er dadurch einfach zu zerbrechlich wird. Der Techniker könnte einwenden, daß die menschliche Intelligenz die Unzulänglichkeit der Natur ausgleichen könne. Der Techniker wird die Pharmakologen auffordern, eine Reihe von Antibiotika zur Kontrolle der Krankheiten einzuführen, die geschwächte, in großangelegten geschlossenen Systemen kultivierte Arten befallen. Die Techniker könnten auf die Idee kommen, Sauerstoff von außen zuzuführen, den Teich zu belüften und mit zusätzlich investierter Energie die höheren Eutrophierungswerte zu senken, das heißt die Aufspaltung von organischen Stoffen am Boden des Teiches, die Sauerstoff verbraucht und somit die Produktivität senkt. Dann wären wir wieder da, wo wir begonnen haben: bei den weit unterhalb der optimalen Bedingungen operierenden Methoden der Fischfarmen unserer Tage.

Der ideale Weg zum UpSizing, der insgesamt zu einer viel größeren Menge an Produkten und Dienstleistungen führt, hängt von der Festlegung der idealen Größe ab. Wenn dies erst einmal für ein spezifisches Projekt in einem spezifischen Gebiet gemacht worden ist, muß nur noch vervielfältigt werden. Zu Anfang glauben die Techniker, daß ZERI nur auf kleine Projekte anwendbar ist. Nichts könnte falscher sein. Die ZERI-Methodologie kann Systeme von ungeheurer Größe entwerfen, doch hierbei handelt es sich dann um die Vervielfältigung von vielen kleinen Einheiten.

Die Einführung neuer Technologien

Kommen wir zur nächsten Stufe der ZERI-Methodologie. Im Prozeß des Zusammenschließens von Industrien zu einem System kann deutlich werden, daß zur Verwirklichung eine bestimmte Technologie fehlt. Die Ingenieure haben entweder nicht das aktive Wissen über vorhandene oder lange verworfene Techniken, wie zum Beispiel die der Festkörperfermentation von Bambussaft in Alkohol. Oder es liegt auf der Hand, daß eine ganz neue Verfahrensweise benötigt wird, wie etwa bei der Herstellung von Furfural. Gebraucht wird ein Portfolio von Technologien, ein Technologie-Mix. Einige Technologien werden gewaltig, andere kaum sichtbar, aber alle sollten darauf ausgerichtet sein, die besten Optionen bei Erhaltung der lokalen Biovielfalt zu erreichen. Bei der Integration von zahlreichen Produktionssystemen kann es durchaus erforderlich sein, daß Prozeß- und Produkttechnologien verändert werden müssen. So glaubte zum Beispiel, bevor der Vorschlag dazu von seiten der ZERI kam, niemand, daß es möglich sei, Pilze auf Biertreber anzubauen, weil es einfach nicht gemacht wurde. Es war notwendig, die richtigen Wachstumsbedingungen für die Pilze herauszufinden, da das Kernelement ja vorhanden war: Fasern im Überfluß. Nach sechsmonatiger Forschung kam sowohl die chinesische Universität in Hongkong als auch die Universität von Kioto zu dem Schluß: Es ist nicht nur machbar, sondern eine überaus angebrachte Strategie.[35] Immer wenn eine notwendige Technologie fehlt, ist dies kein Grund aufzugeben, sondern ein Wegweiser, weitere Forschung zu betreiben und kontinuierlich in Richtung Zero Emission zu streben.

Gesetzliche Bestimmungen

Der letzte Schritt in der Methodologie ist eine zusammenfassende Dokumentation des Ansatzes, der Ergebnisse und Vorschläge, die der Regierung unterbreitet werden kann. Die Umsetzung der Logik der ZERI-Methodologie paßt manchmal nicht in das gegebene Rechts- oder kulturelle System. Es gibt zum Beispiel nur wenige Länder auf der Welt, die landwirtschaftliche Aktivitäten in Industriegebieten zulassen. Bier wird in einem Industriegebiet gebraut, und der Materialanalysezyklus der ZERI-Methode schlägt vor, landwirtschaftliche

Initiativen direkt neben den Industriebetrieben einzurichten. Dasselbe gilt für die Neutralisierung des pH-Werts. Die meisten Länder verlangen ausdrücklich, daß das Wasser pH-neutral sein soll. Wenn jedoch die Alkalität für die Kultivierung von bestimmten Algen von anderen Industrien genutzt werden kann, sollte es nicht vorgeschrieben sein, daß man das Wasser zunächst mit Säurechemikalien behandelt, um es neutral zu machen. Das fördert nur die chemische Industrie – sonst niemanden. Falls genug Platz vorhanden ist, sollte die Algenzucht direkt auf dem Gelände gemacht werden, um unnötige Transporte zu vermeiden. Die wirtschaftlichen Überlegungen sind eindeutig, doch die Gesetze könnten der Umsetzung im Weg stehen. Wenn also die Regierungsbeamten darüber informiert werden, wie die Betriebe zu dem Schluß kamen, daß diese wirtschaftlichen Aktivitäten »unter einem Dach« stattfinden sollten – nämlich um Kosten zu senken und die Umweltverschmutzung zu verringern –, werden sie flexibler darauf reagieren. Von der Industrie war wegen des Schadstoffausstoßes ja verlangt worden, daß sie sich von den Wohngebieten isoliert. Doch jetzt, da sie im Begriff ist, sich in eine Zero-Emission-Industrie zu verwandeln, besteht kein Grund mehr, diese Trennung aufrechtzuerhalten.

Mit der Regierung im Rücken kann die ZERI-Methodologie auf viele andere Bereiche ausgedehnt werden – zum Beispiel auf die Anlage von Öko-Industrieparks, wie für die Textilindustrie in Bandung (Indonesien) vorgeschlagen[36] – und die Auswahl geeigneter Investoren.

Die Planung für den Aufbau der Infrastruktur und der Attraktion von Investitionen für einen Industriepark ist eine Langzeitinvestition von seiten der Regionalregierung, um die Wirtschaftsentwicklung, die Schaffung von Arbeitsplätzen und Steuereinnahmen zu sichern. Früher war dies ein ziemlich willkürlicher Prozeß. Ohne Aussicht auf eine grundlegende Infrastruktur in bezug auf Wasser, Transport, Zugangsstraßen, Energie und Abfallmanagement würde es ein Betrieb ja nicht einmal in Betracht ziehen zu investieren. Die Frage ist unter ZERI-Gesichtspunkten jedoch ziemlich anders. Sie lautet: Welche Industrien sollen angezogen werden, welche können die richtige Infrastruktur für den Park bieten?

Wenn die örtlichen Regierungsinstitutionen die ZERI-Methodologie zur Auswahl geeigneter Investoren anwendeten, dann wäre es eine recht eindeutige Angelegenheit, Industrien ausfindig zu machen, die als Wachstumsmotor dienen. Wie bereits nachgewiesen, ist das Verarbeiten von Gerste zu Bier nicht nur für sich genommen eine interessante Industrie – sie bietet vielmehr auch eine attraktive Grundlage für mehrere andere Branchen. Diese mögen nun auf der Prioritätenliste stehen oder auch nicht, aber sie können mit minimalen Mitteln entwickelt werden. Man kann heute sehen, wie Regierungen über ihren Schatten springen, sobald es darum geht, eine Automontagefabrik anzusiedeln, weil diese – wegen des Just-in-time-Prinzips – zahlreiche Investitionen von Zulieferern aus der Umgebung einbringt. Auf ähnliche Weise dürfte auch die Umsetzung der ZERI-Methodologie in der Praxis nicht an überlebten Vorschriften scheitern, wenn man denn ihre Umsetzung wirklich will.

Verarbeitet ein Betrieb hauptsächlich Rohstoffe, fallen dabei aber ungeheure Mengen an Abfall und Nebenprodukten an, gibt die ZERI-Methodologie den örtlichen Behörden die Möglichkeit zu untersuchen, wie diese in anderen Industrien wiederverwertet werden können. Die Palmölmühle liefert ein konkretes Beispiel. Wie die Analyse in Kapitel 4 bestätigt hat, ist die Verarbeitung von Palmöl nicht nur ein attraktives Geschäft für ein neu angelegtes Gebiet wie Kalimantan in Indonesien, sondern man kann sich wunderbar ein Cluster von mindestens zehn verschiedenen Industriezweigen vorstellen, die sich in der Umgebung der Plantage, des Zentrums, ansiedeln.

Investorenlogik – die ZERI Due Diligence

Doch während Regierungen auf der Suche nach Investoren diese Untersuchung anstellen, so können Investitionsgesellschaften genausogut dieselbe Logik anwenden, um gute Möglichkeiten für einen Mitteleinsatz ausfindig zu machen. Warum ist jemand bereit, Aktien zu kaufen? Weil es einen versteckten Wert gibt, den niemand bisher entdeckt hat. Vor dem Erwerb stellen die Investoren eine Rentabilitätsuntersuchung an. Geprüft werden dabei die finanziellen Ergebnisse, die technische Ausstattung, die Steuersituation sowie mögliche Umweltauflagen, und dies ist ein heikler Teil des Entscheidungsprozesses beim Erwerb oder der Erweiterung von Betrieben. Ohne dies wechselt keine Betriebsführung, wird kein Kapitalgewinn gemacht, werden keine neuen Aktivitäten gestartet. Doch auch wenn Rentabilitätsuntersuchungen theoretisch und praktisch wichtig sind, so beschreiben sie nur die heutige Situation und zielen darauf ab, die Fakten zu beschreiben. Sie eröffnen keine Perspektive für zukünftige Chancen.

Da beim Zero-Emission-Konzept, das der Autor als Kernelement in die Entwicklung von Wettbewerbsstrategien von Betrieben eingeführt hat, kein Abfall im üblichen Sinne übrigbleibt, wird das Problem des Abfalls hinfällig, und das Konzept ist für viele Industriezweige erfolgreich anwendbar. Ein neues Element bei der Überprüfung von Investitionsmöglichkeiten ist daher nötig: die ZERI-Rentabilitätsuntersuchung (ZERI Due Diligence).

Wenn sich ein Investor einen Betrieb anschaut, dann möchte er Kapitalzuwachs, entweder durch die Kombination von vorhandenen Investitionen oder durch den Verkauf von Teilen des Betriebs. Es werden zwar viele Methoden zur Wertschätzung einer Firma angewandt, doch niemand untersucht die Rentabilität der Rohstoffzyklen, um neue Möglichkeiten zu eröffnen. Jeder verarbeitende Betrieb, der nur einen Bruchteil seiner Stoffe ausnutzt, findet deshalb mit Sicherheit bisher unentdeckte Chancen zur Schaffung von Mehrwert. Das Zero-Emission-Team hat seine auf dem Rohstoffzyklus basierenden Rentabilitätsuntersuchungen schon bei vielen Industrien auf der ganzen Welt erfolgreich anwenden können. Einige Beispiele:

– Der Vorstand eines japanischen, an der Tokioter Börse notierten Zementkonzerns wollte die Leistungsmerkmale seiner Zementplatten, eines Baumaterials für hohe Konstruktionen, verbessern. Wissenschaftliche Untersuchungen bestätigten, daß eine Mischung aus Zement und langen Pflanzenfasern den Lebenszyklus des Produkts verbessern würde.[37] Vor der Investition wurde eine ZERI-Rentabilitätsuntersuchung durchgeführt. Diese bestätigte, daß Bambus ein ausgezeichneter und billiger Rohstoff wäre. Außerdem wurden noch einige Nebenprodukte mit dem Potential hoher Wertschöpfung entdeckt: Der Saft könnte zu Alkohol vergoren werden und somit einen Teil des Energiebedarfs der Zementfabrik decken. Ursprünglich hatte die Firma einen Antrag auf »Verklappen des Saftes« gestellt. Die Proteinreste aus dem Waschvorgang könnten verwertet und in der Fischzucht genutzt werden. Es wurde nun ein Forschungsprogramm eingerichtet, das Komponenten für hohe Wertschöpfung aus dem Bambus über längere Zeit herausarbeiten sollte. Die Rentabilitätsuntersuchung zeigte auch, daß die Zementfabrik – im großen und ganzen – ihre Kohlendioxidemissionen senkt, hauptsächlich dadurch, daß sie den in den Bambusfasern enthaltenen Kohlenstoff auffängt.

- Die Leiter einer malaysischen, an der Londoner Börse notierten Palmölplantage wollten ihre Aktivitäten auf Indonesien ausdehnen. Vor der Investition entschied man sich, die ZERI-Rentabilitätsuntersuchung durchzuführen. Dabei stellte sich heraus, daß die Palmenplantagen ausgesprochene Produktionsanlagen für Vitamin E sind, das aber nicht extrahiert wird. Außerdem entdeckte man die Möglichkeit, Furfural aus dem Abfall zu gewinnen. Furfural erzielt auf dem Markt einen höheren Preis als Palmöl.

- Ein Frischgemüsehändler und Safthersteller in Schweden wurde für ein Übernahmeangebot in Erwägung gezogen. Die Investoren untersuchten gründlich sämtliche verfügbaren Daten und entschieden sich, eine ZERI-Rentabilitätsuntersuchung durchzuführen. Zu ihrer Überraschung kam die Untersuchung zu dem Ergebnis, daß ihnen der Abfall der Fabrik unentgeltlich Stoffe liefern würde, die von der pharmazeutischen, kosmetischen und Lebensmittelzusatzindustrie gebraucht werden. Bei der Betrachtung der notwendigen technischen Verfahren stellte sich heraus, daß der Safthersteller seinen Umsatz innerhalb eines Jahres verdoppeln könnte, ohne daß er mehr Saft produzieren müßte. Gleichzeitig war der Betrieb mit den »neuen« Produkten auf dem Markt wettbewerbsfähig, da die Grundmaterialien, die andere kaufen müssen, umsonst zur Verfügung standen.

Die ZERI-Rentabilitätsuntersuchung ist ein pragmatisches Werkzeug. Sie sichtet Möglichkeiten des Kapitalwachstums und steigert die Umweltverträglichkeit in erheblichem Maße, ohne daß zusätzliche Kosten entstehen. Sie bietet eine »Gewinn-Gewinn-Gewinn-Möglichkeit«, die bisher noch nicht erkannt worden ist.

Die ZERI Due Diligence ist ein Werkzeug für die Schaffung von neuen Geschäftsunternehmungen. Die Analyse liefert die für das UpSizing von Betrieben notwendigen Daten. Jetzt ist der Geist der »Unternehmensplünderung« zur Feststellung verdeckten Vermögens viel positiver. Anstatt auf der Suche nach mehr Profit Betriebe auszuschlachten und auseinanderzunehmen, werden »Corporate Raiders« einzigartige Gelegenheiten finden, um ihre Produktivität durch die Wiederverwertung von Materialien zu erhöhen; damit schaffen sie zusätzliche Einkünfte, vorausgesetzt, daß diese Operationen innerhalb eines Clusters von Industrien stattfinden. Unterstützt von Investitionsbanken, werden sie die Betriebe dann »upsizen«, zusätzliche Investitionen zur Verbesserung der Wertschöpfung tätigen, ein beträchtliches Kapitalwachstum anstreben und den finanziellen Gewinn aus der drastisch gestiegenen Ressourcenproduktivität und der vermiedenen Umweltverschmutzung ernten – und dabei mehr Arbeitsplätze schaffen. So machen sie sich sogar bei den Gewerkschaften beliebt ...

Schlußfolgerung

Die Anwendungsmöglichkeiten der ZERI-Methodologie sind erst zu einem kleinen Teil erforscht worden, mit der Zeit werden viele weitere hinzukommen. Ökologische Initiativen sehen darin ein Werkzeug, um die Umweltverschmutzung drastisch zu reduzieren. Firmenleitungen benutzen sie, um ihre Wettbewerbsfähigkeit zu verbessern. Investoren betrachten sie als Instrument, um ihr Kapital durch versteckte Vermögenswerte beträchtlich zu erhöhen. Regierungen nutzen die Methodologie, um in ihren Regionen Wachstumsmotoren ausfindig zu machen, für die ein spezielles Anreizpaket entworfen werden kann. Und Wissenschaftler wenden sich der ZERI-Methodologie zu, weil sie ein einzigartiges System zur Integration von unterschiedlichen Disziplinen darstellt, die alle ein Interesse daran haben, eine nachhaltig produzierende Zukunftsgesellschaft aufzubauen, aber bisher nur wenige Ansatzpunkte gefunden haben, um ein gemeinsames Programm durchzuführen.

Die Output-Input-Tabellen bieten die einzigartige Chance, eine bestehende Industrieanlage in eine kreative Grundlage für die Zukunft umzuwandeln. Die Frage ist jetzt nur: Wie »managen« wir das?

Kapitel 7

Durch »Immunity Management« das Prinzip der lernenden Organisation radikal verwirklichen

Die Auswirkungen der Technik auf die Gesellschaft sind in großem Stil debattiert worden. Jedesmal wenn neue Produktionssysteme eingeführt werden, wirken sie sich auf das Leben, die Gesellschaft und die Industrie aus – manchmal zum Vorteil, manchmal zum Nachteil. Die Technologie hat zum Teil gewaltigen Widerstand erzeugt, zum Teil wurde sie mit offenen Armen empfangen. Sie hat Gewinner erschaffen und Verlierer zurückgelassen. Bahnbrechende Techniken erregen immer Aufsehen und fordern zu Diskussionen heraus. Die Einführung des Ziels der Zero Emission auf der Grundlage der generativen Wissenschaft und des Konzepts des UpSizings wird da keine Ausnahme sein.

Das neue und innovative Forschungsprogramm der Zero Emissions Research Initiative verbindet Forscher über das Internet, nutzt deren Fachwissen und entwirft fachübergreifende Lösungen, um Abfälle in umweltfreundliche, Wertschöpfung ermöglichende Inputs umzuwandeln. Der Erfolg dieser Initiative wäre ohne die Anwendung von neuester Computer- und Telekommunikationstechnik niemals möglich gewesen. Genauso wie es bei der alten Telefonvermittlungstechnik für Millionen von Menschen unmöglich wäre, Anrufe ans andere Ende der Welt zu tätigen, so erzielte man wohl kaum die bahnbrechenden Forschungsergebnisse, wenn nicht durch das Internet neue virtuelle Laboratorien geschaffen würden, in denen Tausende von Wissenschaftlern zusammenarbeiten. Es wäre heutzutage verboten teuer, wieder solche »Superlabs« wie das CERN (Centre de Recherche Nucléaire) in der Schweiz oder die Oak Ridge National Laboratories in den USA einzurichten. Die meisten Regierungen verfügen einfach nicht über die Mittel oder auch die politische Courage und Führungskraft, sich auf gewagte neue Ideen einzulassen.

Die Zusammenarbeit Tausender Wissenschaftler in Netzwerken und das Engagement zahlreicher Topzentren in dezentraler und autonomer Weise galt früher hinsichtlich der Kommunikation und der Koordination als unüberwindliche Herausforderung. Heute ist die parallele Organisation von über hundert elektronischen Konferenzen über höchst spezialisierte Themen – die dennoch alle Teil eines integrativen Ansatzes für einen innovativen Industrieaufbau sind und auf Text, Grafik und sogar Video basieren – fast genauso bequem wie das Einschalten eines Fernsehgerätes und die Suche nach dem Kanal mit den Abendnachrichten. Wer muß schon erst die Anleitung lesen, um den Fernseher ein- und auszuschalten? Wer braucht noch Hilfe, um eine Videokonferenz über das Internet abzuhalten? Bald werden wir alle in der Lage sein, genau das zu tun.

Inspiration für die Zukunft

Die Zukunft ist voller offener Fragen. Wohin wird uns die Revolution in der Mikroelektronik führen? Wie wird sich dies auf die Gesellschaft auswirken? Wie werden die Computernetzwerke des nächsten Jahrtausends aussehen? Wie werden sich diese neuen Computer, Informations- und Kommunikationssysteme auf das Management auswirken? Was für eine neue Form von Management wird entstehen? Wird dies weitere neue Industrien schaffen? Welche Regierungsform wird herrschen? Was bedeutet das für das Konzept der Zero Emission und des UpSizings?

Es soll nicht so getan werden, als ob wir in diesem Kapitel eine umfassende Antwort auf jede dieser Fragen geben. Vielmehr geht es zunächst einmal um den Versuch einer grundlegenden Inspiration: Welches Management- und Organisationsmodell wäre am besten und damit am ehesten dazu prädestiniert, daß wir es nachahmen? Weshalb ist dies so wichtig? Wir wissen ja, daß die installierten Computernetzwerke zwangsläufig die groß angepriesenen Managementtechniken, die führende Wirtschaftsschulen wie Harvard und INSEAD lehren, grundlegend verändern werden. Es ist klar, daß sich die bürokratischen Regierungssysteme von heute, die zu einer Zeit geschaffen wurden, als der Computer noch nicht einmal existierte, an diese neue Umgebung, in der Zero Emission aufkommt, anpassen müssen. Untersuchen wir also zunächst die Zukunft der Informationsnetzwerke, und finden wir eine inspirierende Grundlage, um zu verstehen, wie das ideale Netzwerk aussehen könnte. Drei Begriffe werden dabei dominieren: Bevollmächtigung, Autonomie und Dezentralisation.

Doch anstatt sich auf eine heikle und strategische Debatte über die Zukunft verschiedener Computersysteme einzulassen, lohnt es sich für uns viel mehr, hinsichtlich der Netzwerkorganisation Inspiration anderswo zu suchen, und zwar in der Medizin. Wenn wir das Zentralnervensystem und das Gehirn mit dem Immunsystem und den Genen vergleichen, dürften wir eine höchst innovative und humane Vorstellung davon erhalten, welche Computersysteme letztlich vorherrschen werden. Aber vielleicht noch wichtiger ist es, daß ein solcher Vergleich konkrete Ideen liefern wird, welche Art von Management sich im 21. Jahrhundert durchsetzen kann – und welche Art notwendig ist, um Zero Emission und UpSizing Wirklichkeit werden zu lassen. Dies wird genauso revolutionär sein wie die Erfindung des elektrischen Stroms und des Telefons. Das Ergebnis ist ein vollkommener Paradigmenwechsel in der Managementtheorie.

Zentrales Management – Großrechner und Gehirne

Das Topmanagement steht im Zentrum aller geschäftlichen Transaktionen. Jede Aktiengesellschaft, die ihre Organisationsstruktur erklärt, präsentiert ein Organigramm mit dem Vorstandsvorsitzenden an der Spitze. Der Vorstandsvorsitzende oder der Hauptgeschäftsführer einer Firma ist sozusagen das Gehirn des Unternehmens. Ungeheure Erwartungen lasten auf seinen Schultern. Das Managementdenken wird von linearen, vertikalen und hierarchischen Strukturen beherrscht. Daraus haben sich umfangreiche Operationen der Zentrale, zahlreiche Personalfunktionen und koordinierende Komitees abgeleitet, die jeweils die vielfältigen Muster des Informationsflusses und Entscheidungsfindungsprozesses wiederaufnehmen.

Das Informationssystem im Management ist überwiegend so eingerichtet, daß nach oben berichtet wird und nach unten Anweisungen gegeben werden, so daß auf den oberen Ebenen Entscheidungen auf der Basis des Inputs von unten getroffen werden können.

Der zentralisierte Ansatz ließ die Bürokratie gigantisch werden, erschwerte das Geschäft und bedrohte sogar das Überleben von Unternehmen, die zum Teil den Anschein erweckten, als würden sie inkompetent geführt. Durch Reengineering wurden in Unternehmen viele Schichten von unnötigen Operatoren beseitigt, die nur die Kosten in die Höhe treiben und die Ausführung verlangsamen. Das ideale Unternehmen duldet nur sehr wenige Managementebenen. Die Zentrale dieses umgestalteten, flachen Unternehmens ist viel kleiner und ganz bestimmt weniger luxuriös. Doch der Erfolg der zentralen Operationen hängt immer noch von einem Informationskraftwerk ab, ohne welches das Management von heute auf morgen versagen würde.

Das Computersystem, das zur Unterstützung eines solchen Managementstils entworfen ist, hängt von einem sehr leistungsstarken Großrechner ab, der Millionen von Operationen pro Sekunde durchführen kann. Die einzelnen Manager werden zwar Zugang zu allen Multimediafunktionen haben, um optimal arbeiten und kommunizieren zu können. Das Zentralsystem aber wird entscheiden, welche Informationen wann und in welchem Format gestellt werden sollen.

Der Aufbau und das Management eines Großrechners ähneln ebenfalls in vielerlei Hinsicht denjenigen des Zentralnervensystems. Das »Gehirn« bzw. die »Gehirnzellen« in der Zentrale werden von Informationssträngen, den »Nerven« unterstützt, die den Zentralprozessor mit Daten füttern. Informationen werden nach oben gegeben, Entscheidungen nach unten. Es ist ein schneller, einzigartiger und hochspezialisierter Vorgang. Das Projekt der fünften Computergeneration, das von der japanischen Regierung zwischen 1980 und 1989 favorisiert wurde, zielte ganz klar darauf ab, das Gehirn nachzuahmen und den Computer so funktionieren zu lassen, als sei er ein Mensch. Es war ein Traum, der nie wahr werden konnte. Er erforderte Milliarden an Dollar für die Forschung, brachte aber nur wenig konkrete Ergebnisse. Die japanische Computerindustrie möchte heute lieber nicht mehr soviel darüber reden. Das Projekt der fünften Computergeneration erreichte nicht nur sein Ziel nicht – viel schlimmer war, daß es nicht zu der Erkenntnis führte, daß ein Computer nicht das Leben nachahmen kann.

Man übersah ebenfalls die Tatsache, daß nicht das Gehirn das effektivste System des menschlichen Körpers ist, sondern das Immunsystem. Wenn Computer davon inspiriert werden sollen, was der Körper am besten kann, dann vom Immunsystem. Muß das Management schnell und effektiv auf Marktveränderungen reagieren – und möchte es dabei historische Tatsachen, die Herausforderungen der Gegenwart, richtungweisende Zukunftsentwicklungen und langfristige Perspektiven berücksichtigen –, dann ist das Immunsystem das beste Modell.

Die Großartigkeit des Gehirns steht außer Frage, und wir kennen längst noch nicht all seine Funktionen und Fähigkeiten.

Aber wie wir wissen, unterliegt es auch zahlreichen Begrenzungen, besonders im Vergleich zum Immunsystem. Einerseits verfügt es nur über eine geringe Gedächtnisfähigkeit, sein Wiederaufarbeitungssystem von Daten ist begrenzt. Das Gehirn eines Menschen kann sich nur an Teile seines Lebens erinnern; es enthält nicht die Daten, die in vorangegangenen Generationen gesammelt wurden. Wer weiß schon genau, was er in den ersten zehn Jahren seines Erdenlebens getan hat? Und mit fortschreitendem Alter versagt das Gedächtnis mehr und mehr. Andererseits – und das ist etwas, das wir nicht wirklich verstehen – beherbergt das Gehirn den Geist, der über die Fähigkeit verfügt, zu träumen und sich die Zukunft vorzustellen.

Das Immunsystem

Das verteilte Gedächtnis, das im Netzwerk der menschlichen Zellen mit seiner Fülle an genetischen Codes zu finden ist, liefert uns ein höherentwickeltes Konzept. Das Immunsystem kann sich auf jahrtausendealte Erfahrungen beziehen.[38] Der genetische Code der Zellen ist das eindrucksvollste Gedächtnisnetzwerk überhaupt. Es gibt nichts Vergleichbares. Es ist autonom und höchst dezentral. Jede Zelle besitzt ein Abbild dieses großen geschichtlichen Gedächtnisses. Sie erkennt einen spezifischen Virus, selbst wenn sie seit zehn Generationen nicht auf eine solche Art gestoßen ist. Sie verarbeitet Informationen und vergleicht etwa fünf Milliarden Mikroben, denen wir ausgesetzt sind, und scannt die Millionen, die jede Minute beim Einatmen in unseren Körper dringen. Jede Minute. Sie betrachtet nur spezifische Bakterien als Eindringlinge, ungebetene Gäste, die man loswerden will – und behandelt andere als Verbündete. Sobald ein Eindringling diagnostiziert worden ist, löst es die Produktion und Freisetzung von Antikörpern aus. Das Immunsystem ist intelligent. Es ist in der Lage, selbst Entscheidungen zu treffen: Je mehr Zellen feststellen, daß eine potentielle Gefahr besteht, desto mehr Antikörper werden produziert.

Das Immunsystem ist proaktiv. Es speichert in den Zellen nicht nur eine ungeheure Menge an Informationen (es hat viel zur Entwicklung unseres heutigen Aussehens und der Art und Weise beigetragen, wie wir unsere Körperteile als »Werkzeuge« einsetzen), sondern es liefert der nächsten Generation sogar »Input« in bezug auf die Anpassung an veränderte Bedingungen. Da wir beispielsweise nicht so gut riechen müssen wie ein Hund, ist unser olfaktorisches Sensorensystem relativ unterentwickelt. Weil wir andererseits handwerklich geschickt sind, haben wir feingliedrige Finger. Das Gehirn und der Geist können sich Dinge vorstellen, aber es sind die Zellen, die Veränderungen im Körper hervorzubringen vermögen! Um Marshall McLuhan zu paraphrasieren: Die Werkzeuge, die das Gehirn erfindet, sind immer Ausdehnungen unserer Muskeln.

Während das menschliche Gehirn schon in frühem Alter aufhört, neue Zellen zu bilden – man schätzt, zwischen 21 und 25 Jahren –, ist das Immunsystem in der Lage, innerhalb von Sekunden Tausende von Zellen hervorzubringen, und es erneuert sich fortwährend. Es versucht nicht, jede einzelne Zelle zu erhalten; sein Überleben und seine Stärke beruhen auf einem System der permanenten Selbstauslöschung und Ersetzung.

Es ist selbstorganisierend und stellt damit das beste Beispiel für höchst dezentrales Management dar. Das Immunsystem ist die Anerkennung des Axioms, nach dem, je komplexer die Herausforderungen sind, desto lokalisierter die Entscheidungsfindung sein sollte.[39] Beim Immunsystem wird dies bis zum Äußersten getrieben – es werden keine Entscheidungen zentral getroffen, und alle Macht liegt bei den Zellen. Nirgendwo findet man einen effektiveren autonomen und dezentralen Aufbau.

Wenn wir uns zum Beispiel in den Mittelfinger der rechten Hand schneiden, dann »weiß« das Immunsystem dort ganz genau, wie es die Blutung stoppt, die Wunde heilt und die Haut nachwachsen läßt, und zwar ohne das Gehirn jemals um Hilfe zu bitten. Die linke Hand muß noch nicht einmal »wissen«, was der rechten zugestoßen ist.

Doch obwohl das System autonom ist, funktionieren seine Zellen nicht unabhängig voneinander. Seine Effektivität beruht auf den Netzwerken, die die Zellen mit den »Servern« verbinden. Um den Körper gesund zu erhalten, koordiniert das Immunsystem seine Aktivitäten eng mit dem Hormonsystem, den Drüsen, die wichtige Verbindungen wie Adrenalin und Hormone absondern, und hält eine dynamische oder sogar chaotische Harmonie mit unseren Organen aufrecht. Organe wie die Leber, die Nieren und die Bauchspeicheldrüse bestehen aus Milliarden von Zellen, die selbst wiederum als dynamische Netzwerke strukturiert sind. Die Drüsen und die Körperorgane könnten den Netzwerkservern des Computers der Zukunft als Vorbild dienen. Die Drüsen und Organe sind die Managementzentren im flachen, dezentralisierten Unternehmen, in dem jeder seinen eigenen Verantwortungsbereich hat.

Detaillierte experimentelle Untersuchungen von Zellen haben erwiesen, daß Ordnung und Aktivität im Stoffwechsel einer lebenden Zelle in einer Weise miteinander verbunden sind, die von der mechanistischen Wissenschaft nicht beschrieben werden kann.[40] Er umfaßt Hunderte von chemischen Reaktionen, die alle gleichzeitig stattfinden, um die Nährstoffe der Zelle umzuwandeln, ihre Grundstrukturen zu synthetisieren und die Abfallstoffe auszuscheiden. Das Immunsystem erhält eine kontinuierliche, komplexe und höchst organisierte Aktivität aufrecht, die auf »Netzwerken von Netzwerken« basiert.

Wenn die Zellen als Netzwerke von Netzwerken strukturiert sind, dann müssen diese Elemente des Immunsystems in kohärenter Weise operieren. Jede Zelle kennt schließlich ihren Verantwortungsbereich und scheint zu wissen, weshalb sie sich aus den ursprünglichen Zellen des Embryos zu Muskelzellen, Knochenmark oder Zehennägeln entwickelt hat. Jede Zelle verhält sich energetisch kohärent zu den anderen Zellen, gibt wichtige Informationen weiter, erhält Kopien von allen Informationen und gewährleistet, daß das komplexe Netzwerksystem – der menschliche Körper – sicher funktionieren kann.

Nützlich für das Immunsystem sind die vielen Feedbackschleifen, die ständig Informationen weitergeben und empfangen. Es gibt keine Instanz, die entscheiden muß, wer welche Informationen erhält und in welchem Format. Das System weiß, daß sein Netzwerk nur dann überleben kann, wenn es alles teilt, was geteilt werden muß, und im Bedarfsfall zu Hilfe eilt. Noch viel interessanter ist es, daß die Zellen des Immunsystems Botschaften im »Multicast-Format« aussenden (von mehreren zu allen Teilen des Netzwerks, wobei alle auf alle reagieren), während das Gehirn seine Signale in Unicast ausschickt (von einem zu denjenigen, die eine Antenne besitzen).

Wir können dies vergleichen mit dem Multicasting über das Internet (bei dem mehrere Benutzer Grafik und Videos an alle senden und von allen Antworten empfangen können) und mit Fernsehübertragungen (wobei nur einer Botschaften an alle schicken kann und nur ein paar wenige über spezielle separate Leitungen wie das Telefon ein Feedback geben). Das Hauptmerkmal von autonomen, dezentralen Systemen besteht in ihrer Fähigkeit zu »Multicasting«, entweder in bezug auf lokal begrenzte Gruppen wie die Zellen des rechten Fingers mit der Schnittwunde und/oder auf jeden anderen im Netzwerk im Falle eines ernsten Virusangriffs.

Das Immunsystem läßt ständig Milliarden von Botschaften und Kopien von Botschaften zwischen Milliarden von Sendern und Empfängern hin und her zirkulieren. Unser heutiges binäres Computersystem würde niemals eine solche Datenlawine im Internet bewältigen. Das Immunsystem besitzt den Vorteil, daß seine Botschaften nicht auf Text basieren, sondern auf Mustern. Diese auf Bildern bzw. Objekten basierenden Botschaften lassen den Inhalt auf einen Blick erkennen; der Empfänger in der Zelle registriert das Gesamtbild. Er kann sich entschließen, nicht oder entsprechend zu handeln. Bei auf Mustern basierender Kommunikation muß man einfach nur sehen, erkennen. Sie vergleicht die Informationen und sendet Daten, die das Objekt und seine Wechselbeziehungen zu anderen Objekten bezeichnen. Auf diese Art und Weise kommunizieren die Japaner und die Chinesen; jedes Ideogramm erzählt eine Geschichte. Ein Mustererkennungssystem kann in Windeseile die Produktion von Millionen Antikörpern auslösen, kann die Produktion von weißen Blutkörperchen, Zuckern oder Säuren steigern – und kann alles in Ruhe lassen und durch niedrigeren Blutdruck die Genesung beschleunigen.

Wenn das Kommunikationssystem auf Mustern basiert, besteht nicht die Notwendigkeit, die Informationen in binäre Codes umzuwandeln. Das wäre zu langsam, lästig und unpraktisch. Wenn die Zellen ein auf Text basierendes Kommunikationssystem besäßen, hätte unser Körper keine Chance zu überleben.

Diese Überlegungen weisen auf die Art von Computersprache hin, die in Zukunft entwickelt werden muß. Innerhalb der nächsten zwanzig oder fünfzig Jahre wird sich meines Erachtens ein neuer Standard durchsetzen – ein komplexerer, auf Mustern basierender, aber so viel schneller, daß er die heutigen Computersysteme, die auf binären Codes basieren, wie Dinosaurier aussehen lassen wird.

Strategischer Aufbau von Informationstechnologie

Die Strategen, die die Computer und Telekommunikationsnetzwerke der Zukunft entwerfen, müssen sich vom Immunsystem inspirieren lassen. Der autonome, dezentrale, clevere und visionäre Einzelcomputer wird wie eine Zelle arbeiten. Er ist winzig, verfügt aber über einen großen Speicher, der über die Jahre und Jahrzehnte Daten abspeichert, er arbeitet eigenverantwortlich und ist ausgestattet mit all den notwendigen Werkzeugen zum Finden, Empfangen und Verbreiten von Informationen, er kommuniziert, erkennt, denkt nach und reproduziert seine immateriellen Kernteile, ist mit Milliarden anderer Zellen vernetzt und erhält Unterstützung von den Netzwerkservern für die Zusatzfunktionen, die jeder Zelle zur Verfügung stehen – und all das in Bruchteilen von Sekunden.

Vielfältige identische Modelle werden als Back-up zur Verfügung stehen, wenn ein Computer oder Server ausfällt oder von einem Virus befallen ist und sich selbst zerstört, um die Integrität des Gesamtsystems zu bewahren. Auf Mustern basierende Kommunikation wird schließlich die Durchbrüche in der Geschwindigkeit und Leistung ermöglichen, nach denen die Computerspezialisten gesucht haben. Wir gehen vielleicht zurück in die Zeit der ägyptischen Hieroglyphen oder müssen die chinesischen Schriftzeichen neu erfinden, so daß wir mit ein paar Federstrichen ein klares Bild zeichnen können; oder wir könnten die Bilder genausogut digital speichern und die Muster studieren, die aus einer Zeitserie von Bildern auf unserem dreidimensionalen Bildschirm entstehen.

Für unsere Computerkonstrukteure ist jetzt die Zeit gekommen, um Algorithmen mit Mustern und auf Kontext basierenden Informationen zu verbinden, um damit auf Text basierende Protokolle und Computercodes abzulösen, die bewegliche Bilder in Binärcodes umsetzen. Dies dauert selbst für einen Supercomputer heute noch lange. Die Fähigkeit des Menschen zur Ansammlung von Wissen und zum Fällen von Urteilen durch ein auf 26 Buchstaben und rund fünfzig Schriftzeichen basierendes Textsystem nutzt die Gehirnkapazität nur in geringem Maße. Muster und Bilder können bei genügend visuellem Input in Millionen von Farbkombinationen schnell erfaßt werden. Das Gehirn kann, wie die Japaner und Chinesen bewiesen haben, 20 000 verschiedene Kanji, das heißt Schriftzeichen, lernen. Es verleiht ihnen einen einzigartigen Blick fürs Detail. Es bietet ihnen die Möglichkeit, etwas zu lesen und zu verstehen, das die Menschen im Westen nicht erfassen können.

Die Zeit ist jetzt reif dafür, daß die primitiven Datenbanken von heute von interaktiven Datenbanken, die auf Mustern und Kontext basieren, abgelöst werden. Die ersten Algorithmen sind schon auf dem Zeichenbrett zu finden. Wenn diese interaktiven, muster- und bildgesteuerten Datenbanken erst einmal Realität geworden sind, können wir in die Ära des Supercomputing eintreten – das dann allen Menschen zur Verfügung steht und nicht nur den Computerfachleuten mit Supercomputern. Tatsache ist, daß der gut vermarktete Pentium-Chip diese Aufgabe nicht erfüllen kann. Die Folgeversionen des leistungsstarken Chips, die sich bei den Intel, Motorola- und AMD-Konstrukteuren im Entwurfsstadium befinden, sind dieser Herausforderung auch nicht gewachsen. Dies soll keine Kritik sein – die Chips sind einfach nicht für diese Aufgabe ausgelegt. Dies erfordert einen grundlegenden Durchbruch im Chipaufbau, in der Computersprache, den Datenkomprimierungssystemen, den Übertragungsmedien und den Netzwerkinfrastrukturen. Außerdem werden dafür Übertragungsnetzwerke notwendig sein, die so flexibel und »flüssig« wie die Peptidsysteme sind, durch die die Zellen per Multicasting so effektiv und reibungslos miteinander kommunizieren. Die visionäre Sichtweise von Pionieren wie Dan Mapes von Cyberlab in Kalifornien könnte durchaus zu den Computer- und Kommunikationsstrukturen führen, die wir von der Handfläche aus bedienen können. Visionäre wie Kazuhiko Nishi könnten diese für die Massenproduktion perfektionieren.[41] Einmal ist es ihm schon mit dem ersten Entwurf für einen Laptop gelungen – und dasselbe könnte er hier auch noch einmal tun.

Wenn das Management diese Vision auf sich selbst anwendet, so bedeutet das, daß die Blütezeit der Unternehmenszentrale vorüber ist. Wir werden statt dessen in großem Stil zu Telependlern werden, während wir gleichzeitig den persönlichen Kontakt mit Kunden per Interface verstärken. Es ist schon früher die Rede davon gewesen,[42] und jetzt sehen wir, daß es tatsächlich geschieht. In einer Zeit, in der wir die Kunden vollkommen zufriedenstellen müssen, so daß sie nicht abwandern, müssen wir das Unternehmen, seine Produkte und Dienste noch näher an den Marktplatz heranbringen. Dies kann von den Unternehmenszentralen aus nicht bewerkstelligt werden. Die Zentralisation von Managementfunktionen hat zu einer Entfremdung der Kunden geführt. McDonald's weiß genau: Man muß die ganze Zeit über für den Kunden sichtbar sein. Es gibt keine andere Möglichkeit, als den Arbeitsplatz, den Arbeitsablauf und den Kundenkontakt umzustrukturieren.

Unternehmenszentralen könnten in gesellschaftliche Begegnungsstätten umgewandelt werden, wo Menschen sich treffen, miteinander essen und trinken, um dem High-Tech den dringend notwendigen High-Touch hinzuzufügen. Die Angestellten könnten selbstverantwortlich handeln, alles selbst organisieren und somit den Kundenkontakt ausbauen und vertiefen, und das alles über einfache Netzwerkcomputer von zu Hause oder vom Auto aus. Das bedeutet, daß die Gemeinkosten fast vollständig gespart werden und regionale

Zentren die weltweite Deckung sicherstellen. Dies muß einem Management, das an seiner Macht durch Kontrolle festhalten möchte, unheimlich vorkommen. Doch es muß Musik in den Ohren derjenigen Unternehmer sein, die schon neuen Wohlstand geschaffen haben dank der Geschäftsmöglichkeiten, welche die im höchsten Maße dezentralisierten Netzwerke des Internets bieten.

Sokrates online[43]

Wenn dies das zu erwartende Szenario für die Strategie der Informationsindustrie ist und wenn konkurrierende Märkte es als nächste Herausforderung anbieten, worin besteht dann die Rolle des Topmanagements? Sie wird sich grundlegend von der heutigen unterscheiden. Das Management weist an und kontrolliert, muß die Richtung vorgeben und die Durchführung der Aufgaben erleichtern. Im neuen »Immunity Management« wird es nötig sein, Kreativität durch das Stellen von Fragen anzuregen und nicht durch das Geben von Antworten. Da die Stärke des Systems auf Herausforderungen basiert, müssen die ersten Herausforderungen von innen kommen. Sokrates – der das Denken vor mehr als zwei Jahrtausenden dadurch revolutionierte, daß er seinen Schülern geschickt Fragen stellte, um die in ihnen schlummernden, ihnen aber nicht bewußten richtigen Antworten bzw. Einsichten heraufzuholen[44] – muß »online gehen«. »Sokrates online« wird die Richtschnur für das Cyberspace-Management sein; es wird die Menschen anspornen, erst nachzudenken, bevor sie etwas tun, die Alternativen zu prüfen, sich begeistern zu lassen, bereit zu sein, eine bessere Lebensqualität zu schaffen, auf die Bedürfnisse der anderen und die eigenen einzugehen. Es gibt nichts Anregenderes, als ständig gefragt zu werden.

Jeder, der regelmäßig vor großem Publikum spricht, weiß, daß die Kreativität dann am größten ist, wenn die am wenigsten erwarteten Fragen gestellt werden. Und es ist so, wie jener weise Lehrer einst sagte: Es gibt keine dummen Fragen, es gibt nur dumme Antworten. Leistungsstarke und zentralisierte Computer haben dazu geführt, daß Manager sich darauf beschränken, das zu kontrollieren, was andere als Anweisungen erhalten haben. In Wirklichkeit ist das Management aber dazu da, Visionen zu haben, die Kollegen zu inspirieren und mit dem in Kontakt zu sein, was die Kunden wirklich wollen.

Sokrates war eine wahre Führergestalt, genau die Sorte, die wir heute brauchen. Nicht der charismatische Mensch, der alles weiß, ist eine Führungspersönlichkeit. Um wahre Führungsqualitäten zu besitzen, muß man nicht unbedingt über alle gerade debattierten Themen und auf dem Spiel stehenden Interessen Bescheid wissen, sondern es muß einem gelingen, die Parteien zu einem ständigen offenen Dialog zu bewegen, so daß letzten Endes alle zu einer gemeinsamen Vision und einem gemeinsamen Aktionsplan finden. Das soll natürlich nicht heißen, daß charismatische und visionäre Persönlichkeiten keine Anziehungskraft mehr ausüben oder keine Rolle mehr spielen werden. Doch was das Immunity Management braucht, ist ein dialogorientierter Lernprozeßbegleiter.

Die TQM-(Total-Quality-Management)Revolution in den siebziger und achtziger Jahren lehrte das Management ganz eindeutig, daß man, wenn man gute Ideen – viele Ideen – zur Verbesserung des Arbeitsablaufs in der Fabrikhalle sucht, diejenigen fragen muß, die ihr ganzes Leben dort verbringen. Dieselbe Philosophie gilt gemeinhin auch im »Umweltmanagement«. Die Firmenleitungen haben dies in bezug auf den technischen Ablauf der Herstellung erkannt, doch jetzt sollten sie sich darauf vorbereiten, daß diese Denkweise auf das gesamte Unternehmen übertragen werden muß. Die Wirtschaft wird ihre Reaktionszeit dann auf die Veränderungsrate des Bedarfs verkürzen; sie wird die neuen Richtungen oder Vorlieben erspüren, sobald sich die Trends abzeichnen, so daß die Marketer in der Lage sein werden, auf den speziellen Bedarf kleiner Segmente abzuzielen, und die Herstellungssysteme von heute auf morgen auf die Veränderungen reagieren und die Produkte entsprechend anpassen können.

Die Menschen zufriedenstellen

Wenn das Management und die industrielle Entwicklung einen neuen Weg der Geschäftsführung, des Betreibens von Zentralen und der Herstellung finden müssen, was bleibt dann noch für die Regierung zu tun? Es ist ganz klar, daß eine überwiegende Anzahl von Menschen mit dem etablierten Parteiensystem und den alten Regierungssystemen unzufrieden ist. Die Bürgermeister der drei größten Städte Japans ließen sich als unabhängige Kandidaten für die Wahl aufstellen und gewannen, indem sie auf der Welle der Aversion gegen Parteipolitik ritten. Doch beschränkt sich dieses Phänomen nicht nur auf Japan. Wenn das Regierungssystem nach dem Vorbild des Immunsystems überholt wird, dann wird eine Zentralregierung mit ziemlicher Sicherheit überflüssig sein, von wenigen Ausnahmen einmal abgesehen. Lokalregierungen werden dazu angehalten sein, die Wirtschaft in ihrem Gebiet neu zu beleben und die Bedürfnisse der Menschen zu berücksichtigen. Die Städte und Regionen, die als Zellen auf dem Globus operieren, werden sicher die besten Leistungen erbringen können.

Es ist interessant festzustellen, daß die Wirtschaft innerhalb der letzten dreißig Jahre in Europa dort am leistungsstärksten war, wo am meisten Regionalisierung betrieben wurde. Die Bundesrepublik Deutschland mit sechzehn Bundesländern hat die stärkste Wirtschaft. Die französische Wirtschaft – mit ihrer zentralisierten Regierung und der ausgeprägten Machtposition des Präsidenten – sowie die britische Ökonomie erlebten im Vergleich zu Deutschland einen kontinuierlichen Rückgang. Die Separatistenbewegung der Basken und Katalanen in Spanien gab dem Stellenmarkt Auftrieb, der von der landesweiten Flaute überschattet war. Die schwer erkämpfte Autonomie Kataloniens und der baskischen Republik hat diese beiden Regionen sehr leistungsstark gemacht. Die Übertragung der Macht der gesellschaftlichen und wirtschaftlichen Entwicklung auf die Ebene, die der kulturellen Identität der Menschen entspricht, ist also sehr sinnvoll.

In Ländern ohne eine einheitliche Kultur wie im Schmelztiegel Amerika oder bei den Latinos in Südamerika identifizieren sich die Menschen mehr mit ihrer Region, ihrer Stadt oder sogar ihrem Dorf als mit dem Staat. Nur wenn die Landesgröße so klein ist wie in Andorra oder wenn es wie in Taiwan eine starke Bedrohung von außen gibt, überwiegt die nationale Identität. Dies sind die Ausnahmen, es ist nicht die Regel.

Wie könnte eine zentrale Besteuerung und Verteilung des

Geldes jemals den Bedürfnissen der Gemeinden entsprechen? Die Folgen davon sind Lobbyismus, Machtspiele und Korruption. Auf örtlicher Ebene werden diese Dinge transparent, auf Bundesebene bleiben sie verdeckt. Wie kann eine Zentralregierung die Wirtschaftspolitik für eine Nation festlegen, die zum Beispiel so vielfältig ist wie Indien mit seinen sechshundert Sprachen, oder die Investitionsstrategien in riesigen Ländern wie Brasilien oder Indonesien? Dies kann nur dazu führen, daß man Interessengruppen bedient, die vorgeben, daß Arbeitsplätze auf dem Spiel stehen, statt daß sie dazu beitragen, welche zu schaffen.

Nach dem Zweiten Weltkrieg waren die Regierungen bemüht, ihre Bürger gegen Armut zu wappnen. Das Konzept des Wohlfahrtsstaates war geboren. Der Staat würde garantieren, daß niemand zuwenig zu essen, jeder ein Anrecht auf Arbeit hat und für jeden Kranken gesorgt wird. Das soziale Sicherungssystem sollte das Konzept der Immunität auf die Ebene des Staates ausdehnen. Unglücklicherweise ist das nie gelungen, und heute scheint es nicht einmal mehr opportun, dies zu versuchen. Weltweit ist man der Ansicht, daß sich eine Regierung ein Sicherheitsnetz für die gesellschaftlich Schwächeren nicht leisten kann. Als Folge davon werden der Wohlfahrtsstaat und sein Immunsystem allmählich mehr und mehr abgebaut.

Anstatt detailliert aufzuzeigen, was die Politik tun könnte, wenn sie sich vom Konzept des Immunity Management inspirieren ließe, möchte ich mich darauf beschränken, Sie an das Endziel einer Regierung zu erinnern, wie es von Gabriel García Márquez, dem Nobelpreisträger für Literatur aus Kolumbien, beschrieben wurde:

»›Was für eine Regierung hätten Sie gern für Ihr Land?‹
›Jede Regierung, die die armen Menschen glücklich macht.‹
Stellen Sie sich das einmal vor!«[45]

Wir wissen nur allzu gut, daß es in der jüngeren Geschichte allein wenigen Regierungen, wenn überhaupt, gelungen ist, arme Menschen zufriedenzustellen. Es scheint ihnen ganz im Gegenteil in zahlreichen Fällen zu gelingen, die Menschen unzufrieden zu machen: durch Korruption, übertriebene Steuern, einen Mangel an Ethik, Überbürokratisierung und, was besonders wichtig ist, durch die Unfähigkeit, das zu tun, wofür sie gewählt wurden – nämlich für sozialen Ausgleich zu sorgen.

Ist es nicht an der Zeit, erneut darüber nachzudenken, wie die Wirtschaft geführt wird und Regierungen betrieben werden, so daß die Menschen schließlich zufrieden sein können? Ähnlich wie das Immunsystem dafür sorgt, daß der Körper des Menschen gesund bleibt, damit sein Geist Zufriedenheit und Glück erfahren kann.

Kapitel 8

Zero Emission funktioniert! – Erfolgsbeispiele aus verschiedenen Kontinenten

Dieses Buch hat bisher einen Überblick über die Ideen der Zero Emissions Initiative gegeben, die Methodologie und die Konzepte skizziert und auf einige Fälle verwiesen. Aber wo sind die Fakten? Eine Initiative, die erst vor wenigen Jahren gestartet wurde, würde keine Anhänger anziehen, wenn sie nicht konkrete Ergebnisse aufweisen könnte. Deshalb werden in diesem Kapitel fünf Beispiele dargestellt. Dabei handelt es sich nicht nur um frühe Erfolgsstorys und aussichtsreiche Pläne, da erste Schritte bereits in so unterschiedlichen Ländern wie Japan, Indonesien und Brasilien unternommen worden sind, sondern diese fünf Fälle demonstrieren die Vielseitigkeit und die praktische Anwendbarkeit des Konzepts und der Methodologie in beeindruckender Weise.

Las Gaviotas

Das Umweltforschungszentrum »Las Gaviotas«[46] liegt in Vichada, im östlichen Teil Kolumbiens. Es wurde 1966 gegründet und wird seitdem geleitet von Paolo Lugari. Diese Unternehmung stellt wohl eines der fortgeschrittensten Beispiele für die Anwendung der generativen Wissenschaft und der

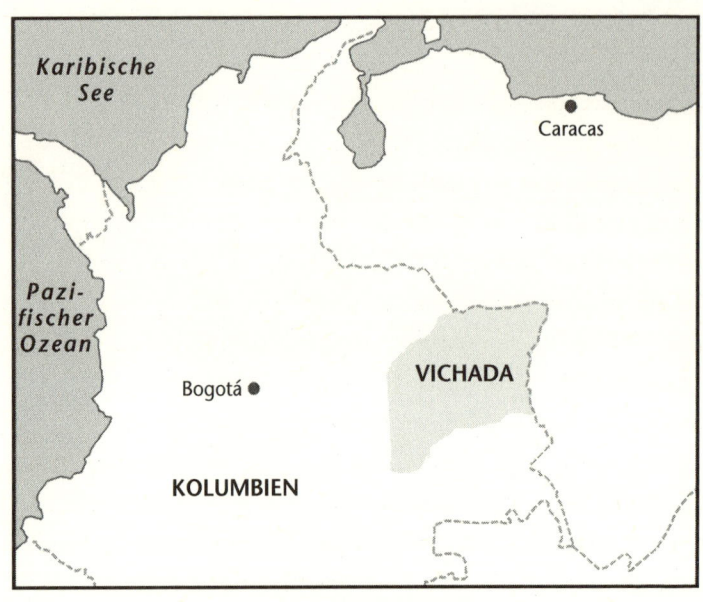

Abbildung 4:
Vichada, Kolumbien

Konzepte des UpSizings und der Zero Emission dar. Obwohl Kolumbien in einer der dramatischsten Gesellschaftskrisen seiner Geschichte steckt, hat diese politische Umgebung einer Initiativ- und Innovationsebene Raum gegeben, von der die Welt lernen kann. Nachdem ich über 120 Länder auf der Welt besucht habe und viele Beispiele kennengelernt habe, in denen radikales Umdenken in die Praxis umgesetzt wurde, darunter auch viermal Las Gaviotas, besteht für mich keinerlei Zweifel darüber, daß dies das beste Vorbild für eine nachhaltige Entwicklung auf unserem Planeten ist.

Las Gaviotas erwarb ursprünglich Ansehen durch die Entwicklung von erneuerbaren Energien: die Nutzung von Windkraft für das Pumpen von Wasser, von Solarenergie für die Wassererwärmung. Die an diesem Zentrum der Kreativität arbeitenden Ingenieure hatten praktische Lösungen für die Armen im Auge, und diese Projekte entwickelten sich von der Pilotphase bis zur industriellen Anwendung. Die wahrscheinlich weltgrößte Solaranlage zur Erwärmung von Wasser in Sozialwohnungen wurde in Bogotá gebaut, und zwar ohne jegliche technische Unterstützung und finanzielle Hilfe von außen. Sie war das Ergebnis einer gemeinsamen Initiative von Las Gaviotas und der staatlichen Bausparkasse von Kolumbien (Banco Central Hipotecario) mit Hauptsitz in Bogotá.

Der damalige Bankpräsident Mario Calderón Rivera zeigte, daß er nicht nur eine Vision hatte, wie sozialer Wohnungsbau den Armen wirklich zugute kommen kann, sondern er bezog auch bewußt erneuerbare Energien in das Regierungsprojekt ein. Die Bank finanzierte einige der ambitioniertesten Wohnentwicklungsprojekte wie El Tunal und El Salitre, zugeschnitten auf Familien mit niedrigem Einkommen, die oft nur vom Mindestlohn lebten. Während der Jahre, in denen Mario Calderón Rivera die Programme leitete, baute die Bank 40 000 Wohnungen mit Solarwasserheizungen. Die Systeme sind qualitativ hochwertig, und bis heute, mehr als fünfzehn Jahre nachdem die ersten Solarheizungen installiert wurden, arbeiten die Anlagen immer noch mit ähnlicher Effizienz und Zuverlässigkeit.

Im Laufe der Jahre wagte sich Las Gaviotas an zahlreiche Projekte, um zu demonstrieren, daß erneuerbare Energie nicht nur machbar ist – sondern daß sie in vielen Fällen die einzig umsetzbare Alternative für die gesellschaftliche und wirtschaftliche Entwicklung in den ländlichen und städtischen

Solarprojekt für den sozialen Wohnungsbau im Stadtteil El Tunal in Bogotá

Gebieten darstellt. Paolo Lugari hat gezeigt, daß viele der Innovationen praktisch umgesetzt werden können. Darüber hinaus sind die meisten technischen Neuerungen in Kolumbien selbst entstanden, wobei der Einfallsreichtum der einheimischen Betreiber eine gute Verbindung mit der Kreativität der Ingenieure einging.

Die Einführung der Solarküche, die auf halbindustrieller Ebene mit Pflanzenöl betrieben wurde, das aus Ölbaumwollsamen gewonnen und in Vakuumröhren erhitzt wurde, stellte einen weiteren Meilenstein in der Entwicklung dar. Damit ist es in abgelegenen Gegenden möglich, zum Beispiel in einem Landkrankenhaus oder einem Hotel auf dem Lande zweimal täglich zu kochen, ohne daß Holz, Kohle, Torf oder Diesel benötigt werden. Die Ingenieure von Las Gaviotas haben ebenso den Solarkühlschrank entworfen.

Paolo Lugari mit neuentwickelten Sonnendestillatoren

Das autarke Krankenhaus

Die Fähigkeit, mehrere nachhaltig wirkende Lösungen für Entwicklungsländer zu realisieren, rückte Las Gaviotas mit dem Bau des autarken Krankenhauses in Vichada ganz plötzlich in den Blickpunkt des Interesses. Stellen Sie sich ein Krankenhaus inmitten einer verlassenen Gegend vor, eine Tagesfahrt bzw. zwei Stunden Flug in einem kleinen Propellerflugzeug von der Hauptstadt Bogotá entfernt. Das Team von Paolo Lugari machte sich daran, ein Krankenhaus zu entwerfen und zu bauen, das den Patienten und dem Personal eine Einrichtung lieferte, die ihre eigene Energie erzeugt, ihr eigenes Wasser destilliert, vor Ort angebaute Nahrung kocht, die Feuchtigkeit im Operationssaal senkt, in den anderen Räumen für natürliche Klimatisierung sorgt und über eine spezielle Genesungsabteilung mit Hängematten für die Ureinwohner verfügt, die sich in einem modernen Bett mit weißen Laken einfach nicht wohl fühlen.

Der Entwurf ist genial, die Technik einfach, die Anwendung praktisch, und die Bau- und Betreibungskosten sind niedriger als für jedes andere Krankenhaus. Das ländliche Krankenhaus von Las Gaviotas wurde schnell in ein vorbildliches Gebäude umgewandelt und von einem japanischen Architekturmagazin[47] als eines der zehn architektonischen Wunder bezeichnet. Die Nachricht verbreitete sich, und Besucher aus der ganzen Welt kamen in Vichada zusammen, um sich selbst ein Bild davon zu machen, wie die Verquickung von Wäscheraum, Operationssaal und Patientenstation als natürliche Klimaanlage dient und die Luftfeuchtigkeit senkt.

Die Solarzellen auf dem Dach des Krankenhauses demonstrieren, wie leicht man Wasser destillieren, reinigen und entmineralisieren kann, ohne nichterneuerbare Energiequellen zu benutzen. Die Solarwärme erhitzt Kokosöl in einer Vakuumröhre bis auf eine Temperatur von 180 Grad, was genügend Wärme liefert, um für alle zwei Mahlzeiten pro Tag zu kochen. Und die Nahrung entstammt hauptsächlich dem örtlichen Gemüsegarten. Da die Ureinwohner ihre Familienangehörigen ins Krankenhaus begleiten, um ihnen während der Genesung beizustehen, bringen sie medizinische Kräuter und Lebensmittel mit, die vor Ort angebaut werden. Nach ein paar Jahren – das Krankenhaus wurde 1993 in Betrieb genommen – erfreut sich Las Gaviotas jetzt eines einzigartigen Kräutergartens, der viel dem umfangreichen Wissen der Ureinwohner verdankt.

Durchbrüche in größerem Rahmen

Paolo Lugaris Vision ging jedoch über all diese wunderbaren Durchbrüche hinaus. Er glaubte, daß er in Vichada – einer unglaublich vernachlässigten Region – die Gelegenheit hatte aufzuzeigen, daß nachhaltige Entwicklung nicht nur machbar, sondern auch das einzige Mittel ist, um langfristigen Erfolg zu sichern. Laut Paolo basiert Erfolg auf einem integrativen Ansatz und der Fähigkeit, im Prozeß Mehrwert zu schaffen. Wie wir sehen werden, sind das Verknüpfen der Agenden, das Zusammenfassen von Aktivitäten in Clustern und die Wertschöpfung die entscheidenden Komponenten dieser Erfolgsstory.

Tabelle 13: **Strategie zur Bekämpfung der Armut**
1. Wiederaufforstung zum Klimaschutz
2. Erhalt und Wiederherstellung der Biovielfalt
3. Wertschöpfung
4. Maximierung der Ressourcennutzung auf nachhaltige Weise
5. Auf Qualität basierender Wettbewerb
6. Innovation und Entwicklung angemessener Technologie
7. Vollständige Nutzung aller Ressourcen – null Abfall bzw. Emissionen
8. Schaffung von Arbeitsplätzen
9. Erhalt der Kultur der Ureinwohner
10. Versorgung mit gesundem Wasser als Präventivmaßnahme
Quelle: The ZERI Institute for Latin America

Wiederaufforstung und Klimaveränderung

Ausgangspunkt für diese Initiative ist die Tatsache, daß Kolumbien seinen Hauptwaldbestand mit einer Rate von 650 000 Hektar pro Jahr abholzt. Ein Land, das auch heute noch die Welt in großem Maße mit Sauerstoff versorgt, ist dabei, seine Regenerationsfähigkeit im Nu zu zerstören. Las Gaviotas betreibt das wichtigste Wiederaufforstungsprogramm, das jemals in Kolumbien initiiert worden ist. Durch Wiederaufforstung wird nicht nur die Fähigkeit der Erde zum Binden von CO_2 erhöht, dadurch läßt sich auch die nötige Biovielfalt wiedergewinnen. Der erste Ansatzpunkt soll somit dazu beitragen, daß die Erde weltweit mit genügend Wald bedeckt ist, um so der Klimaerwärmung entgegenzuwirken.

Bäume in Vichada anzupflanzen ist eine massive Herausforderung. Der Boden ist sauer, sehr sauer, mit einem pH-Wert um 4. Die extremen Wetterbedingungen im Sommer – Temperaturen von über 40 Grad über Monate hinweg bei ausgetrocknetem Boden und fast keinem Regen über längere Perioden – begrenzen die Überlebenschancen für junge Bäume erheblich. Es können nicht viele Baumarten angepflanzt werden. Nach sorgfältiger Analyse kam man zu dem Schluß, daß die Karibische Pinie *(Pino de Caribe)* – ein einheimischer Baum – ausgezeichnet für den Anbau in der Savanne der Llanos in Ostkolumbien geeignet ist. Las Gaviotas begann mit dem Anpflanzen der Bäume, und nach den ersten zwei Jahren zeigte sich, daß diese Pinienart, unterstützt von Kompost auf Pilzbasis als Bodenanreicherung, den rauhen Klimabedingungen die richtige Widerstandskraft entgegensetzen konnte.

Ziel war, bis zum Jahr 2000 etwa 11 000 Hektar aufgeforstet zu haben, doch schon vorher machte sich die Wirkung spürbar. Bereits nachdem 7500 Hektar angebaut worden waren, hat man einige erstaunliche Ergebnisse und unerwartete Erfolge verzeichnen können: Die Pinien schützen den Boden vor der sengenden Sonne, und der ständige Nadelfall sorgt für den Wiederaufbau einer fruchtbaren Humusschicht. Dadurch wurde der pH-Wert von 4 auf 5 gesteigert, und dies hat wiederum die Ansiedlung von vielen neuen Pflanzen gefördert.

Erhalt und Wiederherstellung der Biovielfalt

Mit einer Überlebensrate von 92 Prozent hat Las Gaviotas demonstriert, daß Wiederaufforstung durchführbar ist – selbst wenn dies zunächst als unmöglich galt. Als bekannt wurde, daß man sich für die *Pino de Caribe* zur Anpflanzung entschieden hatte, wurden schon bald die ersten kritischen Stimmen laut, die beanstandeten, daß das Gebiet nur mit einer einzigen Sorte überzogen würde und daß Las Gaviotas Monokulturen als Standard eingeführt hätte. Man hielt dies für eine unökologische Entscheidung. Die Natur wußte es besser. Laut der letzten botanischen Zählung gibt es in diesem Mikroklima etwa 260 neue Arten, die in keinem anderen Gebiet der Savanne zu finden sind. Der Schutz vor der Hitze, der neue Humus und der sich langsam verbessernde Säuregehalt des Bodens regenerieren die Biovielfalt, die infolge der Unwissenheit des Menschen für lange Zeit verlorengegangen war. Die Vögel, die Bienen und der Wind tragen Sporen und Samen aus den tropischen Wäldern mit sich, die ungefähr 5 Kilometer östlich liegen, wo der Orinoco den Anfang des Amazonasdschungels kennzeichnet. Und zusammen mit all diesen neuen Pflanzenarten kommen Bakterien, Insekten, Vögel und sogar Säugetiere. Die Ureinwohner der Llanos sind höchst erfreut, da sie nun viele längst als verloren geltende Heilpflanzen wiederfinden. Das Paradies wird langsam wiederhergestellt. Las Gaviotas schafft eine natürliche Brücke und reagiert damit auf bzw. übertrifft sogar die Erwartungen bezüglich des Erhalts und der Ausdehnung der Biovielfalt.

Entwicklung angemessener Technologien

Da Pinien in Vichada nur drei Monate im Jahr angepflanzt werden können, mußte Las Gaviotas entsprechende technische Hilfsmittel entwerfen. Die importierten Traktoren mit den Pflanzvorrichtungen mußten an das Terrain, den Boden und die Geschwindigkeit der Pflanzer angepaßt werden. Der Vorgang des Pflanzens mußte beschleunigt werden, und weil die Erde trocken und hart ist, wurden größere Setzlinge verwendet. Heute gelingt es dem Team fast, einen Baum pro Sekunde zu pflanzen, und das 24 Stunden am Tag und drei Monate im Jahr, womit es etwa 1000 Hektar verlorenes Land zurückgewinnt. Dies ist wahrscheinlich eine der schnellsten Pflanzmaschinerien der Welt.

Wertschöpfung

Die Pinie verträgt nicht nur den sauren Boden, besser noch, sie ist sogar produktiv. Die Bäume sind nach acht bis zehn Jahren ausgewachsen und produzieren schon bald je um die 7 Gramm Harz pro Tag. Das kann zu Kolophonium verarbeitet werden. Dieses veredelte Produkt ist ein Hauptinputfaktor für die Herstellung von natürlichen Farben und hochwertigem Glanzpapier – ein Produkt, das mehr und mehr gefragt ist. Außerdem wird es zur Herstellung von Harzseifen und zum Geschmeidigmachen der Geigenbogenhaare verwendet.

Kolumbien importiert zur Zeit 4000 Tonnen Kolophonium pro Jahr, überwiegend aus Honduras, Venezuela, Mexiko und China. Doch Las Gaviotas konnte den örtlichen Markt mit einem direkt in El Vichada verarbeiteten Produkt versorgen. Der Marktpreis schwankt zwischen 700 (Juli 1998) und 1300 Dollar (1995) pro Tonne, und mit 50 Tonnen im Monat hat Las Gaviotas eine Antwort auf die geforderte Wertschöpfung gefunden, die die Wiederaufforstung, die Biovielfalt und die technologische Entwicklung in einer offenen Marktwirtschaft nachhaltig tragen wird. Im Jahr 2001 soll Las Gaviotas 20 Tonnen Gummiharz täglich hervorbringen, was die Nachfrage in Kolumbien sogar noch übertrifft!

Die Suche nach mehr Wertschöpfung bringt mehr Innovationen mit sich. Kolophonium zu verpacken war schon immer eine schwere Angelegenheit, sowohl im technischen Sinne als auch in bezug auf das Gewicht. Die Arbeiter von Las Gaviotas, ein intelligentes Team mit nur begrenzter formeller Ausbildung, sahen sich die Alternativen genauer an und entwarfen einen Pappkarton mit drei Schichten und einem Loch in der Mitte, durch das man das heiße Kolophonium frisch aus der Destillation leicht in den gefalteten Karton einfüllen konnte. Diese innovative Verpackungsart erspart einen Arbeitsgang, macht die Kühlung unnötig und ermöglicht den Transport in Paketen mit einem Gewicht von jeweils 25 Kilo, die von einem Menschen leicht getragen werden können. Die Pappe ist bereits recycelt. Dieser Entwurf erwies sich als wichtige Innovation – für die der Hersteller der Pappe, Papel de Colombia (nicht Las Gaviotas!), den Nationalpreis für Innovationen bei industriellem Verpackungsmaterial erhielt. Das Team freut sich, daß andere Innovatoren nun seine zum Durchbruch führenden Ideen realisieren.

Mit Qualität konkurrieren

Der Wiederaufforstungsprozeß wäre nicht vollständig gewesen, ohne eine Investition in die Herstellung von Kolophonium zu tätigen; diese wurde ermöglicht durch eine Spende in

Höhe von 2 Millionen Dollar von seiten des japanischen Fonds zur Förderung der internationalen Zusammenarbeit bei der InterAmerican Development Bank. Das kolumbianische Ingenieursteam untersuchte die vorhandenen Einrichtungen auf der ganzen Welt sorgfältig. Sie entwarfen und bauten die Verarbeitungsanlage und konnten den Produktionsprozeß schon bald verbessern. Die Firma ist jetzt die wahrscheinlich sauberste Fabrik für Naturharze, die es jemals gegeben hat. Aber sie ist nicht nur sauber: Schon das erste Produktionsjahr bestätigte, daß Las Gaviotas das beste Kolophonium auf dem Markt herstellt. Qualität ist das Ergebnis des Entwurfs eines jeden einzelnen Produktionsschritts und des Engagements aller Betriebsangehörigen. Und Las Gaviotas kann sich auf eine hochmotivierte Arbeiterschaft verlassen. Das Team ist nicht nur in der Lage, etwas unter Umweltgesichtspunkten Sinnvolles herzustellen – Produktionsprozeß und Produkt sind von hoher Qualität, und Qualität ist konkurrenzfähig.

Von sauberer Produktion zu Zero Emission

Der Produktionsprozeß zielt auf Zero Emission ab. Die gesamten Polyethylentüten, in den das Kolophonium aufgefangen wird, werden wiederverwendet und zu Rohren weiterverarbeitet. Einmal im Monat sammelt man den gesamten Abfall und schickt ihn zur Weiterverarbeitung nach Bogotá. Die eingesammelten Plastiktüten trocknen die Mitarbeiter auf dem Gelände, so daß auch die Kolophoniumreste, nicht mehr als 0,2 Prozent des Ertrags, Nutzung finden. Sie würden toxischen Abfall im Boden darstellen, und die Gewinnung dieser kleinen Menge bei jedem Prozeß entspricht im Jahr einem Produktionsdurchlauf. Das Restkolophonium, das sich auf dem

Grund des Wasserteichs absetzt, wird als Bestandteil in den wasserdichten Ziegeln wiederverwendet, die vor Ort hergestellt werden und als wichtigstes Baumaterial für die Häuser in der Gegend dienen. Die Herausforderung lautet: Verwendung aller Ressourcen, so daß das System die Natur nachahmt und nichts verschwendet wird.

Arbeitsplätze schaffen

Die Arbeitsmöglichkeiten und die Stellen, die nötig sind, um den Wald aufzubauen, das Kolophonium zu verarbeiten und den Betrieb aufrechtzuerhalten, führten dazu, daß es im Jahr 1998 160 Vollzeitmitarbeiter gab. Die Einnahmen, die Las Gaviotas heute hat, decken die Personalkosten, zu denen auch Unterbringung und Essensversorgung gehören. In diesem Gebiet hat es noch nie soviel Arbeit gegeben, weil keine Initiative zur Arbeitsplatzbeschaffung gestartet wurde. Aber da die Einkommensströme auf einer Reihe von Zielen beruhen, die unter anderem Wertschöpfung einschließen, erweist sich das Unternehmertum des Umweltzentrums in Ostkolumbien als sehr erfolgreiches Programm. Es gibt etwa tausend Familien Arbeit und Brot.

Die Kultur der Ureinwohner erhalten

Las Gaviotas reagiert auf eine besondere Herausforderung: die Erhaltung der regionalen Kultur. Las Gaviotas beschäftigt überwiegend Ureinwohner und ist stolz darauf, Diskriminierung zu ihren Gunsten zu betreiben – indem sie ihnen mehr zahlen als den Weißen. Die Arbeiter halten sich von Montag morgen bis Freitag nachmittag auf der Pinienplantage auf und kehren dann zu ihren Siedlungen zurück, die in einem Radius liegen, der innerhalb von drei Stunden mit dem Rad zurückzulegen ist. Die Einwohner sprechen mehrere Sprachen, wobei Spanisch für alle nur die zweite ist. Las Gaviotas trägt zum Abbau der Armut bei, indem es den Ureinwohnern eine sinnvolle Plattform für die Erhaltung ihrer Kultur bietet und gleichzeitig Arbeitsplätze schafft.

Wasser und Gesundheit

Die Stärke des neu angepflanzten Waldes und seines frischen Unterholzes geht über die Erholung von Flora und Fauna hinaus. Er fungiert als ausgezeichneter Wasserfilter. Las Gaviotas erkannte schnell die hervorragende Qualität des Wassers der oberen Bodenschicht, das sehr mineralhaltig ist und von den Bodenbakterien gereinigt wird. Im Krankenhaus werden hauptsächlich Magen- und Darmkrankheiten behandelt, und die Hauptursachen für den Kindstod in der Region hängen mit der schlechten Wasserqualität zusammen; diese führt zu Durchfall, Cholera, Typhus, Hepatitis, Ruhr, Salmonellen und *E. coli.* Da 70 Prozent der Gesundheitsprobleme im Gebiet von Vichada direkt auf das Wasser zurückzuführen sind, stellt der Wald eine neue (Geschäfts-)Chance dar. Er bietet die Möglichkeit, qualitativ gutes Wasser zu sehr niedrigen Kosten aufzufangen und abzufüllen. Eine Tasse mit 250 Milliliter Wasser aus Las Gaviotas kostet den Verbraucher nur 62 Pesos, ein Fünftel des Mineralwassers, das von Bogotá geliefert wird; der Transport hierher in den äußersten Osten von Kolumbien dauert zwei Tage. Die Kosten sind untragbar – die Folgen Gesundheitsschäden. Dies ist der endgültige Ansatzpunkt für die Bekämpfung der Armut: Wasser zugänglich machen und Gesundheitsvorsorge betreiben.

Ein neuer Einkommensstrom

Las Gaviotas war mit seinem Landkrankenhaus weltweit führend, bis die Bürokratie der Zentralregierung in Bogotá und die Gesetzgebung eines Parlaments, das den Bedürfnissen der Landbevölkerung gegenüber unsensibel war, seine Schließung durchsetzten. Das Parlament verabschiedete ein Gesetz, das vorschreibt, daß Krankenhäuser über eine Minimalausstattung verfügen und die Ärzte in bestimmter Weise spezialisiert sein müssen. Dies wäre in einer Stadt sinnvoll, aber auf dem Lande ist es bereits schwer genug, einen Arzt dazu zu bewegen, seinen Beruf in einer öden Gegend im Dienste der Ureinwohner auszuüben. Das Gesetz schrieb auch vor, daß ein Krankenhaus an ein Versicherungssystem mit mindestens 10 000 Mitgliedern angeschlossen sein muß. Die Gesetzgeber ignorierten die Tatsache, daß die Einwohnerzahl von Vichada, einem Gebiet von der Größe von Dänemark, Belgien und Luxemburg, nur 26 000 beträgt und deshalb niemals ein Krankenhaus haben könnte, das auf diesem öffentlichen Versicherungssystem basiert.

Paolo Lugari und sein Team lassen sich aber nicht entmutigen. Da die Wasseraufbereitung die besten sanitären Bedingungen erfordert, bewirkte die erzwungene Schließung, daß dieses außergewöhnliche Krankenhaus nur für wenige Monate ungenutzt blieb. Kreativität ist die Parole in Las Gaviotas. Heute leistet dieses eigenständige Gebäude einen der wichtigsten Beiträge zum Gesundheitssystem von Vichada: die lokale Herstellung von Qualitätswasser zu niedrigen Kosten. Man hofft, daß diese Vorsorgemaßnahme das ursprüngliche Ziel des Landkrankenhauses fördert. Dieses kann hoffentlich bald wieder geöffnet werden, falls die Gesetzgeber wieder zu Sinnen kommen und die realen Verhältnisse der ländlichen Gebiete berücksichtigen. In Regionen wie Vichada, wo die Armut groß ist und es an Gesundheitsfürsorge mangelt, sind einheitliche Standards für eine unkontrollierte Ausdehnung städtischer Randgebiete wenig sinnvoll.

Harmonie

Kolumbien ist ein Land, das nach Harmonie sucht. Es gibt viel Gewalt und Korruption. Doch wenn man sich die einheimische Musik anhört und sich an den lokalen Tänzen erfreut, dann wird deutlich, daß die Kolumbianer eine tiefe und herzliche Harmonie miteinander verbindet. Durch ihre Kultur, die Musik, den Tanz und die Lieder demonstrieren die Arbeiter in Vichada ihre Liebe zur Gemeinschaft. Hier lernt man, daß der Aufschwung eines Landes in Krisenzeiten nur durch bahnbrechende Initiativen von der Peripherie aus erreicht werden kann. In Bogotá wäre dies nie möglich gewesen. Genau hier lernt man, daß das Überleben des Stärkeren nicht die Antwort ist, sondern daß Kooperation und Teamarbeit den einzigen Ausweg aus dem gegenwärtigen Teufelskreis der Armut bieten.

Paolo Lugari ließ ein großes Wandgemälde anfertigen, das größte in der Region. Es stellt die Geschichte von Las Gaviotas dar und die Träume, die noch verwirklicht werden sollen. Es bleibt viel zu tun, aber eines ist sicher: Es gibt keinen Ort auf der Welt, dem es wie Las Gaviotas gelungen ist, das Zero-Emission-Konzept umzusetzen und damit auf den Bedarf an Arbeit, Gesundheitsfürsorge, sozialer Entwicklung, Wirtschaftsaktivität, neuer Technologie und Wasser zu reagieren. Die wahrscheinlich beste Synthese für dieses planetarische Paradigma könnte in dem Wandgemälde enthalten sein: »Die Reife des

Menschen liegt in dem Wissen, wie er seine Träume verwirklichen kann.« Und wir sollten die Worte Gabriel García Márquez ernst nehmen, der in einer Rede, gehalten in Bogotá, Paolo Lugari als »den Erfinder der Welt« bezeichnete ...

Tabelle 14: **Das Potential von Las Gaviotas' Wiederaufforstung**	
Kosten für die Wiederaufforstung	1000 Dollar pro Hektar
CO_2-Senke pro Hektar	6 Tonnen im Jahr
Zur Verfügung stehende Fläche	6 Millionen Hektar
Totale CO_2-Senke	36 Millionen Tonnen im Jahr
Geschätztes Beschäftigungspotential	120 000 Jobs, die eine Million Menschen ernähren
Investitionskosten	6 Milliarden Dollar
Quelle: The ZERI Institute for Latin America	

Montfort Boys' Town in Fidschi

Im Jahr 1996 traf sich der 72jährige Ökologe Professor George Chan mit vier anderen Männern auf der größten Insel Fidschis – einem der entlegensten Länder der Erde, elf Zeitzonen westlich von Peru und drei Zonen östlich von Australien im Südpazifik –, um ein außergewöhnliches Experiment zu planen. Chan ist ein Befürworter der integrierten Landwirtschaft, was im Prinzip bedeutet, daß der Abfall eines landwirtschaftlichen Industriezweigs als Dünger oder Brennstoff von einem anderen genutzt wird, und zwar so, daß der Kreislauf geschlossen bleibt und keine Schadstoffe an die Umwelt abgegeben werden. Was Chan plante, klang fast zu schön, um möglich zu

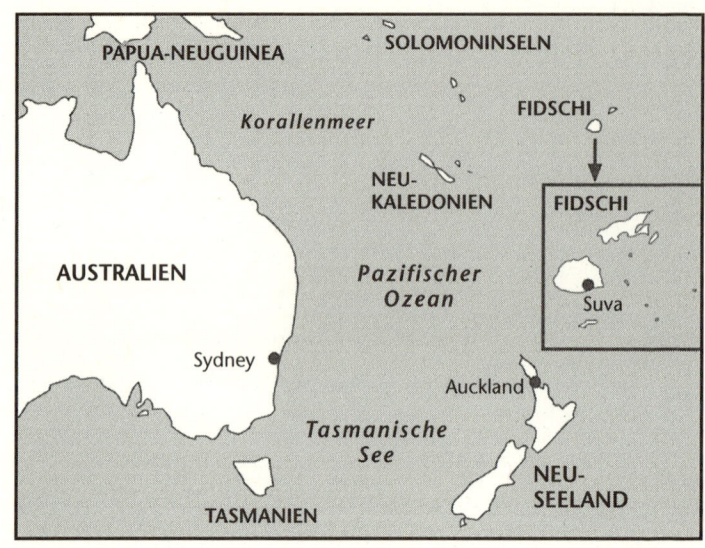

Abbildung 5:
Suva, Fidschi

sein: Die Rückstände aus einer Brauerei in Suva, Fidschi, sollten als Grundlage für fünf neue, gesunde Unternehmen dienen. Aus dem, was zu der damaligen Zeit die Umwelt erheblich belastete, sollten frische Pilze, Hühner, Fisch, Gemüse
und Brennstoff zur Stromerzeugung hervorgebracht werden.

Ort des Treffens – und des geplanten Experiments – war eine
Schule für sozial benachteiligte Jungen mit dem Namen
Montfort Boys' Town, in der die Schüler schon immer durch
Mithilfe bei der Fischzucht in Teichen zur Beschaffung von
Essen und Geld beigetragen haben. Neben Chan waren zwei
Lehrer der Schule anwesend sowie Professor S. T. Chang von
der chinesischen Universität in Hongkong, der als der führen-
de Pilzexperte gilt, und der Autor dieses Buches in seiner Funk-

tion als Begründer der Zero Emissions Research Initiative von der UN-Universität in Tokio, der die Gruppe in dem Glauben zusammengebracht hatte, daß dieses Experiment positive Auswirkungen auf die ganze Welt haben könnte.

Fidschi wurde aus mehreren Gründen ausgewählt: Es handelt sich um ein armes Land, und integrierte Landwirtschaft auf der Grundlage von agroindustriellem Abfall ist eine Möglichkeit, effiziente, nachhaltige Landwirtschaft in Entwicklungsländer mit niedrigen Einkommen zu bringen, und zwar ohne die Probleme, die üblicherweise mit den konventionellen Großbetrieben in diesen Ländern verbunden sind, das heißt starke Umweltverschmutzung, Schädlingsanfälligkeit bei Monokulturen, Arbeitsplatzverlust durch Mechanisierung und starke Abhängigkeit von Export. Fidschi verfügte auch über eine gut etablierte Fischzucht, so daß der neue Industriezweig nicht gänzlich fremd sein würde. Doch das wichtigste war, daß Fidschi auf einer tickenden Bombe saß: Seine größte Industrie ist Zucker, und es gab Anzeichen, daß die Industrie innerhalb von wenigen Jahren rapide abbauen könnte. Fidschi brauchte etwas, um seine gefährdete Exportwirtschaft abzustützen.

Montfort Boys' Town wurde ausgewählt, weil die Umgebung für ein solches Experiment hier günstig war. Die Montfort-Schüler verdienen meist wenig (viele sind Waisen), und die Schule betonte in besonderem Maße die praktische Ausbildung für die lokalen Industrieunternehmen, so daß viele der Schüler bereits mit den traditionellen Methoden der Fischzucht vertraut waren. Somit würde die Schule Arbeitskräfte als Gegenleistung für die infrastrukturelle Investition bereitstellen, was im kontinuierlichen Fluß von Nahrung resultieren würde. Das Experiment würde die Ausbildung der Schüler mit

der Notwendigkeit einer produktiveren, weniger umweltschädlichen Wirtschaft in ihrem Land verbinden.

Bier und Pilze

Das Experiment sollte außerhalb der Montfort-Schule stattfinden. Chan entwarf das Konzept unter Mitarbeit von Wissenschaftlern aus der ganzen Welt, stützte sich aber hauptsächlich auf seine vierzigjährige Erfahrung auf diesem Gebiet. Besonders stolz ist George Chan auf die schilfgedeckte Hütte, die
wie ein traditionelles Fidschi-Haus aussieht, also eines aus der
Zeit, bevor Wellblech und durch Asbest verstärkte Zementplatten zum üblichen Dach- und Baumaterial auf den Inseln
wurden. Die Hütte besteht nur aus einem Raum, und das
Schilf bedeckt sowohl das Dach als auch die Wände Sie wurde
von den Schülern von Montfort Boys' Town unter Anwendung der althergebrachten Techniken gebaut; sie schnitten
strukturelle Elemente aus Mangrovenbäumen, die im Überfluß auf dem Schulgelände wachsen, und sammelten das
Schilf mit der Hand. Wenn dies ein Wohnhaus wäre, dann
würde wahrscheinlich eine fünf- oder sechsköpfige Familie
darin auf Matten auf dem Boden schlafen, jeweils zwei oder
drei pro Lagerstatt. Aber anstelle der wenigen Habseligkeiten
einer Familie füllen Regale die Hütte. Auf jedem Bord wachsen
Pilze in Plastikröhren.

Diese Röhren enthalten Brauereiabfall, einen feuchten
Schlamm, der viel chemisch gebundene Kohlenhydrate enthält, die Tiere nicht gut verdauen können. Er ist nun getrocknet und vermischt mit Reisstroh, Sägemehl oder geschredder-
tem Zeitungspapier. Pilze erzeugen ein Enzym, das das verar-
beitete Getreide aufschließt, wodurch es dem Pilz möglich

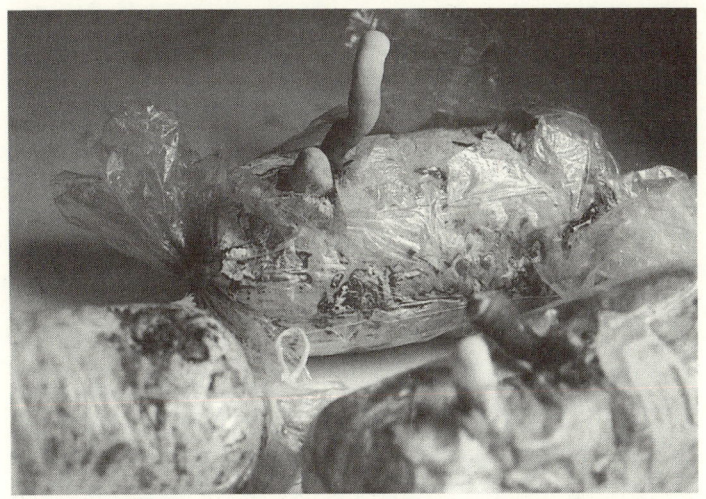

Pilzanbau im Versuchsstadium

wird, Energie für sein Wachstum zu gewinnen; zurück bleibt
ein Rest, der als Futter für Hühner, Schweine und andere Tiere
verwendet werden kann. Professor S. T. Chang reiste zweimal
nach Boys' Town, um das Klima für die Pilzzucht zu prüfen,
und hat drei Pilzsorten zum Anbau ausgewählt: Shiitake-Pilze
(Lentinus), die zweitteuersten Pilze der Welt, Austernpilze
(Pleurotus), die leicht in den Tropen anzubauen sind, und
Scheidlinge *(Volvariella),* die in Vietnam allgemein verbreitet
sind. Alle drei gedeihen im feuchten Klima in der Nähe von
Suva, der Hauptstadt von Fidschi. Die Pilze wurden von einem
ein paar Kilometer entfernten Labor der Wirtschaftsbehörde
zur kontrollierten Verwendung auf der Insel freigegeben. Eine
einheimische Pilzsorte wäre zwar günstiger gewesen, aber es
war so ohne weiteres keine verfügbar, die ähnlich schnell in
diesem Medium gewachsen wäre.

Der Biertreber aus der Brauerei ist natürlich umsonst; wenn die Schule ihn nicht nimmt, wird er einfach den Viehbauern angeboten, die praktisch nur die Transportkosten zahlen. Obwohl »Biertreber« fast ein Viertel seines Eigengewichts an Eiweiß liefert, läßt er sich kaum vermarkten. Laut Chan und Chang gibt es nur zwei praktische Methoden, um das Getreide aufzuspalten und das Protein zu nutzen: es an Regenwürmer verfüttern oder Pilze züchten. Sie planten, beides in Montfort zu tun. Zunächst würden Pilze produziert werden, weil sie einen höheren Marktwert haben.

Die Pilze ziehen während des Wachstums ihre Energie aus der Aufspaltung des Lignins von der Cellulose, die sie in Kohlenhydrate umwandeln. Bei der konventionellen Pilzzucht wird dieses Material mehr oder weniger verschwendet, indem man es als Dünger auf Feldern entsorgt, wo es allerdings auch zu übermäßiger Torfbildung führen kann. Die Jungen von Montfort schaufeln es jedoch in Eimer und tragen diese eigenhändig zu einem kleinen, nur ein paar Meter entfernten Holzstall, der Hühner und Schweine beherbergt. Die Pilzreste sind für Tiere sowohl nahrhaft als auch gesund und dienen damit als ausgezeichnetes Futter. Weil die Schüler von Montfort solche Tiere haben, bekommen sie fast jeden Tag die eine oder andere Sorte Fleisch zu essen – Huhn, Schwein, Lamm – oder Fisch. Solche Nahrung könnte sich außerhalb der Schule fast keiner von ihnen leisten.

Jeden oder jeden zweiten Tag wird der Abfall dieser Tiere genommen, wieder per Hand, und ein paar Meter weiter in einen Faulraum bzw. ein Faulbehältnis (Rottebehälter, Digester) getan, eine Vorrichtung aus Zement und Metall etwa von der Größe eines Müllcontainers, wie man sie hinter großen

Professor Chang an der Fermentationsanlage, die im Selbstbau aus alten Schornsteinrohren gefertigt wurde.

Wohnblocks in den Industrienationen findet. Darin trennen sich die natürlichen Chemikalien voneinander, so daß sie entweder zur Energieerzeugung beitragen oder zu Düngemittel werden. Das entstehende Methangas sammelt sich in einem Fach oben im Kasten, und der flüssige oder feste Abfall setzt sich am Boden ab.

Das Methangas wird in Flaschen aufgefangen und zu einem Gasgenerator gebracht, der die Schule mit Licht versorgt, oder auch verkauft. Bei steigender Produktion soll später eine Pipeline gelegt werden, durch die das Gas zu den Schulgebäuden geleitet werden soll. Der Digester produziert das Äquivalent von etwa 15 Litern Benzin pro Tag, das ist eine nützliche Menge in einer Schule für sozial benachteiligte Jungen in einem Niedriglohnland. Ohne den Dekomposter würde das Gas einfach in die Atmosphäre abgegeben werden, womit sein wirtschaftlicher Wert verlorenginge.

Nachdem sich das Gas gelöst hat, gleiten die Feststoffe durch mehrere Abteilungen in eine Wasserlösung, wobei sie nach und nach einige ihrer Bakterien verlieren und somit weniger Krankheiten verursachen können. Wenn sie das letzte Fach durchlaufen haben, sind sie zu einem gereinigten Dünger geworden, der fast dieselben Nährstoffe enthält – Stickstoff, Phosphor und Kaliumkarbonat –, die als Dünger auf den Feldern benutzt werden. Fast dieselben, jedoch nicht ganz dieselben. Die Umwandlungsrate beträgt nur 60 Prozent. Mit Hilfe der Schwerkraft fließt die Masse durch drei Algenteiche. Die darin enthaltenen Bakterien, das Plankton und andere Mikroaasfresser vertilgen die unerwünschten Reste der ursprünglichen Tierabfälle und tragen zu 30 Prozent zur Mineralisierung bei. Die Algen werden regelmäßig geerntet und kompostiert, so daß sie als hochgradiges Düngemittel für den Obst- und Gemüseanbau eingesetzt werden können. Was dann aus dem letzten Teich kommt und in einen großen Fischteich tropft, ist perfektes Fischfutter.

George Chan hat diesen Prozeß in Teichen in Vietnam und China angewandt, und er sagt, daß dieses System in Kombination mit dem Digester ungefähr 80 Prozent des benötigten Fischfutters liefert. Der große Fischteich sichert selbst sein ökologisches Gleichgewicht durch Artenreichtum: sechs verschiedene Fischarten von Oberflächenfressern und Graskarpfen, die Federborsten- und Elefantengras von den Seitenwänden fressen, bis hin zu Karpfen, die sich von Schleim und Bodensatz ernähren, sowie kleinen Krabben und verschiedenen Planktonarten.

Auch wenn das ökologische System künstlich ist, so bleibt es doch relativ im Gleichgewicht und erfordert keine größeren Eingriffe wie die Verwendung von Antibiotika zur Krankheitsbekämpfung oder häufiges Reinigen, wie es bei der konventionellen Fischzucht notwendig ist. In Montfort muß nicht einmal Fischfutter dazugekauft werden. Bei der herkömmlichen Fischzucht stellt Futter den größten Kostenfaktor dar. Zur Zeit geben konventionelle Fischfarmen in Fidschi 200 bis 300 Dollar pro 1000 Dollar Umsatz für Futter aus. Zwei andere wichtige Kostenfaktoren von gewöhnlichen Fischfarmen sind Energie für Wasserpumpen und Antibiotika zur Vermeidung von Krankheiten. Und um die Produktivität zu steigern, werden die Fischjungen hormonell behandelt, so daß alle zu Männchen oder Neutra transmutieren.[48] In Montfort braucht man aufgrund des Schwerkraftsystems weder Pumpen noch Strom für die Teiche, und Chan hofft, daß dieses Zero-Emission-Projekt ohne Antibiotika auskommen wird, weil Krankheiten durch die integrierte Fischzucht in Schach gehalten werden – genauso wie bei der integrierten Schädlingsbekämpfung auf Feldern. Weil der Teich keine Monokultur mit nur einer Fischart darstellt, wird er nicht Gefahr laufen, seinen ganzen Bestand durch den Ausbruch einer einzigen Krankheit zu verlieren.

Einen Teil der Fische erhalten die Schüler, wahrscheinlich den mit dem geringsten Marktwert; alle anderen kommen zum Verkauf. Auf der Teichoberfläche wird außerdem Nahrung hydroponisch angebaut. Blumen, Erdbeeren und hochwertige Gemüse gedeihen in Montfort; sie schwimmen auf der Wasseroberfläche, so daß ihre Wurzeln Nährstoffe aus den gelösten Fischabfällen aufnehmen können. Die meisten dieser

Pflanzen sind für den Export bestimmt. Die Pflanzen stellen damit den fünften integrierten Industriezweig dar – und eine weitere Einkommensquelle für die Schule.

Während die Montfort-Farm einerseits ein Pilot- und Entwicklungsprojekt von sowohl ökologischem als auch gesellschaftlichem Nutzen darstellt, so gilt sie andererseits auch als ernsthaftes wissenschaftliches Experiment – und die voll integrierten Fischteiche werden zusammen mit einer Kontrollgruppe betrieben. Nur ein paar Meter entfernt bestehen in Montfort Boys' Town schon lange sechs gewöhnliche Fischteiche zur Erzeugung von Nahrung und Einkommen. Über jedem befindet sich ein Hühnerstall, von dem der Kot direkt ins Wasser fällt, so daß er von den Fischen und Meerestieren aufgenommen werden kann, was allein dadurch schon einen größeren Integrationsfaktor darstellt als bei den meisten Fischfarmen. Doch diese Kontrollgruppe profitiert nicht von einem Digester und der Pilzzucht, so daß die Verklappung im Meer nicht reduziert wird.[49] Außerdem gibt es keinen Grundnahrungsstrom aus Industrieabfällen wie dem Biertreber. Die Produktivität eines jeden Systems wird protokolliert, und die Kosten werden über längere Zeiträume verglichen. Damit sollte gemessen werden können, inwieweit die integrierte den traditionelleren Methoden wirklich überlegen ist.

Professor Motoyuki Suzuki, Leiter des Instituts für Industriewissenschaften an der Tokioter Universität und Koordinator des japanischen Zero-Emission-Foschungsprogramms, stattete dem Projekt im Februar 1998 in Begleitung einiger Kollegen einen Besuch ab und installierte wissenschaftliche Meßgeräte. Dadurch ist es möglich, Daten aufzuzeichnen: die Verifizierung der tatsächlich täglich produzierten Menge von Kohlenstoff, Phosphor und Stickstoff auf dem Gelände. Das ist nötig, um ein mathematisch nachvollziehbares Modell des Systems zu erstellen. Dabei hegten wir die Hoffnung, daß das Zero-Emission-Konzept hier nicht nur hervorragende Ergebnisse erzielt – und sich damit als Vorbild für andere erweist –, sondern daß es auch die wichtige Unterstützung von seiten der Wissenschaft erhält.

Dank einer Spende des UNDP (United Nations Development Programme) wurden im Mai 1997 rund fünfzig Besucher von den benachbarten Inseln des Südpazifiks und des Indischen Ozeans eingeladen. Sie kamen von den Solomoninseln, Papua-Neuguinea, Guam, Kiribati, Tonga, Vanuatu und West-Samoa. Alle Teilnehmer zeigten sich optimistisch. Bei etwa einem halben Dutzend Brauereien im Planungsstadium, die alle viel von dem knappen Wasser verbrauchen, die Reste ungenutzt vernichten und alle zuerst den Touristenbedarf decken, waren die Vorteile kaum von der Hand zu weisen.

Dabei wird solche Ressourcenproduktivität an anderen Orten schon seit Jahrhunderten praktiziert und fand früher viel häufiger als heutzutage statt. In China und Südostasien werfen die Menschen seit Jahrtausenden ihre Hausabfälle in Fischteiche. Die Azteken des 15. Jahrhunderts besaßen in ihren Städten weitreichende Kanalsysteme, in denen Fische sich prächtig von den Abfällen der Stadt ernährten. Die Bemühungen in diesem Bereich gehen heute bis zu einem gewissen Grad dahin, solche verlorenen Techniken wiederzuentdecken und auch das neue biologische und ökologische Wissen zu nutzen, diese weiterzuentwickeln und sie an die moderne Wirtschaft anzupassen. Der Hauptbeitrag des Zero-Emission-Projekts besteht darin, dieses traditionelle Know-how mit den

Abfallströmen des Gärungsprozesses wie beim Bierbrauen, der Essig- und Sojasaucenherstellung zu verbinden.

Das Boys'-Town-Projekt diente nicht nur als gutes Vorbild für die Pazifischen Inseln: Die ZERI-Teams in Tokio und Genf glauben, daß die wissenschaftliche Rückendeckung durch die Tokyo University eine solide Basis darstellt für weitere Projekte zur Eliminierung von Schadstoffen und Reduzierung des Bedarfs an Rohstoffen in so verschiedenen Ländern wie Litauen und Kolumbien.

Fidschi und Zucker

Doch was sind die Folgen des Boys'-Town-Pilotprojekts für die Ökonomie von Fidschi? Kann ein Projekt in solch kleinem Maßstab dem Inselstaat Lösungen für seine Rolle in der Weltwirtschaft aufzeigen? Die Landwirtschaft auf den Fidschiinseln basiert überwiegend auf der Zuckerherstellung, die ein Drittel der Exporteinkünfte ausmacht. Etwa 20 Prozent der Nutzfläche dienen dem Anbau von Zuckerrohr, und während der Erntezeit sind ein Viertel der Arbeitskräfte des Landes beschäftigt. Etwa 98 Prozent des Ertrags werden exportiert. Die Hälfte gelangt über Großbritannien, dem ehemaligen Kolonialherrn von Fidschi, in die Europäische Union zu Sonderpreisen, die unter der Lomé-Konvention über internationalen Handel vereinbart wurden. Eine geringe Menge wird auch in die Vereinigten Staaten exportiert. Diese reichen Käufer zahlen das Anderthalb- oder Zweifache des Weltpreises. Ohne diese Sonderpreise könnte Fidschi nicht mit den größeren Ländern wie Indonesien oder Brasilien konkurrieren, welche dank ihres riesigen Wirtschaftsvolumens Zuckerrohr billiger anbauen.

Jetzt gibt es allerdings Anzeichen dafür, daß diese Sonderver-
einbarungen auslaufen, möglicherweise innerhalb der nächsten acht bis zehn Jahre, weil nach den Bestimmungen der
Welthandelsorganisation die Sonderpreise allmählich abge-
schafft werden. Freier Handel dürfte die Zuckerindustrie von
Fidschi nicht gänzlich zerstören, könnte aber zu Einbußen
führen, sobald der günstigere Zucker aus anderen Ländern den
Marktpreis drückt. Wie auch in vielen anderen armen Ländern
könnte eine Beschneidung einer wichtigen Exportbranche die
gesamte nationale Wirtschaft von Fidschi ruinieren. Die kari-
bischen Inselstaaten sehen sich einem ähnlichen Problem bei
der Bananenproduktion gegenüber. Alternativen sind also gefragt.

Viele Fidschianer wollen eine Diversifikation der Wirtschaft
auf den Inseln und nicht mehr von einer Zuckerindustrie ohne Zukunft abhängig sein. Einige setzen auf den Tourismus als
Ausgleich. Und der Tourismus nimmt zu, auch wenn die Einnahmen daraus nicht allen Fidschianern zugute kommen. Andere argumentieren hingegen, daß die Landwirtschaft mit ihrem hohen Bedarf an Arbeitskräften nicht so einfach durch
Hotels und Tauchlehrer ersetzt und der Verlust einer lukrati-
ven Feldfrucht wie das Zuckerrohr am besten durch ein anderes Erzeugnis ausgeglichen werden könne.

Vor den Workshopteilnehmern stellte George Chan eine
Kalkulation auf und berief sich dabei auf die Daten der ersten
zwölf Betriebsmonate. Chan wies darauf hin, daß Hühner nur
wenig Platz brauchen und daß nach den gegenwärtigen Plä-
nen Montfort 4000 davon unterbringen könne, womit die
Schule ungefähr 20 000 Dollar pro Jahr verdienen würde. Zwei
Fischteiche werden weitere 10 000 Dollar einbringen. Der Er-

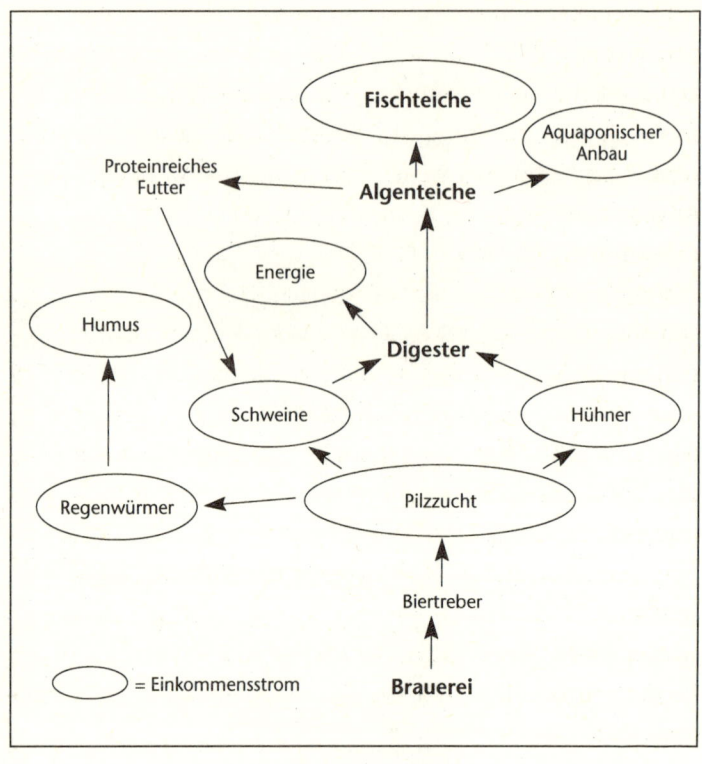

Fischteiche

Aquaponischer
Anbau

Proteinreiches
Futter

Algenteiche

Energie

Humus

Digester

Schweine

Hühner

Regenwürmer

Pilzzucht

Biertreber

⬭ = Einkommensstrom

Brauerei

Abbildung 6:
Das integrierte Biosystem in Montfort Boys' Town
Quelle: ZERI Foundation, Genf

lös aus dem Methan wird etwa 5400 Dollar betragen, während sich die Anlageinvestitionen durch die japanischen Industriegönner auf 7000 Dollar belaufen. Und je nach den Schwankungen der Preise und der Produktion werden die Schweine rund 15 000 Dollar einbringen. Mit dem Erlös von 10 000 Dollar aus den Pilzen und weiteren 1500 Dollar aus den schwimmenden hydroponischen Gärten könnten die Jungen und ihre Lehrer über 60 000 Dollar pro Jahr einnehmen. Davon würden wahrscheinlich 15 000 Dollar für Transportkosten, Küken, Gasbehälter, Nahrungsergänzung für Hühner und Fische sowie die Amortisierung der Investition als Kosten abgehen, womit ein Nettoeinkommen von 45 000 Dollar bliebe. Nach Angaben der Bank von Hawaii beträgt das jährliche Pro-Kopf-Einkommen von Fidschi 2250 Dollar.

Wenn sich George Chan durchsetzt, wird die Schule zur Ergänzung ihres Budgets genausoviel erhalten, wie zwanzig Fidschianer durchschnittlich im Jahr verdienen, und das Wasser über den Korallenriffs der Fidschiinseln ist etwas sauberer. Es wird auf nachhaltige Weise mehr Nahrung erzeugt, sowohl für die Schüler als auch für die Gemeinschaft, in der sie heranwachsen. Da Erfolg Erfolg nach sich zieht, wurden, inspiriert vom Boys'-Town-Projekt, Pilotprogramme überall auf den Inselstaaten in diesem entlegenen Teil der Welt gestartet, was wieder einmal beweist, daß Kreativität und Innovation an der Peripherie gedeihen. In Fidschi ist die Alternative inzwischen allen klar.

Von Ideen in Fidschi zum Handel in Namibia

Die »Brauerei der Zukunft« in Tsumeb, Namibia – die aus Sorghumhirse Bier ohne Abfall produziert und gleichzeitig als Proteinfabrik für die Fischzucht, als Basis für den Pilzanbau und als wertvolle Energiequelle für die Stadt fungiert –, stellt weltweit die erste kommerzielle Nutzung des Zero-Emission-Konzepts dar. Die Namibian Breweries übernahmen den Zero-Emission-Ansatz für die neue Brauerei, nachdem eine Test-

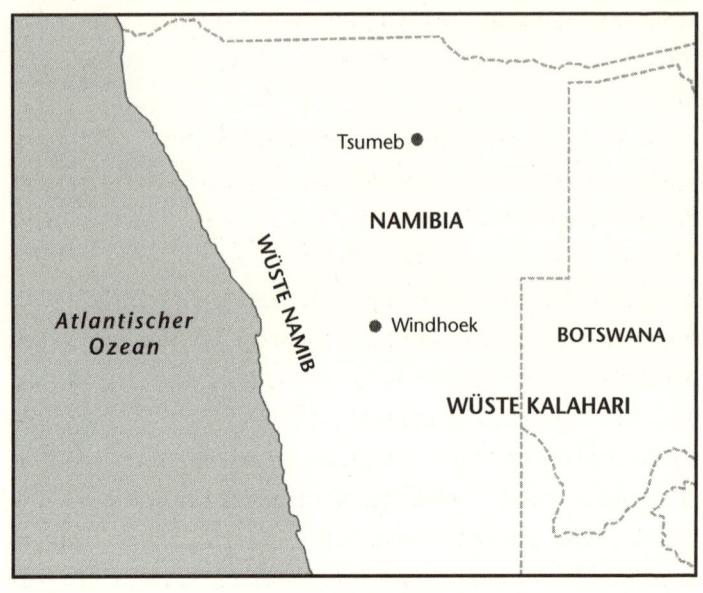

Abbildung 7:
Tsumeb, Namibia

anlage in Fidschi demonstriert hatte, daß er in der Industrie angewandt werden kann. Die Firmenleitung entschied sich dazu, die Brauerei in eine Produktionsfarm 13 Kilometer von der Stadt entfernt zu verlegen, um genug Platz zu haben für die ZERI-gemäßen Aktivitäten wie das Anlegen zweier Fischteiche von 3000 und 4000 Quadratmeter Fläche, eines Pferchs für Vieh und eines Digesters. Der Bau der Anlage war im März 1996 abgeschlossen, und die Produktion begann im Mai desselben Jahres. Ziel war es, alle Abfallströme so gut wie möglich für den Energiebedarf der Brauerei zu nutzen.

Das System der Brauerei in Tsumeb wurde unter Leitung von Professor George Chan entwickelt und gebaut, nachdem man ausgiebig geforscht und Gruppen von Wissenschaftlern befragt hatte, wie man die festen Abfallstoffe des Biertreber optimal nutzt.

Die zweite Phase von Professor Chans System wird inzwischen realisiert, dabei verwendet man Brauereiabfall als Futter für eine Fischfarm. Bei der Fischzucht braucht man ebenso Wasser – und normalerweise hat Namibia nur wenig davon übrig. Die Brauereien geben jedoch riesige Mengen davon ab (normalerweise 7 Liter Wasser für jeden Liter Bier und 5 Liter bei der Verwendung von Sorghum als Ausgangsmaterial), so daß dank der neuen Brauerei Tsumeb jetzt über Wasser für die Fischzucht im Überfluß verfügt. Es wird direkt in die Fischteiche geleitet, wo man die traditionelle Fischzucht mit verschiedenen Arten, wie sie in China und Vietnam üblich ist, eingeführt hat. Die Produktivität der Fischfarmen wird auf jährlich 10 Tonnen pro Hektar geschätzt. Das Projekt wird operationabel sein, sobald die Erlaubnis zur Einfuhr von Fischen vorliegt, die zur Schaffung einer Polykultur erforderlich sind. Jetzt schon wird der Bioabfall zur Gaserzeugung verwendet; das Gas dient der Gemeinde als Brennstoff, so daß nicht mehr soviel Holz – Hauptenergiequelle für 80 Prozent der Bevölkerung von Tsumeb – verbraucht werden muß.

Die Nachfrage nach Bier steigt weltweit, besonders in Asien – und das Thema der Entsorgung von »Bierkuchen« findet wachsende Aufmerksamkeit, besonders deshalb, weil dies die Brauereiindustrie immer mehr kostet. Doch mit dem wachsenden Bevölkerungsdruck steigt auch der Bedarf nach proteinreicher Nahrung. Wenn »Bierkuchen« als Viehfutter verwendet wird, braucht man 7 Tonnen, um 1 Tonne Fleisch zu erzeugen. Im Gegensatz dazu liefern 1,8 Tonnen des »Kuchens« 1 Tonne Fischfleisch – und die Weltpreise für ausgewählte Fischsorten steigen ständig, weil die Fangquote aus dem Meer sinkt. Die Fischzucht kann parallel zur höheren Bierproduktion erheblich erweitert werden.

Bei der offiziellen Eröffnung der Tsumeb-Brauerei im Januar 1997 sagte der Präsident Namibias, Sam Nujoma: »Man glaubt, daß man, um die Produktivität zu erhöhen, Arbeitsplätze streichen muß. Wir demonstrieren hier, daß man Mehrwert, mehr Einkommen, höhere Gewinne und mehr Arbeitsplätze schafft – und dabei auch noch Schadstoffe vermeidet –, wenn man sich auf die Produktivität der Rohstoffe konzentriert. Dies ist UpSizing, das Industriemodell der Zukunft.«

In Tsumeb hatte man wegen der rauhen klimatischen Bedingungen zunächst Probleme mit der Kultivierung von Pilzen. Aber nachdem einige Modifikationen nach Professor S. T. Chang vorgenommen wurden, funktioniert das System nun einwandfrei auf der Basis eines Biertrebersubstrats. Die Pilze werden inzwischen täglich geerntet, und das, ohne Klimaanlagen einsetzen zu müssen, obwohl die Außentemperatur oft um die 40 Grad beträgt. Ein Pferch mit Schweinen ist ebenfalls in das System integriert; sein Bioabfall liefert genug Ausgangsmaterial für die Produktion von Methan. Dieses wiederum wird zur Dampferzeugung genutzt, um das Substrat für die Pilzkulturen vorzubereiten.

Auf der ganzen Welt besteht derzeit großes Interesse an der Anwendung der ZERI-Methodologie in der Bierbrauerei. Es entstehen Projekte in Nordamerika, Japan, Deutschland, Brasilien, Kolumbien und auf den Seychellen. Neben Kleinstunternehmen zeigen auch einige marktführende Firmen Interesse. Hier weitere Beispiele:

– Man hat sich jetzt mit der Shinamo-Brauerei, einer Klein-
brauerei in Japan, geeinigt, den Betrieb nach dem ZERI-
Standard umzurüsten. Das australische Ingenieursunter-
nehmen Burchill fördert die Maßnahmen durch Land-
schaftsgestaltung, und auch die japanische Ingenieursfirma
Ebara sowie die Universität Tokio haben ihre Unterstützung
zugesagt. Da Shinamo nur 20 Kilometer von Nagano entfernt in den Japanischen Alpen liegt, verfügt die Anlage
über ausreichend Platz zur Errichtung eines Zero-Emission-
Betriebes, was für Japan einen ungewöhnlichen Luxus bedeutet.

– Guinness hat ZERI dazu eingeladen, ihre Prinzipien und
Methoden in seinen Brauereien anzuwenden, zunächst einmal bei einem seiner afrikanischen Betriebe. Eine Vorstudie
zeigte einige interessante Möglichkeiten auf. Die Brauerei
liegt direkt neben dem Schlachthaus des Landes und einer
Schweinezucht. Die von den drei Betrieben erzeugten Abwässer bieten die Möglichkeit, Methangas und CO_2 zu produzieren, die wiederum zu nutzbarem Biogas umgewandelt
werden können. Da die Brauerei zur Zeit sämtlichen Brennstoff und eine gewisse Menge CO_2 für ihre Limonadenher-
stellung einführt, könnte sie dadurch theoretisch ihre Kosten senken und gleichzeitig zum Umweltschutz beitragen.
Wegen Platzmangels können nicht alle UpCycling-Metho-
den nach dem ZERI-Konzept an Ort und Stelle genutzt werden, obwohl ein 500-Kubikmeter-Digester ein nützliches
Substrat für den Pilzanbau liefern würde.

– In Kolumbien hat man sich mit El Portico in Bogotá geeinigt, im Norden der Stadt eine ZERI-Brauerei zu bauen. El
Portico ist eine wichtige Touristenattraktion mit Restau-

rants, einem Farmkomplex und einem Vergnügungspark, der jedes Wochenende um die fünftausend Besucher anlockt. Hier bietet sich eine günstige Gelegenheit, das Konzept der Zero Emission im Hinblick auf die Schaffung von Arbeitsplätzen, die Abfallvermeidung und die Wertschöpfung zu verbreiten. Man geht davon aus, daß die Brauerei den gesamten lokalen Bedarf decken und alle Kernelemente des ZERI-Konzepts übernehmen wird. Die Universidad de la Savannah wird den Entwurf der Anlage und die Umsetzung koordinieren.

Dafür, daß das Konzept erst im Jahr 1995 in einem Bericht[50] der chinesischen Akademie der Wissenschaften entworfen wurde, ist der Fortschritt erstaunlich schnell. Da die entstehenden Projekte in extrem unterschiedlichen Klimazonen liegen, werden die erzielten Ergebnisse die Produktivität und Flexibilität des ZERI-Systems weiter verbessern.

Der Fall der Wasserhyazinthe in Afrika

Die Wasserhyazinthe *(Eichhornia crassipes)* ist eine schöne Pflanze. Ihre Blüten sind so beeindruckend und dekorativ, daß die Kolonisatoren Afrikas diese in Lateinamerika heimische Pflanze importierten, um damit ihre Seen und Teiche zu schmücken. Sie blüht fast das ganze Jahr über. Die Wasserhyazinthe gedeiht in Gewässern, die reich an Mineralien und Nährstoffen sind. Mit den Jahren ist diese schöne Pflanze jedoch zu einer Plage geworden. Sie nimmt einen Spitzenplatz ein bei den Tagesordnungspunkten afrikanischer Politiker, und sie wurde als Bedrohung für die betroffenen Regionen erkannt – auch von internationalen Geldgebern wie der Weltbank, der Food and Agriculture Organization of the United Nations (FAO) und des Umweltprogramms der Vereinten Nationen (UNEP), die Forschungsprojekte mit dem Ziel der Ausrottung dieser Pflanze unterstützen.

Der Schaden durch die wuchernde Wasserhyazinthe – sie kann ihr Gewicht in nur zwei Wochen verdoppeln – beeinträchtigt die Wirtschaft aller Seengebiete Afrikas von Simbabwe, Malawi über Sambia, Tansania und Kenia bis nach Uganda spürbar. Die dominante Pflanze verdrängt alles, was im Wasser lebt, von den Fischen bis zu den Schildkröten, von den Algen zu den Benthos und Plankton. Sie absorbiert den im Wasser vorhandenen Sauerstoff, was besonders nachts ein großes Problem ist, wenn die Photosynthese stagniert. Die Fischer verlieren nicht nur ihre Einkommensquelle, sondern sie sind mit einem großen Problem konfrontiert: Sie können nicht mehr zum Fischen hinausfahren, weil die Wasserhyazinthe die Wasserwege blockiert. Bootsmotoren verheddern sich darin, so daß nur noch das Kanu als Transportfahrzeug bleibt. Dies reduziert den Wasserfluß zum Wasserkraftwerk und beeinträchtigt damit die Energieerzeugung. Und wenn die Wasserhyazinthen sich so weit ausgedehnt haben, daß sie die Turbinen verstopfen, ist die Stromerzeugung eines ganzen Landes, wie im Falle von Sambia, gefährdet. Auch der Tourismus gerät in Mitleidenschaft, und deshalb suchen Länder auf der ganzen Welt nach einer endgültigen Lösung zur Beseitigung dieser aggressiven Pflanze.

Angesichts des wirtschaftlichen Schadens hat man alles versucht, um die Ausbreitung dieses Schädlings einzudämmen,

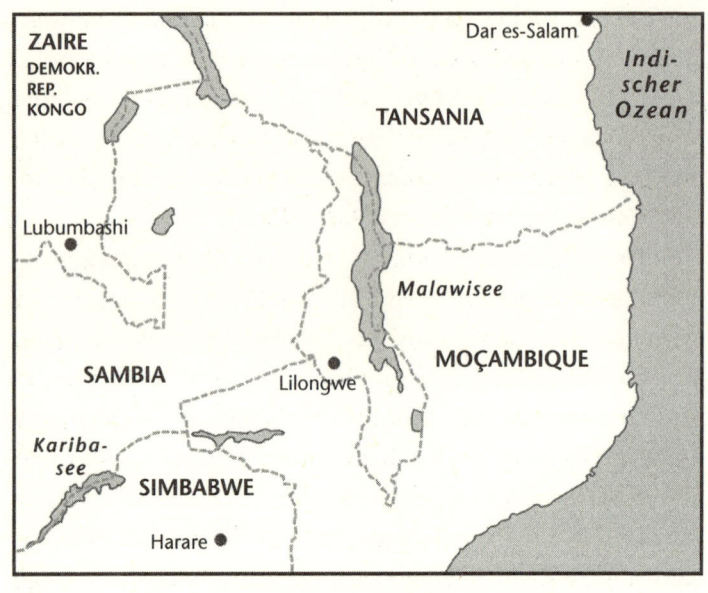

Abbildung 8:
Der Malawi- und der Karibasee

und selbst seine Ausrottung ist gefordert worden, aber immer erfolglos. In Malawi überwucherte die Wasserhyazinthe den zentralen See. Das Besprühen mit Pestiziden aus der Luft wurde als letzte Rettung betrachtet. Ein paar Monate nachdem die Seen »gereinigt« waren, tauchten die Wasserhyazinthen wieder auf, und in weniger als einem halben Jahr hatte die Pflanze ihre Vormachtstellung zurückerobert, während die Pestizide die andere Flora und Fauna sowie das Wasser geschädigt zurückließen.

Die Wasserhyazinthe kommt in den unterschiedlichsten Arten vor, doch eines ist allen gemeinsam: Ihre Keimung dauert etwa fünfzehn Jahre. Das heißt, man kann die grüne Masse zerstören, doch die Ausrottung ist erst dann erfolgreich, wenn nicht nur die Blätter und Wurzeln, sondern auch die Samen mehr als fünfzehn Jahre lang mit Chemikalien erstickt worden sind. Eine solche Strategie kann man niemandem plausibel machen. Es würde bedeuten, daß die gesamte Flora und Fauna des Wassers der betroffenen Gebiete geopfert werden müßten, um dieses Unkraut zu vertilgen. Und die Gebiete sind groß.

Biologische Methoden wurden ebenfalls versuchsweise angewandt. Die Einführung des Rüsselkäfers aus Australien brachte auch nicht den erhofften Erfolg; er sollte die Blüten fressen, bevor sie Samen ausbildeten. Dies ist jedoch ein weiterer Lösungsversuch, der nicht nachhaltig wirken kann, weil die Zersetzung der Wasserhyazinthen-Biomasse massiven organischen Abfall produziert, der Unmengen von Sauerstoff konsumiert. Dazu werden nichtorganische Mineralien freigesetzt. Diese stoßen auf Mineralien und Nährstoffe, die von gedüngtem Ackerland ausgewaschen wurden, absorbieren sie, und nachdem diese abgestorben sind, werden sie wieder den Wasserwegen zugeführt, um das perfekte Milieu für die Wiedereinführung des Schädlings zu bilden. Es steht also ein großes Fragezeichen über dem Import von Insekten für Afrikas Wasserwelt und die Umwelt im allgemeinen.

Man hat es auch mit manuellen und mechanischen Methoden versucht. In Sambia wurde die Situation so kritisch, daß die Armee zum Einsatz kam, um die Flüsse von der Wasserhyazinthe zu bereinigen, damit der Wasserpegel beibehalten werde und die Turbinen der Energieerzeugungsunternehmen störungsfrei liefen. In der Gegend von Harare in Simbabwe engagierte die Leitung des Nationalparks zweihundert Vollzeitkräfte – überwiegend Frauen –, um die Wasserhyazinthe manuell zu beseitigen. Keiner der Versuche brachte den erhofften Erfolg. In Simbabwe sah es freitags so aus, als sei der See gesäubert, doch am Montag standen die Arbeiter wieder an dem verstopften Wasserablauf des Sees.

Sie erhalten für diese Sisyphosarbeit nicht mehr als den Mindestlohn von einem amerikanischen Dollar und 50 Cent pro Tag. Mit einem Kostenaufwand von 300 Dollar pro Tag, 300 Tage im Jahr sowie den Kosten für den Abtransport der Biomasse aus den Distrikten kommen die finanzgeschwächten Nationalparks von Simbabwe auf eine Investition von 100 000 Dollar pro Jahr, um die Wasserversorgung von nur einem See zu gewährleisten. Das Karibaseegebiet ist noch schlechter dran: Hier werden zusätzlich 200 000 Dollar für die Schadensbegrenzung gebraucht; die wirtschaftlichen Verluste belaufen sich dagegen auf mehrere Millionen Dollar.

Der Kampf scheint aussichtslos zu sein. Und das überrascht auch gar nicht. Denn wie wir wissen, kann das Bekämpfen der Symptome, ohne die Ursachen zu beseitigen, nie zu nachhaltig wirksamen Lösungen führen. Die Wasserhyazinthe ist eine zähe Pflanze, doch ihr überwältigender Erfolg ist nur ein Symptom des eigentlichen Problems, von dem die Regionen betroffen sind: Bodenerosion. Überall, wo die Oberschicht aufgrund von übermäßiger Bepflanzung oder Überweidung weggespült ist und übergroße Mengen von Dünger wie zum Beispiel Nitraten verwendet werden, sammeln sich die Nährstoffe und Mineralien in den Flußbetten und auf dem Grund der Seen an und schaffen damit eine überaus fruchtbare Umgebung, in der die Wasserhyazinthe gedeiht.

Es muß also eine andere Strategie entwickelt werden, die Strategie des UpSizings.

Rechts: Wasserhyazinthen wachsen explosionsartig in nährstoffreichen Gewässern.

Unten: Der brasilianische Umweltexperte José A. Lutzenberger setzt Wasserhyazinthen in einem Kreislaufprozeß ein. Der Schweinedung gelangt in einen Teich; das Wasser wird durch die Wasserhyazinthen geklärt, die wiederum in der Schweinemast eingesetzt werden.

Falls man die Wasserhyazinthe nicht als Problem ansähe, sondern als einen Versuch der Natur, den vom Menschen angerichteten Schaden wiedergutzumachen, dann würden die Lösungen durchaus ganz anders aussehen. Wenn schließlich alle Mineralien und Nährstoffe zusammen mit großen Mengen von Nitraten ausgespült worden sind, landet die fruchtbare Oberschicht des Ackerlandes in den Wasserläufen. Es besteht die Gefahr, daß der Oberboden unwiederbringlich verlorengeht, die Staudämme verschlammt und die Flußbetten anfüllt. Die Wasserhyazinthe ist die Antwort der Natur auf das zerstörerische Verhalten der Menschen. Es ist der Versuch, Verlorenes zurückzugewinnen. Der Mensch sollte, statt die Pflanze als »Wasserpest« zu bekämpfen, einsehen, daß die Wasserhyazinthe die einzigartige Möglichkeit bietet, die durch fehlgeleitete Maßnahmen vom Ackerland gespülten Nährstoffe wieder nutzbar zu machen. Dank der Photosynthese und dem schier unbegrenzten Zugang zum Wasser konvertiert die Pflanze all die verlorenen Mineralien und Nährstoffe in eine Biomasse von herausragender Qualität mit extrem starken Fasern und einer hohen Nährstoffkonzentration.

Als sich eine Gruppe von Wissenschaftlern, Akademikern, Leitern aus den Fachbereichen Landwirtschaft und natürliche Ressourcen auf Einladung des United Nations Development Programme (UNDP) im Januar 1997 in Windhoek, Namibia, traf, um die Möglichkeiten des UpSizings, der generativen Wissenschaft und der Zero Emission zu erforschen, kristallisierte sich die Wasserhyazinthe als potentielle Fallstudie heraus.[51]

Die Wissenschaftler machten sich daran, die beste Methode zur Wiederverwertung dieser Biomasse zu finden. Da sie wußten, daß die Fasern so fest sind, und beobachteten, daß Vieh und Wildtiere die frischen oder getrockneten Wasserhyazinthen nicht fressen, blieb als einzige Möglichkeit nur noch die beste Verwendungsmethode für Fasermaterial: der Pilzanbau.[52]

Pilze in Afrika

Man hatte bis dahin die Kultivierung von Pilzen auf getrockneten Wasserhyazinthen in Afrika noch nicht ausprobiert. Obwohl in Afrika etwa 30 Prozent der weltweiten Biovielfalt der Pilze vorkommen, hat der Kontinent global betrachtet nur einen Output von 0,3 Prozent, der zum überwiegenden Teil aus Sorten besteht, die nicht einheimisch sind. Der Weltmarkt für Speisepilze wird auf einen Wert von 9 Milliarden Dollar geschätzt, ein weiterer wachsender Sektor, die pharmazeutische Industrie, kommt mit etwa 3,6 Milliarden Dollar dazu. Insgesamt entspricht das Handelsvolumen etwa dem des Kaffees.

Afrika fehlt das Wissen um seine eigene Biovielfalt, und durch den fortschreitenden Schwund des Waldes ist der natürliche Lebensraum einer großen Anzahl von Arten bedroht, die dann aussterben, bevor ihre wahren Potentiale – ob als Nahrungsmittel oder Rohmaterial für die pharmazeutische Industrie – überhaupt erforscht worden sind.

Es gibt in Afrika keine Sporenbank oder dergleichen, die den Bauern und Unternehmern geeignetes Ausgangsmaterial liefern könnte. Lediglich in Südafrika wird die Zucht nichteinheimischer Pilzarten in größerem Stil betrieben. All dies hat zur Folge, daß Simbabwe wie viele andere afrikanische Staaten Pilze importiert, um die Nachfrage zu befriedigen. Und das, obwohl zahlreiche afrikanische Pilze – früher traditionelles Nahrungsmittel der örtlichen Gemeinschaften – einzigartig schmecken, weitaus besser sogar als die importierten Arten.

Die Pilze waren hier einst ein saisonales Nahrungsmittel, das
während der Regenzeiten geerntet wurde, um die proteinrei-
che Ernährung der ländlichen Bevölkerung zu sichern. Heutzutage sind die Preise wegen der fehlenden Lebensgrundlage
für die Pilze sehr hoch. Es besteht also eine große Chance für
die ländlichen Gemeinschaften, dieses Grundnahrungsmittel
wieder einzuführen, wobei ein Wasserhyazinthensubstrat als
Nährboden dient.

Machbarkeitsstudien

Obwohl Ranger der Nationalparks beobachtet hatten, daß Pilze auf den Haufen aus trockenen Wasserhyazinthen spontan
Fäden bildeten, kam doch niemand auf den Gedanken, daß sie
kommerziell angebaut werden könnten. Die Wissenschaftler
kamen zu dem Schluß, daß eine Studie unter Leitung von Professor S. T. Chang in fünf Ländern durchgeführt werden sollte.
Eine Gruppe von Wissenschaftlern kam nach dem ersten Treffen bald wieder in der Universität von Mutare in Simbabwe
zusammen, und unter der Koordination von Frau Margaret
Tagwira entwickelte sich die geplante Initiative.

Die Ergebnisse waren beeindruckend. Nach nur dreißig Tagen wuchsen auf dem Trockensubstrat der Wasserhyazinthe
erntbare Pilze, und bereits nach zehn Tagen konnten sie ein
zweites Mal und danach sogar ein drittes Mal abgeerntet werden. 1 Tonne getrockneter Wasserhyazinthen erzeugte die beeindruckende Menge von 1,1 Tonnen Pilzen – das heißt mehr
Pilze als Ausgangsmaterial. Und die Ergebnisse beschränken
sich nicht allein auf die Erzeugung von Pilzen. Da das Wasserhyazinthensubstrat sehr mineral- und nährstoffhaltig ist,
waren die Austernpilze und die Scheidlinge angereichert mit

Kalium, Magnesium, Jod und Kalzium sowie zahlreichen anderen Komponenten, die für eine gesunde Ernährung wichtig sind. Viel von dem, was durch die Bodenerosion verlorengeht, kann durch den Pilz zurückgewonnen werden. Natürlich kann die Wasserhyazinthe auch gefährliche Mineralien freigeben, etwa Kadmium oder Blei, wenn sie in den Flüssen oder Seen vorkommen. Das ist ein potentielles Problem, das nur dadurch angegangen werden kann, daß beim Pilzanbau der Gebrauch auf Wasserhyazinthen beschränkt wird, die in nichtvergifteten Gegenden gewachsen sind.

Das nach dem Pilzanbau verbleibende Substrat ist eine wertvolle Nahrungsbasis für Vieh. Da fast die gesamte Lignocellulose von den Pilzenzymen aufgespalten wird, kann der Rest als Viehfutter verwendet werden oder – und auch dies ist gut kalkulierbar – für die Zucht von Regenwürmern, die das Substrat in Humus verwandeln. Der gewonnene Humus könnte wieder dem Boden zugeführt werden und damit zum Teil den Verlust an Oberschicht ausgleichen, und die Würmer sind ein hervorragendes Hühnerfutter.

Der Kreislauf der Biomasse rund um die Wasserhyazinthe erlaubt ebenso die Produktion von Biogas aus den Abfallströmen, was benötigt wird, um das Substrat für die Pilze zu sterilisieren. Das Vieh und die Hühner liefern dazu genügend Ausgangsmaterial, das wieder in einen Digester geführt werden kann. Damit umgeht man die Notwendigkeit, Bäume für Brennholz zu fällen. Das Ergebnis ist ein System, das sowohl Einkünfte erzielt wie auch Jobs schafft und ein Problem in eine Chance verwandelt (siehe Abbildung 9).

Die ökonomische Durchführbarkeit wurde ebenfalls bestätigt. Etwa 60 bis 80 Prozent der Kosten des Pilzanbaus belaufen

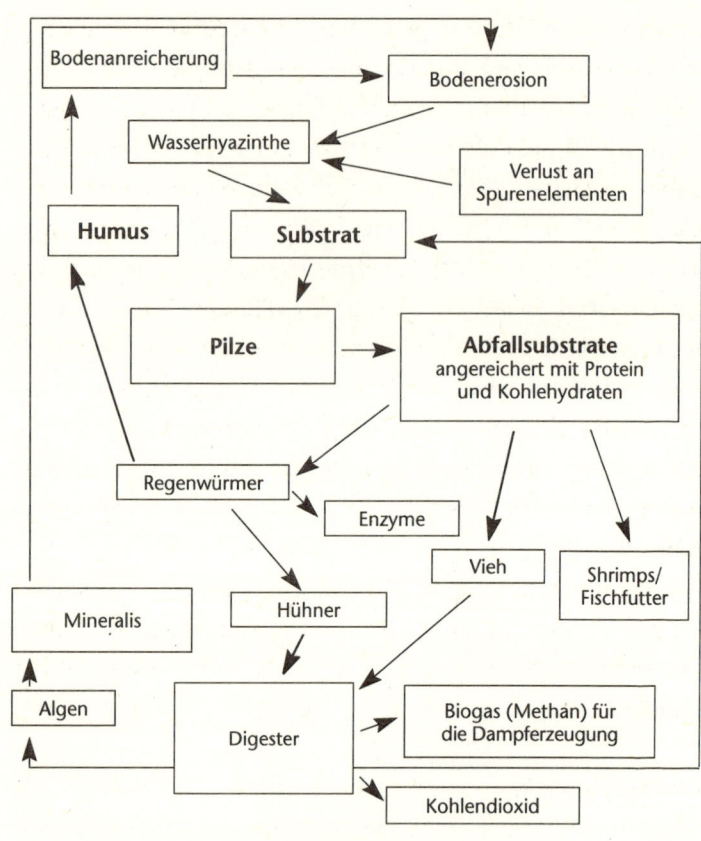

Abbildung 9:
Das integrierte Biosystem für die Wasserhyazinthe
Quelle: ZERI Foundation, Genf

sich auf die Vorbereitung des Substrats: seine Beschaffung und die Kosten für die Energie, die zu seinem Sterilisieren benötigt wird. Es muß sterilisiert werden, damit die Mikroorganismen getötet werden, die andererseits mit den Pilzsporen konkurrieren würden. Wie auch immer, wenn das Ausgangsmaterial umsonst ist und die Energiekosten mit der Anschaffung eines Biogaserzeugers gedeckt sind, handelt es sich allemal um einen extrem wettbewerbsfähigen Prozeß. Ein einzelner Bauer würde nicht mehr als 500 Dollar investieren müssen, um das Ganze in Gang zu setzen, und mit ein bißchen Erfahrung könnte er schon einen Monat nach Beschaffung der Wasserhyazinthen seine erste Pilzernte verkaufen. Solche Faulräume (Digester), wie sie von George Chan für die Grameen Bank entworfen wurden, kosten nicht mehr als 20 Dollar und sind etwa zwei Jahre einsetzbar. Eine professionellere, industriell einsetzbare Ausgabe kostet etwa 5000 Dollar (zirka 10 bis 20 Kubikmeter), sie würde sich aber binnen Jahresfrist amortisieren. Der Start einer solchen Operation ist ideal für Finanzierungen im kleinen Rahmen.

ZERI hat nun in Kooperation mit dem UNDP ein Schnellprogramm in Angriff genommen, und kleine Pilzzuchtbetriebe sind inzwischen sowohl in Simbabwe als auch in Namibia entstanden.

Den Lebensunterhalt nachhaltig sichern

Afrika braucht einen kreativen Lösungsansatz für seine Probleme, und die sozioökonomischen Ansätze nach der ZERI-Methodologie sollten eine Motivation für die Politiker sein. Die zweihundert Arbeiter, die für die Beseitigung von Wasserhyazinthen rund um Harare nur einen Mindestlohn erhalten, könnten dadurch jetzt bis auf eine Zahl von tausend aufgestockt werden und dabei einiges mehr als den Mindestlohn verdienen (siehe Tabelle 15). Der Marktpreis für Pilze liegt bei etwa 100 Simbabwe-Dollar (Z$) pro Kilo, das ist eine günstige Gelegenheit zur Schaffung von Mehrwert! Wenn dann noch

Tabelle 15: Anwendung der generativen Wissenschaft auf den Einkommensstrom von ungelernten Arbeitern am Beispiel der Wasserhyazinthe

Mindestlohn für 200 ungelernte Arbeiter (je 16,10 Z$)	322,00 Z$ pro Tag
Plus Transportkosten	500,00 Z$ pro Tag
Preis für 1 Kilo Pilze	100 Z$ pro Kilo
Tägliche Sammelmenge an Wasserhyazinthen bei 200 Arbeitern	5 Tonnen pro Tag
Mögliche Pilzmenge	5,5 Tonnen pro Tag
Mögliches Einkommen pro Tag	550 000 Z$
Preisnachlaß durch erhöhte Produktion	200 000 Z$
Möglicher Tagesverdienst für 1000 Arbeiter	je 200 Z$
Steigerung des Einkommens um das Zehnfache	
Produktion von Regenwürmern auf 1 Tonne Substrat	100 Kilo
Hühnerzucht	46 Kilo
Erzeugung von Humus	1000 Kilo
Quelle: ZERI Foundation, Genf	

die zusätzlichen Vorteile durch die Regenwurmkultivierung sowie die Biogas- und die Hühnerfutterproduktion mit in die Kalkulation einfließen, kann das Gesamteinkommen der Arbeiter noch weiter anwachsen.

Es handelt sich um einen langfristigen Lösungsansatz, der Geduld erfordert. Aber aktiv werden muß man schon jetzt. Das Pilotprojekt der Universität in Simbabwe hat seine Effizienz bewiesen. Die Menschen rund um den Viktoriasee, den Malawisee und den Sambesi müssen entsprechend ausgebildet und angeleitet werden. Anstatt abhängig von dem Import südafrikanischer Pilze zu bleiben, kann Simbabwe die Chance nutzen, selbst erfolgreich in der Zucht von Pilzen zu werden. Alle Komponenten, die erforderlich sind, um mehr Einkommen und mehr Arbeitsplätze zu schaffen, indem ein erneuerbarer Rohstoff genutzt wird, stehen zur Verfügung. Der einzige fehlende Faktor ist, daß die Menschheit noch lernen muß, wie die Natur arbeitet.

Der Fall Gotland

Håkan Ahlsten ist Banker. Er war Teilnehmer an der zweiten Weltkonferenz über Zero Emission in Chattanooga, Tennessee, im Mai 1996. Die Idee, die Wirtschaft so umzugestalten, daß nicht nur der Umweltschutz berücksichtigt würde, sondern daß gleichzeitig Arbeitsplätze geschaffen und die Produktivität gesteigert würden, war Musik in den Ohren eines Finanzmannes. Auf Gotland hatte man unter relativ großem Aufwand versucht, herauszufinden, in welche Richtung sich die Menschen auf dieser Insel in der Ostsee zwischen Schweden und Finnland entwickeln wollten. Die Kernelemente der wirtschaftlichen Entwicklungsstrategie Gotlands, die im Frühjahr 1996 veröffentlicht wurden, waren:

1. Arbeitsplätze schaffen,
2. lebensmittelverarbeitende Industrien entwickeln, die auf einheimischen Stoffen basieren,
3. den Umweltschutz verbessern,
4. das Know-how und die Technik erweitern und
5. die Informationen über Gotland verbessern.

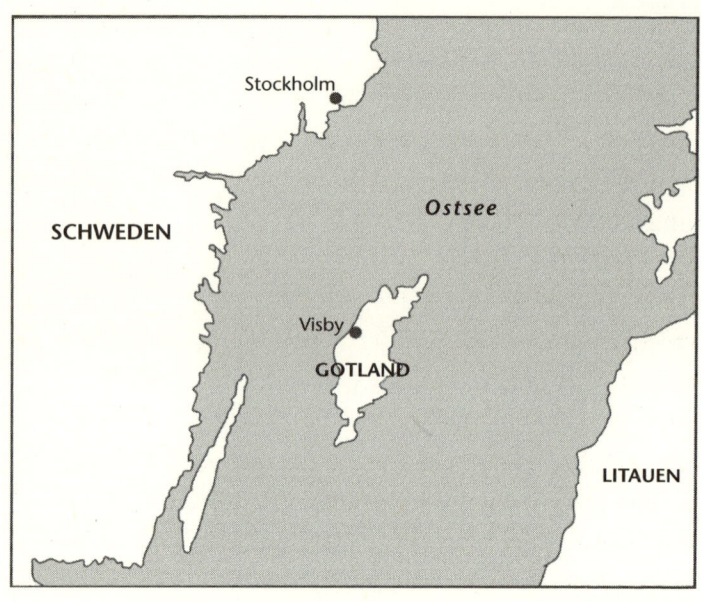

Abbildung 10:
Gotland, Schweden

Nach der Chattanooga-Konferenz wurde ZERI eingeladen, auf der Insel zu untersuchen, wo das Konzept der Zero Emission dort angewendet werden könnte. Da sich ZERI hauptsächlich auf die Lebensmittelverarbeitung konzentriert hatte, boten diese Industrien einen ersten Übereinstimmungspunkt. Auch wenn die von ZERI in Afrika, Lateinamerika und Asien gesammelten Erfahrungen natürlich in Schweden nicht direkt kopiert werden konnten, so lieferte doch das allgemeine Konzept eine tragfähige Grundlage. Gotlands Entscheidung, die Entwicklung durch kleine und mittelgroße Betriebe voranzutreiben, kam auch dem ZERI-Ansatz entgegen, da Operationen im kleineren Rahmen eher zu schnellen Erfolgen führen und weniger risikoreich sind – zwei wichtige Faktoren, wenn Neuerungen vorgenommen werden.

Bis zum Jahr 2010 muß Gotland die Zahl der Arbeitsplätze um fünftausend erhöht haben. Die gegenwärtige Wirtschaftslage läßt nicht auf die Möglichkeit einer so großen Beschäftigungszunahme hoffen. Der Gotland-Plan schlägt ausdrücklich vor, daß Raum für kreative und innovative Ideen für nachhaltiges Wachstum geschaffen werden soll. Daher entschied man sich dafür, daß die größte, aber am wenigsten genutzte Quelle der Insel – landwirtschaftliche Produkte und ihre Rückstände – im Mittelpunkt der Initiative stehen sollte.

Die Mitarbeiter der ZERI Foundation und der Biofocus Foundation von der Königlichen Schwedischen Akademie der Wissenschaften haben eine Reihe von Projekten mit hoher Priorität ermittelt – darunter die Einführung neuer Produkte auf Basis von Abfall, der zur Zeit entsorgt werden muß –, die innerhalb eines Jahres realisiert werden könnten. Alle Initiativen produzieren zunächst im kleinen Rahmen und haben begrenzte Zielvorgaben. Das Programm sollte in überblickbarem Rahmen erste und schnelle Erfolge erzielen, um Vertrauen aufzubauen und Lernerfahrungen zu machen, auf die sich später größer angelegte Initiativen stützen könnten.

Langfristige Realisierbarkeit erfordert einen Ausbildungsplan, eine Kommunikationsstrategie und eine Erweiterung der Partnerschaften. Auf diese Elemente wird hier zwar eingegangen, aber sie sind nicht vollständig wiedergegeben. Allein das Engagement der Menschen in Gotland wird dafür sorgen, daß dieses Konzept erfolgreich Anwendung findet und daß Gotland vielleicht die erste Zero-Emission-Zone Europas wird. Einige der Schlüsselprojekte sollen nun beschrieben werden.

Karottensaft aus Gotland

Gotland produziert 15 000 Tonnen Karotten per annum, ein Drittel der schwedischen Produktionsmenge. Karotten aus Gotland sind aufgrund ihrer hohen Qualität bekannt und geschätzt. Bis zu 25 Prozent der geernteten Karotten werden aussortiert, da diese nicht den Qualitätsanforderungen entsprechen, und als Viehfutter verwendet.

Der Plan sieht vor, daß die größte Kooperative ein Drittel der gotländischen Produktion übernimmt, das heißt etwa 5000 Tonnen pro Jahr. Die Kooperative verfügt über ausreichend Land, Kapazität und Arbeitskräfte, die eingestellt werden könnten. ZERI hat vorgeschlagen, daß die 25 Prozent »Abfall« für die Herstellung von frischem Karottensaft verwendet werden sollen. Der Verbraucher in Schweden zahlt bis zu 30 Kronen für 1 Liter frischen Karottensaft im Einzelhandel (oder 30 Kronen für ein 200-Milliliter-Glas im Café oder Restaurant). Eine pasteurisierte Version läßt sich für 15 Kronen pro Liter verkaufen.[53]

Im Anfangsstadium könnten die Reste aus der Saftherstellung als Viehfutter verwendet werden, ohne daß damit weiterer Aufwand getrieben werden müßte. Später würden sie auch als Zusatz für Hühnerfutter dienen, wobei das Betakarotin einen positiven natürlichen Farbeffekt beisteuerte (tiefgelbes Eigelb oder dunklere Fleischfarbe). Sie könnten ebenso als Fischfutter verwendet werden. Da die Reste nach der Saftgewinnung wertvolle Komponenten wie Betakarotin, Vitamine und Antioxidantien enthalten, kann ein Forschungsprogramm entworfen werden, das die technischen und wirtschaftlichen Aspekte ihrer Verwertbarkeit untersucht. Die Auswahl, die Herstellung des Saftes sowie das Verpacken und der Versand erfordern im Anfangsstadium drei Mitarbeiter; bei vollem Programm beschäftigte die Saftanlage bis zu zehn Menschen.

Ein neuer Geschäftszweig kommt also hinzu, der auf einer der Stärken Gotlands aufbaut. Verwendet man schätzungsweise 3000 Tonnen für die Saftherstellung, dann produziert man ungefähr 1 000 000 Liter Saft bzw. etwa 2500 Flaschen am Tag, wenn es möglich ist, die Produktion über das ganze Jahr zu verteilen. Dies schafft ein potentielles Einkommen in einer Größenordnung von 10 Millionen Kronen allein für den Saft. Da die Karotten für 3 Kronen das Kilo verkauft werden, stellt dies eine erhebliche Wertschöpfung für die Karottenbauern und die Kooperative dar.

Da die Unternehmung die Verwertung von Abfallprodukten vorsieht und die anfallenden Reststoffe auch als Grundlage für andere Produkte einkalkuliert, eignet sie sich ideal als ZERI-Projekt.

Produktion von Hühnerfutter

Gotland produziert qualitativ hochwertige Hühner. Die Insel ist absolut salmonellenfrei, und die Hühner werden nicht mit Antibiotika vollgestopft. Obwohl man sich der Qualität bewußt ist, erlaubt es der hohe Preisdruck nicht, diesen Vorteil preislich zur Geltung kommen zu lassen. Es gibt kein Ökosiegel für Hühner mehr. Die große schwedische Supermarktkette KF hatte einmal ein Ökosiegel, verzichtete dann aber darauf, um die harten Preisbedingungen der Merchandiser zu erfüllen. Das Hühnerfutter macht 80 Prozent der Kosten bei der Hühneraufzucht aus. Qualitativ hochwertiges Futter liefert Fleisch von höchster Qualität. Guta Kyckling, der führende Anbieter, produziert und schlachtet vier Millionen Hühner per annum. Die Produktion von so vielen Hühnern erfordert 16 bis 20 Millionen Kilo Hühnerfutter pro Jahr. Hühner liefern einen Dung, der sich ausgezeichnet zur Produktion von Methangas und der Zucht von Regenwürmern eignet. Für jedes Kilo Futter produziert das Huhn 1 Kilo Dung.

Die Küste von Gotland ist von Algen verseucht, die ans Ufer gespült werden. Mehrere Algenarten können zusammen mit Regenwürmern als Hühnerfutter verwendet werden, das eine hochwertige Mischung aus Eiweiß, Ballaststoffen, Mineralien und Vitaminen liefert. Die Inbetriebnahme einer neuen Brauerei in Gotland erweiterte die Möglichkeiten zur Schaffung eines integrierten Biosystems, das die Hühner das ganze Jahr über mit vor Ort vorhandenen und wiedergewonnenen Ressourcen versorgen könnte. Eine Biogasanlage, die mit Hühnerdung (und vorzugsweise gemischt mit anderem Tierdung) arbeitet, erzeugt Energie. Die Testanlage sollte detaillierten Input für den Aufbau jeder der insgesamt zwölf Hühnerfarmen liefern.

Die Kultivierung von Regenwürmern auf der Grundlage des Hühnerdungs, der auf der Farm anfällt, liefert zusätzliches Protein für die Hühner. Die Produktivität und die Fütterung von Hühnern müßte allerdings noch untersucht werden. Eine Fischfarm als Pilotprojekt, bei der der Schlamm aus der Biogasanlage als Fischfutter verwendet wird, kann sich zusammen mit anderen Projekten zu einem breiter angelegten Zero-Emission-Industriecluster entwickeln.

Das Projekt zielte in erster Linie darauf ab, die hühnerverarbeitende Industrie wieder konkurrenzfähig zu machen, indem es einerseits die Kosten für Futter senkt und andererseits die Energieeffizienz und den Ertrag erhöht. Es sollte zweihundert

Arbeitsplätze sichern, die zu jener Zeit gefährdet waren. Wenn die Biogasanlagen erst einmal alle aufgebaut wären und liefen, könnten bis zu fünfzig neue Stellen geschaffen werden.

Algenbeseitigung

Algen wachsen an vielen Stellen in der Ostsee. Sie haben den Seetang verdrängt, und immer neue Sorten bilden ganze Teppiche. Die Algen werden ans Ufer gespült und verunreinigen die Strände, was den Tourismus beeinträchtigt, einen wichtigen Faktor für die Ökonomie dieser Insel.

Aufgrund des niedrigen Salzgehalts des Wassers in der Ostsee sind diese Algen etwas Besonderes – auch wenn alle aus denselben biochemischen Komponenten bestehen, die in der Agro- und Lebensmittelindustrie verwendbar sind, zum Beispiel Agar-Agar, Carrageenan oder Jod. Algen können äußerst nahrhaft sein und sind als Futter für Vieh, Hühner und Schweine geeignet, entweder in getrockneter, unbehandelter Form oder behandelt. Die Reste aus der Algenverarbeitung können in der Viehfutterindustrie wiederverwertet werden. Deshalb wurde von ZERI eine genau biochemische Analyse der wichtigsten Algenarten, die am Ufer angespült werden, vorgeschlagen.

Die Untersuchung sollte auch die Verwendung der Algen als Hühnerfutterzusatz berücksichtigen, speziell für Legehennen, so daß die Auswirkung auf die Farbe des Eidotters eingeschätzt werden könne. Des weiteren sollte die Auswirkung der Algen auf die Farbe von Schweinefleisch untersucht werden – dies wird immer blasser, während Algen es rosiger machen würden.

Die Reinigung der Inseln kann auf wirtschaftliche Art und Weise erfolgen. Falls die getrockneten Algen in vollem Um-

fang als Wertschöpfungskomponente genutzt werden können, werden die Insulaner Zeugen der Entstehung einer neuen
Industrie werden. Dies wird Arbeitsplätze schaffen.

Fischzucht bei der Arla

Die Umweltminister von Schweden und Finnland weisen in
neueren Untersuchungen auf das Problem der Überfischung
und der Umweltverschmutzung in der Ostsee hin.[54] Sie sind
der Meinung, das Fischen in der Ostsee sollte eingeschränkt
werden, wobei die Befriedigung des Bedarfs durch die Erweiterung der Zuchtbetriebe gewährleistet bleibt.

In Gotland boten sich zahlreiche Möglichkeiten für einen
Ausbau der Fischzucht durch die Verwendung von Wasser,
Energie und Nahrung, die als Nebenprodukte anfallen. Doch
der Fall Arla verdient besondere Aufmerksamkeit.

Arla, eine auf der Insel ansässige Genossenschaft, die Milch
verarbeitet, verbrauchte 160 000 Kubikmeter Wasser im Jahr.
Nachdem der biochemische Sauerstoffbedarf (BSB) des Wassers gesenkt und der pH-Wert ausgeglichen worden war, wurde es bei einer Temperatur von 27 Grad in die Kanalisation
geleitet. Arla gab darüber hinaus 40 Grad warme Luft aus seiner Milchpulveranlage ab. Sowohl das Wasser als auch die Luft
enthielten Restmengen von Milch wie zum Beispiel Fette und
Proteine. Es wurde vorgeschlagen, den Arla-Betrieb zu einem
großangelegten Pilotprojekt für integrierte Biosysteme zu machen. Die Qualität des Wassers, der Nahrung und der Energie
ist ideal für die ganzjährige Zucht von Tilapia, einem exquisi-
ten weißen Fisch, der auf den internationalen Märkten hohe
Preise erzielt – bis zu 30 Kronen pro Kilo. Es gab genügend
Wasser, Land und Nahrung, um drei Teiche von jeweils 2 Hek-

tar Größe anzulegen. Die Fischzucht könnte von einem Ertrag von 3 Tonnen pro Hektar im ersten Jahr auf 10 bis 12 Tonnen pro Hektar und Jahr steigen.

Die 6 Hektar große Pilotanlage in Arla kann bis zu 60 Tonnen Fisch im Jahr erzeugen, womit sie einen Trend setzte und der fischverarbeitenden Industrie einen neuen Anstoß gäbe. Wenn diese und andere Initiativen im Bereich der Fischzucht verwirklicht würden, könnte sich schon bald das Volumen um schätzungsweise 100 Tonnen erhöhen. Da die Fischzucht im Projekt eingeplant war, mußte in einer zweiten Phase das Produktionsergebnis noch detailliert quantifiziert werden.

Ätherische Öle aus Gotland

Ätherische Öle nehmen eine führende Stellung auf dem rasch wachsenden Markt der Gesundheitsprodukte ein. Die Aromatherapie wird inzwischen auf der ganzen Welt angewandt, wobei Asien über den größten Marktanteil verfügt, gefolgt von Nordamerika und Europa. Der Wert auf dem Weltmarkt war schon 1994 auf etwa 1 Milliarde Dollar mit steigender Tendenz geschätzt worden: Lemon Grass zum Beispiel bringt ganze 10 Dollar pro 10 Milliliter. Gotland ist stolz auf seine einzigartige Biovielfalt, und zahlreiche Pflanzen, Blumen und Sträucher kommen nur auf der Insel vor. Diese Biovielfalt könnte leicht in Mehrwert schaffende Produkte umgesetzt werden – nicht nur in den Tropen bietet sich diese Gelegenheit. Doch wurde sie bis dato keineswegs genutzt.

Der Vorschlag, eine Destillationsanlage für ätherische Öle zu errichten, basierte auf einer botanischen Expedition, bei der man sechs überall auf der Insel wachsende Pflanzen gefunden hatte. Die Produktion ätherischer Öle könnte ausgedehnt werden auf Kräuter für Lebensmittel und Kosmetik als Sekundär-produkte. Da beim Destillationsprozeß nur 1 Prozent der Bio-masse entnommen wird, fällt eine große Restmenge an. Diese restliche Biomasse könnte als Fischfutter verwendet oder, falls eine Dampfexplosionsanlage vorhanden ist, in Qualitätsvieh-futter umgewandelt werden.

Die Initiative sollte das Image Gotlands als eine die Natur und die Biovielfalt achtende Insel verstärken. Getragen wird das Projekt vom immer größer werdenden botanischen Know-how, und da die Ölgewinnung nur dann möglich ist, wenn nachhaltig geerntet wird, könnte sie zu einem der bedeutend-sten Beispiele für biologische Landwirtschaft werden, die hochwertige Produkte erzeugt, für die Höchstpreise gezahlt werden. Das Setzen, Ernten und Verarbeiten von Pflanzen und Kräutern mit ätherischen Ölen schafft eine Vielzahl unter-schiedlicher Arbeitsplätze. Eine Kerneinheit für eine kleine Destillationsanlage benötigt ein Team von zwölf Mitarbeitern.

Die Einkünfte schwanken je nach Art des ätherischen Öls. Das Öl der Geranie beispielsweise, die überall auf der Insel vorkommt, erzielt in Japan einen Einzelhandelspreis von 50 Dollar für 10 Milliliter (bzw. 5000 Dollar pro Liter), ein Drittel davon im Großhandel, das heißt 15 Dollar pro Flasche. Die Destillation kann auch sehr energiesparend erfolgen, wenn man im Sommer, der Haupterntezeit, zusätzlich mit So-larenergie arbeitet.

Die Gotland Brauerei
Die gotländische Firma Bolaget hat im Sommer 1998 eine neue Brauereianlage in Betrieb genommen. Standort ist Visby, die größte Stadt der Insel.

Die neue Brauerei sollte im Entwicklungsstadium die von ZERI entworfenen und in mehreren Pilotprojekten angewandten integrierten Biosysteme einbeziehen. Auch wenn es so hoch im Norden noch kein Projekt gegeben hatte, so waren die ZERI-Fachleute, angeführt von Professor George Chan, doch überzeugt, daß es in vergleichbarer Weise durchgeführt werden kann.

Es könnte für die neue Brauerei von Vorteil sein, sich im Hafen anzusiedeln, so daß die zusätzlichen Aktivitäten alle auf ein und demselben Gelände stattfinden. Damit würde auch die Attraktivität für die Besucher erhöht, die ein vollständiges Bild von dem integrierten System bekommen sowie von dem Industriencluster und der Wiedervereinigung von Landwirtschaft und Industrie. Das Projekt wäre durchaus eine der Hauptattraktionen für die Touristen – förderte also auch diesen Wirtschaftszweig – und gleichzeitig ein voll funktionierender, Mehrwert schöpfender Industriebetrieb.

Geplant war, daß die Brauerei auf der Insel auch eine kleine Malzanlage betreibt, so daß der in Gotland angebaute Weizen und die Gerste nicht aufs Festland transportiert werden müssen, um danach wieder hierhin zurückgebracht zu werden. In der Brauerei könnten ebenso eine Abfüllanlage für Säfte aus Früchten und Beeren von der Insel installiert werden, damit man auch eine nichtalkoholische Alternative anzubieten hätte. Die Abfallentsorgung ist ähnlich, aber sogar noch etwas einfacher als bei Bier.

Das Projekt sollte zusätzliche Arbeitsplätze schaffen. Da das meiste Bier vom Festland importiert wird, gibt es immer noch Expansionsmöglichkeiten für die Bierindustrie auf der Insel. Das Bekanntwerden des Namens könnte auch den ganzjährigen Export des Biers aufs Festland gewährleisten. Die Brauerei sollte mit fünf bis sechs Mitarbeitern betrieben werden, während die Nebenaktivitäten wie zum Beispiel der Empfang von Touristen und der Verkauf der Produkte, leicht bis zu 25 weitere Menschen beschäftigen würden.

Die von ZERI geplante Brauerei hatte eine Kapazität von 3000 Hektoliter und ungefähr einer Million Flaschen im Jahr. Dies war keine besonders große Menge. Der Verkauf sollte deshalb durch die anderen Einkünfte ergänzt werden, wie sie in den integrierten Biosystemen der ZERI vorgesehen sind.

Inzwischen ist die Brauerei in Betrieb, und schon nach einem Jahr ließen sich die erwarteten Erfolge verzeichnen. Sie arbeitet in einem Cluster mit anderen Branchen, zum Beispiel einer Bäckerei, welche das im folgenden beschriebene Projekt verwirklicht hat.

Kekse und Schokolade aus Gotland

Gotland empfängt bis zu 800 000 Besucher pro Jahr. Dies bietet ein riesiges Potential für den Verkauf von Waren, die mit Gotland in Verbindung stehen. Eine Untersuchung der Produkte für den Touristenverkauf zeigte, daß genügend Raum für Innovationen vorhanden war. Gleichzeitig wurden viele lebensmittelverarbeitenden Betriebe die meiste Zeit des Jahres nicht mit voller Kapazität betrieben, sondern waren nur fünf Wochen im Jahr voll ausgelastet. Das bedeutete, daß eine bessere Nutzung der Investitionsausgaben und des Vertriebsnetzes notwendig war, um langfristig die Lebensfähigkeit der Kleinbetriebe zu sichern.

Gotland ist auch ein wichtiger Exporteur von landwirtschaftlichen Produkten und sucht immer nach Möglichkeiten der Wertschöpfung. Deshalb konnte nach den Vorschlägen der ZERI eine Reihe von neuen Produkten erfunden, entwikkelt, getestet und auf dem Markt verkauft werden. Der Überfluß an lokalen Ressourcen wie Milch, Zucker und Getreide sowie der Überschuß an Arbeitskräften außerhalb der Hochsaison waren für die Herstellung zweier einfacher Produkte nutzbar: Kekse und Schokolade. Das Produktionsverfahren der Gotlandkekse und -schokolade sollte an dem strengsten ZERI-Konzept ausgerichtet werden können, weil alle Zutaten – Milch, Butter, Zucker, Kakao und ihre Rückstände – organisch sind.

Da die Produktion von Keksen und Schokolade während der fünfwöchigen Spitzenzeit gestoppt werden könnte, ohne daß sich das auf die Frische auswirkt, ermöglichte man mit diesem Konzept eine bessere Ausnutzung der einheimischen landwirtschaftlichen Produkte und steigerte gleichzeitig die Produktionskapazität im Rahmen der vorhandenen Infrastruktur und Vertriebskanäle. Die Rückstände würden in anderen Prozessen eingesetzt. Das bedeutete verbesserte finanzielle Erträge!

Dem Konzept zufolge entstünden zunächst nur begrenzt neue Arbeitsplätze, da die Initiative sicherstellen wollte, daß die vorhandenen Arbeitskräfte besser genutzt werden. Wenn das Projekt erst einmal liefe und sich ausdehne, könnte man mit zusätzlichen Stellen rechnen. Der Vorteil lag darin, daß es sich hierbei um Ganzjahresjobs handelte.

Eine erfolgreiche Produktion sollte für jedes der beiden Produkte ein zusätzliches Bruttoeinkommen von schätzungsweise 10 Millionen Kronen, zusammen also 20 Millionen Kronen einbringen. Der Projektentwurf nach dem ZERI-Konzept wird den Produkten wahrscheinlich auch eine Marktposition in Eu-

ropa und speziell in Deutschland einräumen. In Kombination
mit der Brauerei sollte diese Initiative zu einer Attraktion werden, die umweltbewußte deutsche Touristen motiviert, nach
Gotland zu kommen.

Ein lebendiges Labor
Die Insel Gotland könnte sich in ein lebendiges Labor verwandeln, bereit, die Ideen der Zero Emission in einer westeuropä-
ischen Umgebung zu testen und eine Partnerschaft auf vier
Säulen aufzubauen: Akademiker, Geschäftsleute, Gewerkschaften und örtliche Verwaltung. Wenn sie hier erfolgreich
sind, wird der Weg für eine Umwandlung des konservativen
Denkens in Europa geebnet sein – die Beschäftigungsfrage
scheint dort immer noch ausgeklammert zu werden –, und sie
werden zeigen, daß eine große Bereitschaft da ist, die Methoden des UpSizings und UpCyclings immer mehr zu integrieren.

Kapitel 9

Japan setzt neue Standards in Richtung Zero Emission

Die Europäer sind stolz auf ihr fortschrittliches Umweltmanagement. Industrievertreter und Politiker in Europa glauben, daß der Umweltschutz einer der großen Wachstumsbereiche auf dem weltweiten Markt für Umwelttechnologie und -dienstleistungen sein wird. 1998 betrug sein Umsatzvolumen jährlich schätzungsweise 400 Milliarden Dollar, und bis zum Jahr 2000 geht man von einem Wachstum auf 600 Milliarden aus.[55]

Während sich die Europäer im allgemeinen und die Skandinavier, Niederländer und Deutschen im besonderen ihrer Errungenschaften bewußt sind, verstehen nur wenige, daß sich die Japaner gegen den bloßen Schutz der Natur aussprechen. Die Japaner ziehen es vor, die Führung bei der Bemühung um eine so dringend benötigte Vereinigung von Ökonomie und Ökologie zu übernehmen. Angetrieben vom Wunsch nach Modernisierung, hat Europa genau wie Japan im Laufe der letzten hundert Jahre einen Großteil seines natürlichen Kapitals zerstört. Doch in Japan gilt mittlerweile das, was davon noch übriggeblieben ist, als heilig.[56] Vielleicht ist es für die Europäer jetzt an der Zeit, den Ansatz der Japaner neu zu bewerten.

Die Japaner haben die Managementprinzipien stark geprägt. Die erfolgreichen Strategien zur Automatisierung der Fabrikation, zur Qualitätsproduktion, zur Just-in-time-Lieferung oder zur Orientierung am Kunden wurden sämtlich in Japan entwickelt. Seit der Ölkrise von 1973 scheint es den Japanern gelungen zu sein, mit der Vergangenheit zu brechen und innovative Managementstrategien einzuführen, während sie gleichzeitig, zumindest bis vor relativ kurzer Zeit, ihren Marktanteil ausdehnen konnten. Andererseits bauen die Japaner weiterhin Primärregenwald ab, und mit ihrer Haltung in bezug auf Walfang und Überfischung machen sie sich auf der ganzen Welt extrem unbeliebt.

Eine ISO-Norm des 21. Jahrhunderts

Es gelingt den Japanern, langfristige wirtschaftliche und nationale Strategien mit kurzfristigen Zielen zu kombinieren. Schon jetzt, da die ISO-14 001-Norm noch in den Kinderschuhen steckt, schauen die Japaner auf ihre Nachfolgerin mit der zutreffenden Bezeichnung ISO 21 000 bzw. ISO des 21. Jahrhunderts. Mit der ersten Genehmigung rechnet man allerdings nicht vor dem Jahr 2005. Für die europäische Industrie ist die Idee weit hergeholt, und um so weniger würden es Regierungsvertreter in Europa jemals wagen, 10 Millionen US-Dollar für ein Langzeit-Forschungsprogramm zum Entwurf der Managementwerkzeuge des nächsten Jahrhunderts auf den Tisch zu legen.[57]

Genau hier zeigt sich der Unterschied zwischen Japan und Europa: den Worten wirklich Taten folgen lassen. Nur wenige Japaner würden eine genaue Erklärung dessen wagen, was ISO 21 000 umfassen wird, aber viele Japaner würden bestätigen, daß die gegenwärtigen Konzepte und Schlagworte wie Öko-Effizienz, industrielle Ökologie, Verbesserungen der Ressourcen-produktivität um den Faktor vier oder zehn, sauberere Produktion und verantwortungsbewußte Pflege schon mindestens seit einem Jahrzehnt in Umlauf sind, doch keines von ihnen brachte die nötigen Veränderungen zur Umwandlung der gegenwärtigen Wirtschaft in eine Wachstumswirtschaft, die die Umwelt, die in der Vergangenheit so erheblich unter der Plünderung durch die Industrie gelitten hat, voll respektiert, schützt oder erst einmal regeneriert. Es herrscht Klarheit bezüglich des angestrebten Ziels: Wirtschaftswachstum und über den bloßen Umweltschutz hinausgehende Maßnahmen.

Die Schadstoffemissionen nehmen in der sogenannten »Cowboywirtschaft« (= ungehemmtes Produzieren; SCW) schneller zu als Output und Wohlstand (OW). Durch die Einführung von sauberer Produktion (SPW) steigt das Schadstoffniveau langsamer als die Wirtschaftsleistung. Schadstoffe und Wirtschaftswachstum ernähren sich gegenseitig (siehe Abbildung 11).

In der Cowboywirtschaft steigen die Schadstoffe sogar schneller als die Wirtschaftsleistung, und noch heute sind viele Regierungen bereit, die Umwelt zum Zwecke der Schaffung von Arbeitsplätzen und Einkommen zu opfern. Ein bedauerliches Beispiel hierfür ist die Rodungs- und Verbrennungspolitik Indonesiens, das Wälder abholzt, um Platz für Palmenplantagen zu schaffen. Es ist durchaus möglich, daß sich die katastrophalen Brände von 1997, die einen Großteil Südostasiens mit einem beißenden Rauchschleier überzogen haben, wiederholen können. Programme wie die sauberere Produktion wollen ein System schaffen, in dem das Wirtschaftswachstum größer ist als die Zunahme an Vergiftung. Doch dies reicht

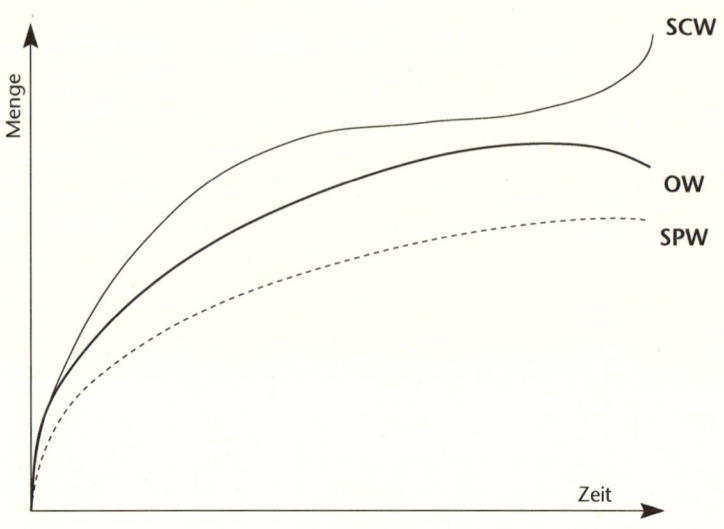

Abbildung 11:
**Modell der »Cowboywirtschaft« (SCW)
und der saubereren Produktionswirtschaft (SPW);
OW = Output und Wohlstand**

nicht aus, und die Japaner sagen jetzt ganz deutlich,[58] daß sie
eine Wirtschaft anstreben, in der die Umweltverschmutzung
auf Null[59] reduziert wird (siehe Abbildung 12). Welche Mittel
werden nötig sein, falls dies ein realistisches Ziel ist?

Die Stärke der ISO-Normen besteht einerseits darin, daß sie
eine Reihe von detaillierten und disziplinierten Managementwerkzeugen zur Dokumentation von Umweltauswirkungen
bieten und andererseits eine klare Kommunikationsmethode,
durch die die Investoren feststellen, ob eine Firma die ge-
wünschte Norm erfüllt. Doch wenn man sich ISO 14 001 – bei
deren Entwurf die Japaner eine sehr wichtige Rolle spielten –
näher ansieht, fallen sofort auch ihre Mängel ins Auge. Da-

nach könnte sogar ein Atomkraftwerk die Zertifizierung nach ISO 14 001 beantragen und erhalten genauso wie städtische Müllverbrennungsanlagen, die für 80 Prozent des Dioxinausstoßes in Japan verantwortlich sind; einzige Bedingung ist, daß alle Emissionen gut dokumentiert werden und sich innerhalb der vom Gesetz und vom Unternehmen festgelegten Norm befinden.

Die Japaner waren die Verfechter des Prinzips der Produktivität. Jetzt erkennen sie, daß eine weitere Steigerung der Arbeitsproduktivität nicht machbar ist. Da ja nun schon billige Arbeitskräfte durch gar keine Arbeitskräfte ersetzt worden

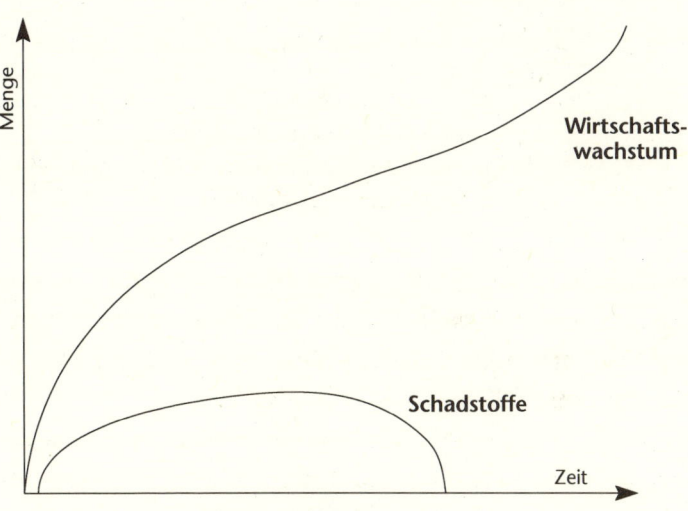

Abbildung 12:
Modell der Wirtschaftsentwicklung
Richtung Zero Emission
Mit zunehmendem Wirtschaftswachstum wird die Schadstoffemission im Laufe der Zeit gegen Null gehen, da der gesamte Abfall eines Industrieprozesses als Input für einen anderen verwendet wird.

sind, gibt es kaum noch Raum für Verbesserungen. Was noch verbessert werden kann, ist die Produktivität von Kapital, doch nur wenige Prognosen sprechen von einer zweistelligen Wachstumsrate in den kommenden Jahren. Nur im Bereich der Rohstoffproduktivität ist noch ein zweistelliges Wachstum möglich.

Japan als Vorreiter

Die japanische Wirtschaft ist in hohem Maße von importierten und vorverarbeiteten Rohstoffen abhängig. Mehr als 70 Prozent aller Lebensmittel im Land werden importiert, und ein zunehmender Teil davon wird auch im Ausland verarbeitet. Vor diesem Hintergrund erscheint es einleuchtend, daß das japanische Ministry of International Trade and Industry (MITI) bestrebt ist, die Industrieleistung in bezug auf die Ressourcenproduktivität zu verstärken. Bereits 1996 hieß es im *White Book on the Environment,* das jährlich vom japanischen Umweltamt veröffentlicht wird: »Das Konzept der Zero Emission soll die Norm für die Industrie im 21. Jahrhundert werden.«[60] Zero Emission wurde wie folgt definiert: »Sämtliche Rohstoffe werden im Prozeß verwendet. Alles, was nicht gebraucht werden kann, wird anderen Industrieprozessen als wertschaffender Input zugeführt.« In der 98er-Ausgabe des *White Book* ist das gesamte Einleitungskapitel der Untersuchung einer Wirtschaft von geschlossenen Kreisläufen auf der Grundlage der Zero-Emission-Methodologie gewidmet.[61]

Warum haben die Japaner das Konzept der Zero Emission schneller als andere Länder angenommen? Die erste Antwort lautet, daß in Japan chronischer Platzmangel herrscht: für Wohnungen, für die Industrie und, als heikelster Punkt, für die Abfallentsorgung. Japan ist eines der Länder mit den höchsten Abfallentsorgungskosten. Da Deponien überlastet sind, hat man künstliche Inseln angelegt, um mehr Platz zu schaffen; dennoch bleibt die Situation kritisch. Als Folge davon werden japanische Haushalte und Firmen angehalten, ihren Abfall mit ausgeklügelten Methoden selbst zu recyceln: Bis zum Jahr 2000 sollen 56 Prozent sämtlichen Papiers im Lande wiederverwendet werden. Es versteht sich, daß eine Null-Abfall-Lösung für die Wirtschaft in Japan attraktiv ist.

Es gibt auch kulturelle Gründe, weshalb dieses sicherlich holistische Ziel allgemein unterstützt wird. Sowohl die Shinto-Religion als auch der Buddhismus betonen die Einheit von Mensch und Natur, und obwohl die Industrialisierung einen Verfall dieser traditionellen Werte verursacht hat, sind sie aus dem Nationalbewußtsein nicht ganz verschwunden. Vielleicht liegt es an diesen Werten, daß im ganzen Land biologische Produkte gefördert werden und man dem Einsatz von Pestiziden Widerstand entgegensetzt.

Japan ist traditionell auch das Land bahnbrechender neuer Technologie, und die Umgestaltung von Produkten und Prozessen wird ein Schlüsselfaktor in der Revolution der Zero Emission sein. Der Trend zur Minimierung, die Notwendigkeit der Einhaltung von strengen Umweltnormen[62] sowie der Wunsch, die Verschwendung wertvoller Importgüter möglichst gering zu halten, haben ideale Bedingungen für das Gedeihen von saubereren Produktionsmethoden geschaffen und damit wiederum das Substrat geliefert, auf dem das Konzept der Zero Emission kultiviert werden konnte.

Das Statement des japanischen Umweltamtes im Jahr 1996 leitete eine Reihe neuer Initiativen ein. Innerhalb eines Jahres verabschiedete das japanische Ministerium für Erziehung, Wissenschaft und Kultur ein Budget in Höhe von 500 Millionen Yen,[63] um die Durchführbarkeit des Zero-Emission-Konzeptes zu untersuchen. Man sah schnell ein, daß dieser Betrag nicht ausreichen würde, und verdoppelte ihn dank der Unterstützung durch die japanische Gesellschaft für Wissenschaftsförderung auf 1 Milliarde Yen. Japan sucht nach einem neuen Rahmenplan für nachhaltige Entwicklung und sieht im Ansatz der Zero Emission zahlreiche Vorteile; es hat daher das Konzept übernommen und großzügige Forschungsgelder für dessen Umsetzung bereitgestellt, womit es wieder einmal dem Rest der Welt einen Schritt voraus ist.

Wann immer die Politiker einer neuen Vision hinterherhinken, greift in Japan die lobenswerte Tradition, daß sich die Industrie organisiert und die örtlichen Behörden anregt, Ideen an der Basis zu testen. 1997 gründete das MITI ein Koordinationskomitee mit dem Namen »Öko-Stadtprogramm«, das örtliche Behörden dazu anhält, Planspiele für eine Stadt nach dem Zero-Emission-Prinzip durchzuführen. Ziel dabei ist nicht die Überprüfung einer nach wie vor unsicheren Wissenschaft, sondern die Entwicklung von Managementwerkzeugen.

Von den hundert Antragstellern wurden aufgrund dieser Pionierleistung vier Städte zur Finanzierung ausgewählt. Dazu gehören Kita Kyushu, die sich dazu bereit erklärt hat, den Abfall aus umliegenden Städten zu trennen und als Input für neue Industrien wiederzuverwerten. Kamakura, die Kaiserstadt südlich von Tokio, hat sich entschieden, sämtliche Dioxine zu beseitigen. Es gibt auch Pläne für die Verwendung von aus Abfall gewonnenem Treibstoff für Kraftwerke.

Im März 1997 erschien das Buch *Zero Emissions and the Economic Reality of Japan,*[64] geschrieben von T. Mitsuhashi, dem Chefredakteur von *Nikkei.* Es wurde ein Bestseller. Es beschreibt Fälle aus Betrieben, Städten und Präfekturen, die sich der Veränderung des industriellen Paradigmas der letzten Jahrzehnte verschrieben haben.

In ganz Japan ist jetzt ein riesiges Heer von Forschern an Universitäten unter Leitung von Professor Motoyuki Suzuki, dem nationalen Koordinator des Zero-Emission-Forschungsprogramms, damit beschäftigt, Prioritätsbereiche für Stoffkreislaufprozesse ohne Emissionen zu definieren. Hauptforschungsziele sind – wobei es sich allerdings erst um die allerersten Schritte handelt:

– Analyse des gegenwärtigen Stoffstroms in allen Produktionsprozessen und Klärung der Möglichkeit, ob die Schadstoffemission in jedem Prozeß gegen Null gesenkt werden kann.
– Untersuchung und Einschätzung der Formulierung von Produktionsmethoden über den Vorsatz der Industrie hinaus, die Schadstoffemission im örtlichen Bereich gegen Null zu senken.
– Entwicklung der mathematischen und Datenbankmodelle zur Beschreibung des Stoffstroms in örtlichen Gebieten und in Japan als Ganzem, um die Strategien und Techniken der Zero Emission einzuschätzen und/oder auszuwerten.
– Untersuchung verschiedener Industriesektoren wie zum Beispiel Stahl, Zellstoff und Papier, Chemikalien, Textilien

und Bau. Letztlich besteht das Ziel in der Entwicklung von Vorschlägen für Zero-Emission-Produktionssysteme und für deren Umsetzung notwendige Techniken.

Im Jahr 1998 stellte das MITI weitere 150 Millionen Yen für Projekte auf lokaler Ebene bereit. Diese Gelder sind aber gering, verglichen mit denen, die für die Ermutigung von Unternehmen reserviert sind, damit diese sich in konkreten Projekten engagieren. Firmen, die sich zu solch innovativen Investitionen bereit erklären, haben erhebliche finanzielle Unterstützung erhalten. Die Ebara Corporation, eines der führenden Technikunternehmen in Japan, erhielt Gelder in Millionen-Dollar-Höhe für den Aufbau einer Anlage zur Umwandlung von Kohlen-, Stickstoff- und Schwefeldioxid in Dünger. Ebara hat sich vorgenommen nachzuweisen, daß das Zero-Emission-Konzept nicht auf feste Abfallstoffe beschränkt ist, sondern auch bei Gasen, speziell bei solchen, die sauren Regen und die globale Erwärmung verursachen, erfolgreich angewandt werden kann. Die Tatsache, daß Japan unter starker Luftverschmutzung von Festlandchina leidet, hat Ebara dazu motiviert, eine Pilotanlage in Chengofn, China, zu bauen; diese behandelt Rauchgas, das von einem Kohlekraftwerk ausgestoßen wird. Sie wurde im August 1997 in Betrieb genommen.

Ebara hat ein System entwickelt, das industriellen und städtischen Abfall in Stoffe wie Ammoniak, Methan, Wasserstoff und Benzin umwandelt. Die vom System erzeugte Wärme kann auch für die Stromerzeugung genutzt werden. Außerdem wird durch den Einsatz eines Niedertemperatur- und Niederdruckprozesses vermieden, daß Metalle wie Eisen, Kupfer und Aluminium oxidieren, so daß sie recycelt werden können. Das

System wird Hauptbestandteil des von Ebara für das Jahr 2000 geplanten Öko-Industrieparks sein, der Japan als Modell für eine sich selbst tragende Stadtentwicklung nach dem Prinzip der Zero Emission dienen soll. Zu dem Park werden Fabriken, Wohnungen, Geschäfte und Landwirtschaftsbetriebe gehören, und sämtlicher Abfall wird in einem Kreislauf gegenseitiger Abhängigkeit voll wiederverwendet werden.

Chichibu Onada Cement, die größte Zement-Firmengruppe in Japan und eine der größten der Welt, investierte in den Ersatz von Kunstfasern – die wiederum schon anstelle von Asbest verwendet wurden – durch aus Bambus gewonnene Naturfasern. Ihre Zementplattenfabrik braucht eine 2000 Hektar große Anbaufläche, um genügend Bambusfasern zu erzeugen. Solche Grundstücke gibt es in Japan nicht, aber in Südostasien dafür in Hülle und Fülle. Dieses Projekt ist ein Beispiel dafür, wie eine Industrie, die für CO_2-Emissionen verantwortlich ist, CO_2 vermeiden kann. Die Fasern der Bambuspflanze bestehen überwiegend aus Kohlenstoffmolekülen, die im Verarbeitungsprozeß in eine kristalline Umgebung eingebunden werden und deren Halbwertszeit um die vierzig Jahre beträgt. Noch wichtiger ist, daß durch die Anwendung des Zero-Emission-Konzepts sämtlicher Bambussaft erhalten bleibt, der dann zu Alkohol vergoren und als sauberer Treibstoff im Produktionsprozeß verwendet wird. Dieses Pilotprojekt, das die Verwirklichung der Zero Emission anstrebt und finanziell von MITI gefördert wird, entstand in Indonesien. Die erste voll ausgebaute Anlage ist seit Ende 1998 in Bangkok, Thailand, in Betrieb.

Von Pilotprojekten zu flächendeckenden Anwendungen

Mit zunehmendem Konsens zwischen Wirtschaft und Regierung fließen mehr und mehr Gelder parallel in die Forschung. Das Budget von 1 Milliarde Yen umfaßt um die 42 Pilotprojekte, beschäftigt etwa fünfzig Professoren und mobilisiert einige der besten Köpfe des Landes. Netzwerke sind ein machtvolles Instrument in Japan und fördern eine effektive Interaktion zwischen Regierungspolitik, Wirtschaftsstrategien und der Auffindung der fehlenden Bindeglieder zwischen Wissenschaft und Technologie. Doch dies reicht immer noch nicht aus. Auch wenn Unternehmen wie Ebara und Chichibu Onada Cement selbst nach internationalem Standard sicherlich als groß anzusehen sind, so verfügen sie doch nicht über so viel Schlagkraft wie etwa die Riesen Toyota oder NEC. Die wahre Unterstützung wird es für Zero Emission dann geben, wenn sich diese Unternehmen öffentlich dafür einsetzen.

Lassen Sie uns ein bißchen träumen! Toyota sponsert eine Fernsehsendung am Sonntagabend über das Konzept und die Anwendung von Zero Emission. NEC hält im Ausland eine Reihe von Vorträgen über Umweltmanagement in Japan und hebt die Bedeutung von Zero Emission hervor, wobei sie genauestens die Unterschiede zu saubererer Produktion, verantwortungsbewußter Pflege, Öko-Effizienz, den »drei Rs« und industrieller Ökologie erklärt. Das Unternehmen verkündet dann, daß es sich der Zero Emission als einem primären Managementkonzept verpflichtet hat, und teilt der Presse mit, daß die ersten Zero-Emission-Fabriken bereits in Kyushu, Kagoshima und Akita, Japan, in Betrieb sind. Diese Bemühungen gipfeln in der internationalen Förderung einer neuen ISO-Norm – ISO 21 000 –, die im Jahre 2005 offiziell bei der Welt-ausstellung in der Präfektur Aichi, dem Stammsitz von Toyota, eingeführt wird.

Wieviel ist daran nur Traum? Nun ja, daß sich Toyota und NEC in dieser Hinsicht engagieren, ist durchaus kein Traum. Am 21. Juni 1998 brachte das japanische Fernsehen eine drei-ßigminütige Sendung mit dem Titel »Raumschiff Erde: eine erstaunliche Farm in Fidschi«, die sich mit dem integrierten Biosystem in Montfort befaßte (siehe Kapitel 8). Toyota kaufte die gesamte Werbesendezeit für dieses Programm und ließ da-mit durchblicken, daß das Unternehmen durchaus mit dem Konzept assoziiert werden möchte. NEC will die Betriebser-gebnisse ihrer Fabriken erst im Jahr 2000 bekanntgeben. Eini-ge Einzelheiten liegen jedoch schon vor. Im April 1996 wurde in einem Fertigungszweig bei NEC Kyshu Ltd., einer NEC-Tochter, die Halbleiter herstellt, ein umfassendes ReCy-cling-System in Betrieb genommen, bei dem quasi »null Ab-fall« produziert wird. NEC Akita Ltd. strebte für das Finanzjahr 1998 an, die aus den Produktionsprozessen wiedergewonnene Menge an reinem Wasser von 60 Prozent im Finanzjahr 1997 auf 74 Prozent zu steigern. Dies in Kombination mit Energie-erhaltungs- und Abfallreduzierungsmaßnahmen brachte dem Betrieb die Auszeichnung als »Hochwertige High-Tech-Anlage von 1996« durch den *Nihon Keizai Shimbun* ein.

NEC wird im Jahr 2000 seine Fabrik in Otsuki auf die ZERI-Konzeption umstellen. Fuji Xerox hat in der Produktionsanla-ge in Takematsu bereits damit begonnen. Rund fünfzig japa-nische Brauereien von fünf Konzernen implementieren der-zeit das Prinzip. Coca-Cola will seine Abfüllanlage in Hiroshima bis 2001 umstellen. Sanyo und Asahi haben beschlossen, ebenfalls nach diesem Ansatz zu arbeiten. Hitachi will die gesamten Produktionsanlagen bis 2010 umgestellt haben, Sharp bis 2005. Der Konzern Honda wird bereits bis 2001 seine Anlagen außer der Automobilproduktion nach dem ZERI-Ansatz neu strukturieren.

Klare Konzepte

Japan setzte es sich schon immer zum Ziel, neue Industriestandards nach klar umrissenen Konzepten aufzustellen. Europäische Wissenschaftler haben offenbar Schwierigkeiten mit der Semantik und behaupten, daß »null« nicht möglich sei, solange wir nicht das zweite Gesetz der Thermodynamik widerlegen. Die Japaner vermeiden eine solche Debatte. Die Firmenleitung braucht klare Zielsetzungen, die nicht nur von allen Angestellten leicht verstanden werden, sondern auch sämtlichen Firmenbeteiligten, insbesondere der allgemeinen Öffentlichkeit, unmißverständlich klargemacht werden können. Null Abfall und null Emission sind Bestrebungen, die jeder eindeutig versteht.

Die Verkäufer japanischer Autos auf dem europäischen Markt haben eine einfache Botschaft für den Kunden hinsichtlich der Qualität: Bei fast allen Marken aus Fernost wird eine Garantie über drei Jahre bzw. 100 000 Kilometer gewährt. Der Konsument brauchte keine umständlichen Erklärungen, inwiefern dies eine Anwendung von Total-Quality-Management sei: Die Dreijahresgarantie sagte alles. Die europäischen Politiker gehen Umweltthemen und Wirtschaft ganz anders an. Europa unterscheidet klar zwischen Umweltschutz und Wirtschaftsentwicklung. Industrierichtlinien stellen im besten Fall sicher, daß nicht mehr Schadstoffe ausgestoßen werden. Wie gesagt behaupten einige, die Senkung des Verbrauchs, die Wiederverwendung von Produkten und das Re-Cycling von Abfall wären ein gutes Geschäft. Doch wir haben schon erörtert, daß man damit in Wirklichkeit keinen Zuwachs an Wertschöpfung verbindet: Die Wiederaufbereitung von verseuchtem Boden, die Reinigung von kontaminiertem Wasser und die Entgiftung von Abgasen ist durchaus eine expandierende Branche, aber sie schafft der Gesellschaft keinen Wohlstand. Sie vermeidet nur weiteren Schaden. Sie ist finanziell von Steuern abhängig, die letztlich vom Verbraucher getragen werden, entweder durch höhere Preise oder die Senkung des disponiblen Einkommens.

Es war ein notwendiger Schritt, der Industrie Beschränkungen bei der Schadstoffeinleitung aufzuerlegen, doch dies ist nur der erste Schritt. Wenn Europa die Wirtschaft ankurbeln, Arbeitsplätze schaffen und die von der Industrialisierung und dem Konsumverhalten der modernen Gesellschaft verursachten Umweltschäden verringern möchte, brauchen wir wie gesagt ein neues Paradigma (siehe zum Beispiel Kapitel 1). Dieses Paradigma basiert nach wie vor auf einer Marktwirtschaft, aber in dieser Marktwirtschaft operieren die Akteure nicht vereinzelt und konzentrieren sich auf ein Hauptgeschäft. Vielmehr bilden sie Industriecluster, wie sie in diesem Buch an mehreren Stellen beschrieben werden und in denen die Gruppe nach der Maximierung der Wertschöpfung bei den Hauptprodukten und Dienstleistungen sucht. Die Gruppe bezieht ihre Macht aus dem kollektiven Geist innerhalb der einzelnen

Branchen, in denen ein Netzwerk auf eine höhere Gesamtproduktivität abzielt, als sie die einzelne für sich allein jemals
erreicht hätte.

In diesem Betriebsrahmen hat die europäische Industrie gegenüber der japanischen nicht viele Vorteile. Ganz im Gegenteil, nach dem Zweiten Weltkrieg entwickelte sich die japanische Industrie zu »Keiretsus« bzw. informellen Holdingstruk-
turen von komplementären Unternehmen. In einem solchen
Netzwerk lassen sich industrielle Aktivitäten viel leichter in
Clustern organisieren, in denen der Abfall des einen zum Input des anderen wird. In Familienbetrieben, die in Europa die
Regel sind, ist es nicht üblich, sich so weitgehenden kooperativen Unternehmungen anzuschließen. Auch wenn die Europäische Kommission untersucht hat, inwieweit sich die Industrie freiwillig im Umweltschutz engagiert, herrscht weiterhin
ziemlich großes Mißtrauen, ob solche Bemühungen effektiv
sind: Maßregelung gilt weiterhin als Mittel der Wahl. Zumindest sind die Europäer nicht so kurzsichtig wie die Amerikaner, die immer noch kurzfristige Ziele wie die Erhöhung des
Werts der Aktieninhaber mittels DownSizing und Produk-
tionsverlagerung ins Ausland anstreben.

Die europäischen Anteilseigner in der Industrie, die Gewerkschaften, die Wissenschaftler, die Regierungen und nichtstaatlichen Organisationen sowie die breite Öffentlichkeit müssen
ihr romantisches Verhältnis zur Umwelt überwinden. Sie müssen zudem die isolierte Position der Millionen von kleinen
und mittleren Unternehmen berücksichtigen, die weitgehend
nicht von den gesetzlichen Umweltschutzregelungen erfaßt
werden. Europa sollte sich auf eine innovative, aber umfassende Strategie zubewegen, die die Integration von zwei der wich-

tigen Prioritäten ermöglicht: die Schaffung von Wohlstand und den Erhalt des natürlichen Erbes.

Die sozioökonomische Wirklichkeit Europas – die höchste Arbeitslosenrate der Nachkriegszeit – sollte uns dazu veranlassen, der amerikanischen Strategie des DownSizings eine kreative Antwort entgegenzusetzen. Und genau hier bietet der japanische Ansatz eines Wirtschaftsmodells, das Wirtschaftswachstum, die Schaffung von Arbeitsplätzen und die Abfallbeseitigung auf regionaler (wenn nicht globaler) Ebene vorschreibt, eine neue Vision. Obwohl noch einige Zeit notwendig ist, um das Funktionieren des Modells zu beweisen, sollten die bisherigen Initiativen der Japaner sowohl die Europäer als auch die Amerikaner überzeugen, daß es sich lohnt, diese Möglichkeit ernsthaft in Betracht zu ziehen. Es ist sicherlich besser als der Status quo, der auf einer Finanzpolitik basiert, die zwar erwiesenermaßen die Inflation kontrollieren kann, aber nicht machtvoll genug ist, um die gesellschaftlichen und Umweltbedürfnisse der europäischen Staaten zu befriedigen: Arbeitsplätze und eine saubere Umwelt zum Leben.

Es ist Zeit für das UpSizing.

Kapitel 10

Wir können es schaffen!

Wir leben in einer Welt des Überflusses, in der es dennoch
Armut gibt. Überall in unserer Umgebung können wir Ineffi-
zienz beobachten, allenthalben wächst die Menge des produzierten Abfalls. Und die Arbeitslosenquote steigt kontinuierlich. In diesem Buch habe ich eine Methodologie vorgestellt,
mit deren Hilfe wir darangehen können, die Dinge zu ändern;
und in der Tat, die ersten Erfolge sind offensichtlich. Doch wie
können wir diesen Prozeß beschleunigen? Welches sind die
Hindernisse, die wir überwinden müssen, und welche Strategien sollten wir verfolgen, um die Hürden auf unserem Pfad
zu überspringen?

Die erste Hürde ist der Mangel an Ressourcen, die uns zur
Verfügung stehen. Die United Nations University hat die Initiierung von Forschung, von Infrastruktur und Netzwerken
unterstützt, damit die Pilotprojekte nach dem Zero-Emission-
Ansatz entstehen konnten. Doch wir brauchen mehr, speziell
für die Forschung. Warum ist die Wirtschaft in dieser Richtung nicht aktiver? Vielleicht liegt es daran, daß das gemein-
schaftliche Wohlergehen der Gesellschaft als Ganzes, worum
es beim UpCycling ja schließlich geht, nicht unbedingt als
Posten in den Bilanzen der einzelnen Firmen auftaucht? Der
Teil der Gesellschaft, der wohl am meisten von der Anwendung der ZERI-Prinzipien und des UpCyclings profitierte – die
Armen und die Arbeitslosen –, hat keine Stimme in den Sit-

zungen auf der Vorstandsetage, wo die Investitionsentscheidungen gefällt werden.

Aber die Strategie des DownSizings ist demotivierend. Deshalb sollten wir uns fragen, wie wir die Idee des UpSizings fördern können und möglichst schnell unsere Ziele erreichen. Denn wenn es eine Ressource gibt, von der wir überhaupt nicht genug haben, dann ist das Zeit. Die folgenden Ausführungen sollen kein Versuch sein, ein Patentrezept oder eine Schnelllösung anzubieten, aber es handelt sich um eine Übersicht über die effektivsten Wege, um die Angelegenheit zu beschleunigen.

Wie kann man die Bildung einer neuen Führerschaft anregen? Was ist die beste Methode, um die Jungen in entscheidende Positionen zu bringen? Wie kann eine allgemeingültige neue Ausbildungsmethode verbreitet werden, und wie sehen die neuen Partnerschaften aus? Diese Auflistung ist natürlich unvollständig, aber sie sollte uns zum Nachdenken anregen und uns auf den richtigen Weg bringen. Um dies alles Wirklichkeit werden zu lassen, brauchen wir machtvolle und überall präsente intelligente Netzwerke – das Konzept des Immunity Managements.

Führung durch Dialog

Es wäre anmaßend zu behaupten, es gäbe nur einen Weg nach vorn. Es führen immer viele Wege zu einem Ziel, und der direkte ist nicht immer der einfachste. Wenn ein Boot den Pazifik überqueren soll, dann ist theoretisch eine gerade Linie die kürzeste Entfernung. Wenn man aber den Wind und die Strö-

mung – zwei sich konstant verändernde Parameter – einkalkuliert, dann ist der schnellste und energiesparendste Weg bestimmt keine gerade Linie.

Wir stehen vor der Herausforderung, die Menschheit von
einem Paradigma in ein neues zu führen, und um dies zu erreichen, brauchen wir dringend eine neue Form von Führerschaft. Wir brauchen Führerpersönlichkeiten, die nicht sofor-
tige Ergebnisse und eine einzige Lösung versprechen. Wir sollten uns nicht auf charismatische Individuen verlassen – die
Intelligenz ist überall verteilt. Wir brauchen einen kollektiven
Ansatz. Es müssen die Besitzverhältnisse geklärt werden, jeder
muß ein Mitspracherecht bei der gemeinsamen Vision haben.
Um dies zu erreichen, brauchen wir eine Führerschaft von Individuen, die sicherstellen können, daß die Menschen in einen Dialog miteinander treten können – und daß diese Gruppe durch fortwährende Gespräche und das Teilen aller Informationen zu einem gemeinsamen Verständnis kommen, eine
gemeinsame Vision haben und kohärent handeln kann.

Solche Führungspersönlichkeiten müssen die Fähigkeit besitzen, alle Beteiligten miteinander ins Gespräch kommen zu
lassen, selbst mit dem »Feind« und mit den Minderheiten und
»Outcasts«. Dies wird gewährleisten, daß sich die Gesellschaft
von einem Paradigma in das andere bewegt. Die Richtschnur
für den Fortschritt muß sein: null Mängel, null Lagerbestand,
null Abwanderung und null Emissionen bis hin zu null Kon-
flikten. Keine Gesellschaft kann lange Zeiten des Konflikts
überstehen. Wenn die konfliktfreie Gesellschaft geschaffen
werden soll, wird das nur durch eine starke Gruppe von Menschen geschehen, die in der zurückhaltenden Art eines »Sokrates des 21. Jahrhunderts« miteinander kommunizieren. Diese

Führungspersönlichkeiten wissen keine generellen Antworten auf die vielen Fragen, sie haben keine Patentlösungen anzubieten – sondern als Vermittler stellen sie jedem, für den etwas auf dem Spiel steht, nach Art der sokratischen Mäeutik viele Fragen, so daß wir alle zusammen einsehen werden, daß Kooperation und eine gemeinsame Vision Voraussetzungen dafür sind, daß gesellschaftliche Potentiale freigesetzt werden.

Natürlich wird es auch charismatische Führungspersönlichkeiten geben. Ihre Aufgabe? Zu inspirieren, zu begeistern und andere für neue Ideen zu öffnen. Solche Führungspersönlichkeiten werden die Angst vor der Veränderung nehmen und die Grundlage für Vertrauen und Glauben legen.

Die Jungen ans Ruder

Die jungen Menschen und ihre Kreativität sind die größte ungenutzte Ressource auf dieser Welt. Diejenigen, die sowohl innerlich als auch altersmäßig jung sind, besitzen die einzigartige Gabe, Risiken im Leben einzugehen. Sie beziehen ihre Tatkraft aus ihren Träumen, die sie wahr werden lassen wollen.

Die Jungen sind Antennen unserer Gesellschaften, die Widerspiegelung unseres Gewissens, die Umsetzung unserer Träume in die Realität. Sie lernen schnell. Sie haben ein großes Verlangen nach den neuen Kommunikationsmitteln, und ihre Fähigkeit, Innovationen aufzunehmen, ist beispiellos. Weshalb ist die Gesellschaft also nicht bereit, diese kühne Energieballung in ihren Entscheidungsprozeß mit einzubeziehen? Wir brauchen Durchbrüche in Denken und Handeln: Flexibilität und Offenheit sind Voraussetzungen für den Erfolg. Die

Jungen gelten als Träumer, doch in ihren Träumen können sie sehr konsequent sein. Sich Utopia auszudenken ist ein kreativer Akt. Wir erzählen unseren Jugendlichen, daß garantierte Jobs – Jobs für ein ganzes Leben – der Vergangenheit angehören und daß Wohnen mit Air-condition inklusive geschützter Umwelt ein Hirngespinst ist. Wir sagen ihnen, daß vielmehr der Wechsel beständig ist, und das immer schneller. Doch all das sind Dinge, die uns erschrecken, nicht die Jungen. Wir können ihnen unsere Erfahrungen weitervermitteln, aber wir müssen es fördern, daß sie Risiken eingehen, und zulassen, daß sie auch mal Fehler machen. Wenn UpSizing Erfolg haben soll, müssen wir darauf vorbereitet sein, daß die Jungen nach ihren eigenen Vorstellungen handeln.

Zu Beginn des Jahres 1997 kam man auf einer ZERI-Konferenz in Schweden (Gotland) zu dieser Einsicht. Seit der Zeit wird das ZERI-LINK-Schulprogramm in England etabliert, und zwar mit eindrucksvollen Erfolgen. Pädagogische Projekte auf Basis des Zero-Emission-Konzepts sind in einigen Schulen initiiert worden. Teams von Jugendlichen durften ihre Vorstellungen in industriellen Einrichtungen umsetzen, die von Firmen wie beispielsweise der ICI betrieben werden. Die Identifizierung von Abfallstoffströmen, die das Potential zur Wiederverwertung haben, hat also schon begonnen. Geplant ist jetzt ein spezielles Kinderbuch, das die Idee des UpSizings vermittelt und dazu Beispiele aus der Natur verwendet.

Sich allem aussetzen, was andersartig ist

Der Mensch sucht Trost in Ähnlichkeiten. Ein Europäer hält in Übersee nach dem Essen Ausschau, das er gewohnt ist. Ein japanischer Tourist möchte Sushi und Soba. Und die Amerikaner exportieren sogar ihr Fast food in alle Erdteile. Vergeblich sucht die Menschheit nach Stabilität und Kontinuität, selbst wenn es sinnlos ist, und ignoriert die Realität. Sie will mehr von demselben haben – bis sie schließlich einen Überfluß des Nichts hat! Wir überessen uns, überfischen die Meere, betreiben Raubbau an der Natur, übertreiben es mit allem; unserem Appetit scheinen keine Grenzen gesetzt.

Es wäre besser, wenn wir statt dessen häufiger unterschiedlichen Bedingungen ausgeliefert wären, und lernten, die gegenseitige Abhängigkeit der verschiedensten Dinge nicht nur zu tolerieren, sondern ihren Wert hoch genug einzuschätzen. Die Theorie vom Recht des Stärkeren, die wir an früherer Stelle dieses Buches in Zusammenhang mit der Evolutionstheorie schon besprochen haben, ist widerlegt. Vielmehr verhält es sich in der Natur so, daß die Kombination einer größtmöglichen Artenvielfalt höchste Effizienz bewirkt. Die unterschiedlichsten Kombinationen von Flora und Fauna bieten den höchstmöglichen »Wohlstand«. Der Reichtum der Regenwälder besteht in ihrer Biovielfalt. Die Menschheit ist ebenso unglaublich reich in ihrer Vielfalt – wie sie in den unterschiedlichen Arten von Musik, Tanz, Architektur, Malerei, Literatur und Religion zum Ausdruck kommt.

Inzest und Monokulturen führen zur Degeneration und zur zunehmenden Anfälligkeit für bakterielle Attacken, so daß mit der Zeit lediglich geringe Überlebensmöglichkeiten bleiben.

Die Lebensqualität wird nur dann erhöht, wenn die genetische und kulturelle Vielfalt aktive Förderung erfahren. Deshalb reicht es nicht allein, eine Strategie zum Schutz der Vielfalt zu entwickeln: Wir müssen vielmehr auch schneller voranschreiten und Wege suchen, um die Vielfalt zu erhöhen. Dies läuft sämtlichen Trends in der Land- und Forstwirtschaft sowie in der Fertigung und Werbung entgegen. Diese sind zu sehr geprägt von Monokulturen und Cloning, Standardisierung und monotonen Formen des Konsums. Und die Gentechnik wird weder die Diversität steigern noch die Stabilität biologischer Systeme stärken.

Die Ausbildungsmethode

Um die Vielfalt zu fördern, müssen wir eine klare Methodologie entwickeln. Es ist nicht möglich, in dieser komplexen Welt erfolgreich zu operieren, wenn Informationen nicht frei zugänglich sind und wenn es keine gut verständliche Methodologie gibt, die jeden erreicht. Lösungen sind einzig und allein solche, die wir für uns selbst finden. Dauerhafte Lösungen für komplexe Probleme sind nur die, die uns einfach vorkommen. Und sie scheinen einfach zu sein, weil wir sie gefunden bzw. wiedergefunden haben.

Was wir lernen, ist nicht so wichtig; jeder von uns bestimmt seine eigenen Bedürfnisse, Schwächen und Vorlieben je nach den Bedürfnissen und Wünschen der Umgebung und der Kultur – aber wie wir lernen, ist entscheidend. Die Lehrer werden nicht mehr ihr überholtes Wissen auf den Schülern abladen und von ihnen erwarten, daß sie fleißig das reproduzieren, was in staatlich anerkannten Schulbüchern vorverdaut worden ist. Was wir brauchen, ist eine Anleitung, wie man am besten lernt und zum Lernen angeregt wird. Ohne das Verlangen danach, mehr zu wissen, hat niemand den Wunsch, etwas zu lernen.

Schon häufig sagte man mir, nachdem ich einen Vortrag gehalten hatte, daß Biologie und Chemie noch nie so faszinierend gewesen seien. Als ich seinerzeit in der Mathematikstunde die Magie von Sinus und Kosinus bewundern lernen sollte, wagte ich es einmal, den Lehrer zu fragen, wozu das denn gut sei, und er antwortete: »Wenn du einmal Ingenieur bist und eine Straße bauen willst, wirst du verstehen, warum du dies jetzt lernen mußt.« Ich wurde nie Ingenieur und habe immer noch keine Antwort auf meine Frage. Anscheinend ist und bleibt sokratisches Fragen eines der wirksamsten Mittel: Ohne Fragen gibt es keine Antworten. Und jetzt, über das Internet, kann der Schüler so viele Antworten so viel leichter erhalten, als sich mein Lehrer das jemals hätte vorstellen können.

Privat-öffentliche Partnerschaften

Allein auf uns gestellt, werden wir nie Erfolg haben. Wir brauchen Partnerschaften. Die achtziger und neunziger Jahre waren die Zeit der Privatisierung – man nahm an, daß die Dinge besser funktionieren, wenn der private Sektor dafür verantwortlich ist. Es kommt nicht wirklich darauf an, wer die Aktien des Unternehmens kontrolliert: Wenn die richtige Umgebung da ist, integriert und vermischt sich das Interesse am Gemeinwohl der Gesellschaft mit der Effektivität des Managements, um mit weniger mehr zu produzieren – ganz so, wie man es von einem guten Homo oeconomicus erwartet. Es ergibt auch keinen Sinn, wenn man den öffentlichen Sektor für bürokratisch und die Gewerkschaften für wirklichkeitsfremd hält. Der öffentliche Sektor kann sowohl Gutes als auch Schlechtes tun, und der Privatsektor kann sich absurd und aggressiv verhalten. Gewalt von seiten des Staates wird von Amnesty International angeklagt, aber unternehmerische Gewalt ist auch keine Ausnahme, wie ich in meinem Buch *Breakthroughs*[65] aufgezeigt habe.

Der Privatsektor hat seine Vorteile, und der öffentliche Sektor hat einen Auftrag. Die Gewerkschaften sind eindeutig den Interessen der Arbeiter gegenüber verpflichtet, und die Wissenschaftler suchen nach Klarheit. Wenn sich die vier – der private und der öffentliche Sektor sowie die Gewerkschaften und die Wissenschaftler – zu einer Partnerschaft zusammenschließen und auf eine gemeinsame Vision hinarbeiten, besteht die große Chance, daß die Gesellschaft als ganze fortschreiten, mehr generieren, UpCycling und UpSizing betreiben und Zero Emission verwirklichen kann! Das Know-how und die Werkzeuge sind vorhanden. Es liegt also an uns.

Nachwort

Jetzt, da unser Jahrhundert zu Ende geht, sehen wir uns mit tiefgreifenden Herausforderungen konfrontiert. Das Überleben der Menschheit über die ersten Jahrzehnte des neuen Jahrhunderts hinaus wird entscheidend von unserer Fähigkeit abhängen, wie wir diesen Herausforderungen begegnen. Diese ernüchternde Tatsache betrifft uns alle, doch von besonderem Interesse sollte sie für die Unternehmer sein, denn die Wirtschaft ist heute sowohl eine der treibenden Kräfte der Umweltzerstörung als auch paradoxerweise die soziale Institution, die die größte Macht zur Veränderung besitzt.

Die beiden vergangenen Jahrzehnte haben uns nicht nur die allgemein geteilte Erkenntnis gebracht, daß wir uns in einer globalen Krise befinden, sondern sie haben uns auch eine Anzahl neuer Konzepte, Ideen, Hilfsmittel und Techniken beschert, die uns die realistische Hoffnung auf die Überwindung der Krise gewähren. In der Tat ist die Umsetzung der vielen genialen Lösungen, die uns jetzt zur Verfügung stehen, kein konzeptuelles oder technisches Problem mehr, sondern eher ein Problem des politischen Willens. Mit anderen Worten, es ist ein Problem von Werten.

Besonders in den letzten Jahren sind mehrere wichtige Denkrichtungen zusammengeflossen, und allmählich bildet sich ein ganz neuer Konzeptrahmen heraus, der eine ideale Grundlage für die Technologie, Wirtschaftssysteme und sozialen Institutionen der Zukunft bietet. Auf den folgenden Seiten werde ich einige der Hauptmerkmale dieser sich vereinigenden Denkrichtungen skizzieren, um die in diesem Buch behandelten Ideen in einen angemessenen intellektuellen Kontext zu stellen. Ich hoffe, dies wird deutlich machen, daß das ZERI-Konzept ein entscheidendes Bindeglied in dem allmählich entstehenden Netzwerk von Ideen zur Überwindung der Krise darstellt.

Die Lernherausforderung

Die zentrale Herausforderung unserer Zeit besteht darin, Gemeinschaften zu schaffen und aufrechtzuerhalten, die auf Nachhaltigkeit bedacht sind; das heißt gesellschaftliche, kulturelle und physische Umgebungen, in denen wir unsere Bedürfnisse und Bestrebungen befriedigen können, ohne die Chancen zukünftiger Generationen einzuschränken. Das Konzept der Nachhaltigkeit, das in den frühen achtziger Jahren eingeführt wurde, ist schon häufig entstellt, ja sogar trivialisiert worden, weil man es ohne den ökologischen Kontext, der ihm erst seine eigentliche Bedeutung verleiht, benutzt hat. Das Nachhaltige in einer Gemeinschaft ist nicht nur das Wirtschaftswachstum, die wirtschaftliche Entwicklung, der Marktanteil oder der Wettbewerbsvorteil, sondern das gesamte Lebensnetz, von dem unser langfristiges Überleben abhängt. Eine auf Nachhaltigkeit ausgerichtete Gemeinschaft ist so beschaffen, daß ihre Lebensweise, ihre Unternehmen, ihre Wirtschaft, ihre physischen Strukturen und Techniken nicht das der Natur innewohnende Potential der Lebenserhaltung stören.

In unserem Versuch, solche Gemeinschaften auf- und auszubauen, müssen wir zunächst einmal dieses Potential der Lebenserhaltung der Natur vollkommen verstehen. In dieser Hinsicht können wir viel Wertvolles von der Ökologie lernen, denn die Ökosysteme der Natur *sind* nachhaltig arbeitende Gemeinschaften von Pflanzen, Tieren und Mikroorganismen. Um dies zu verstehen, müssen wir die Sprache der Natur erlernen. Wir müssen sozusagen das ökologische Alphabet lernen.

Ökologisch lesen und schreiben zu können bedeutet, die Grundprinzipien der Ökologie zu begreifen, zu verstehen, wie sich Ökosysteme selbst organisieren, um ihre Nachhaltigkeit zu maximieren, und dann diese Erkenntnisse für den Aufbau von nachhaltig wirkenden menschlichen Gemeinschaften anzuwenden. Wir müssen unsere Gemeinschaften neu beleben – das heißt auch unsere Bildungsgemeinschaften, Wirtschaftsgemeinschaften und politischen Gemeinschaften –, so daß sich die Grundprinzipien der Ökologie in ihnen als Prinzipien der Erziehung, des Managements und der Politik manifestieren.

Systemisches Denken

Der theoretische Rahmen, der der Ökologie am nächsten kommt, ist die Theorie der lebenden Systeme. Diese Theorie wird zwar jetzt gerade erst voll entwickelt, sie wurzelt aber in mehreren Wissenschaftszweigen, die bereits in der ersten Hälfte des Jahrhunderts entstanden – organismische Biologie, Gestaltpsychologie, Ökologie, allgemeine Systemtheorie und Kybernetik. In allen diesen Bereichen haben Wissenschaftler lebende Systeme untersucht, das heißt ein jeweils integriertes Ganzes, dessen Eigenschaften nicht auf die der kleineren Teile reduziert werden können.

Die Systemtheorie liefert eine neue Sichtweise der Welt und eine neue Art zu denken, das sogenannte »Systemdenken« oder »systemische Denken«. Dies bedeutet Denken in Begriffen von Beziehungen, Verbundenheit und Zusammenhang. Mit der Entwicklung einer neuen Wissenschaft der Komplexität in den letzten zwei, drei Jahrzehnten wurde das Systemdenken auf eine neue Ebene gehoben; dazu gehören eine völlig neue mathematische Sprache und eine Reihe von neuen Gedankengebäuden zur Beschreibung der Komplexität lebender Systeme.

Beispiele für diese Systeme findet man in der Natur in Hülle und Fülle. Jeder Organismus – sei es ein Tier oder eine Pflanze, ein Mikroorganismus oder ein Mensch – ist ein integriertes Ganzes, ein lebendes System. Teile von Organismen – zum Beispiel Blätter oder Zellen – sind wiederum lebende Systeme. Überall in der belebten Welt finden wir Systeme verschachtelt in anderen Systemen. Und zu den lebenden Systemen zählen auch Gemeinschaften von Organismen. Dies können gesellschaftliche Systeme sein – eine Familie, eine Schule, ein Dorf – oder Ökosysteme. Die Prinzipien der Ökologie sind die Organisationsprinzipien, die all diesen lebenden Systemen gemeinsam sind. In menschlichen Gemeinschaften könnte man auch durchaus von den Prinzipien der Gemeinschaft sprechen.

Wenn wir ein Ökosystem beobachten, fällt uns zuallererst auf, daß es nicht nur eine Sammlung von Arten darstellt, sondern eine Gemeinschaft, das heißt alle seine Mitglieder sind voneinander abhängig und in einem riesigen Netzwerk von Beziehungen, dem Netz des Lebens, miteinander verknüpft. Unter einem Ökosystem verstehen wir damit auch Beziehungen. Dies ist ein zentraler Aspekt des Systemdenkens. Dadurch wird die Aufmerksamkeit von Objekten auf Beziehungen verlagert. Eine lebendige Gemeinschaft ist sich der vielschichtigen Verbindungslinien zwischen ihren Mitgliedern bewußt. Diese Gemeinschaft fördern heißt die Beziehungen fördern.

Es ist für uns nicht leicht, Beziehungen zu erkennen, weil dies dem traditionellen wissenschaftlichen Ansatz in der westlichen Kultur entgegenläuft. In der Wissenschaft, so hat man es uns beigebracht, messen und wiegen wir Gegenstände. Doch Beziehungen können nicht gemessen oder gewogen werden; man muß sie aufzeichnen. Wir können eine Karte von Verbindungen zwischen verschiedenen Elementen oder verschiedenen Mitgliedern einer Gemeinschaft anfertigen. Wenn wir das tun, entdecken wir bestimmte Konfigurationen, die immer wieder auftauchen. Wir sprechen dabei von Mustern. Die Erforschung von Beziehungen führt zur Erforschung von Mustern.

Und hierbei stoßen wir auf eine Spannung, die für die westliche Wissenschaft und Philosophie seit alters kennzeichnend ist. Diese Spannung besteht zwischen zwei verschiedenen Ansätzen in bezug auf das Verstehen der Natur: die Untersuchung der Materie und die Untersuchung der Form. Diese beiden Ansätze unterscheiden sich grundsätzlich voneinander. Die Untersuchung der Materie beginnt mit der Frage: »Woraus besteht sie?« Dies führt zur Vorstellung von Grundelementen, Bausteinen; zum Vermessen und Quantifizieren. Die Untersuchung der Form fragt: »Wie sieht das Muster aus?« Und das führt zur Vorstellung von Ordnung, Organisation, Beziehung. Hier geht es nicht um Quantität, sondern um Qualität; nicht um Vermessen, sondern um Kartographieren.

Diese beiden unterschiedlichen Untersuchungsweisen konkurrieren schon seit Anbeginn unserer wissenschaftlichen und philosophischen Tradition miteinander. Die meiste Zeit hat die Erforschung der Materie – von Quantitäten und Bestandteilen – dominiert. Aber in den vergangenen Jahrzehnten rückte durch die Entstehung des Systemdenkens die Erforschung der Form – von Mustern und Beziehungen – wieder in den Vordergrund. Das Hauptaugenmerk der Chaos- und der Komplexitätstheorie liegt auf Mustern. Die merkwürdigen Attraktoren der Chaostheorie, die Fraktale der fraktalen Geometrie – all dies sind visuelle Muster. Die gesamte neue Mathematik der Komplexität ist im Grunde genommen eine Mathematik der Muster.

Ökologie – der Begriff wurde abgeleitet vom griechischen Wort *oikos* (= »Haushalt«) – ist die Wissenschaft vom Haushalt der Erde. Wenn man das Systemdenken auf die Untersuchung der vielfältigen Beziehungen zwischen den Mitgliedern des Haushalts der Erde anwendet, werden einige grundlegende Prinzipien deutlich. Man könnte sie bezeichnen als Prinzipien der Ökologie, Prinzipien der Nachhaltigkeit, oder wir könnten sogar von den grundlegenden Tatsachen des Lebens sprechen.

Was ist Leben?

Im nächsten Jahrhundert wird die wichtigste Rolle der Erziehung darin bestehen, daß wir unseren Kindern diese grundlegenden Tatsachen des Lebens beibringen – daß ein Ökosystem keinen Abfall erzeugt, weil der Abfall der einen Art Nahrung für eine andere Art ist; daß sich die Materie in einem endlosen

Kreislauf durch das Netz des Lebens bewegt; daß die Energie, die diese ökologischen Zyklen antreibt, von der Sonne kommt; daß Vielfalt Regeneration gewährleistet; daß das Leben seit seinem Beginn vor mehr als drei Milliarden Jahren den Planeten nicht durch Kampf, sondern durch Kooperation, Partnerschaft und Arbeit in Netzwerken erobert hat. Die Leserinnen und Leser dieses Buches werden festgestellt haben, daß sich alle diese Prinzipien im ZERI-Konzept wiederfinden lassen.

Die gründliche Untersuchung jedes der Prinzipien der Ökologie zeigt, daß sie alle miteinander verknüpft sind und daß man, um sie voll und ganz zu verstehen, tief in die Muster und Prozesse der Selbstorganisation, die alle lebenden Systeme kennzeichnen, eindringen muß. Die Frage »Wie funktionieren Ökosysteme?« führt mit anderen Worten unvermeidlich zu der allgemeineren Fragestellung »Was sind die grundlegenden Merkmale von lebenden Systemen?«, das heißt zur wissenschaftlichen Formulierung der uralten Frage »Was ist Leben?«

Im Laufe der letzten Jahrzehnte hat die Wissenschaft eine neue mathematische Sprache für den Umgang mit der Komplexität von lebenden Systemen entwickelt, die enormen Fortschritt im systemischen Verständnis der Grundmerkmale des Lebens brachte. Durch die Perfektion der Hochgeschwindigkeitscomputer stehen uns neue wirksame Techniken zur Verfügung, die es den Wissenschaftlern zum ersten Mal ermöglicht haben, die enorme Komplexität von lebenden Systemen mathematisch zu erfassen. Wir müssen erkennen, daß selbst das einfachste lebende System, eine Bakterienzelle, ein höchst komplexes Netzwerk darstellt, in dem sprichwörtlich Tausende von sich gegenseitig bedingenden chemischen Reaktionen ablaufen. Inzwischen gibt es eine Reihe von neuen Konzepten und Techniken für die Erfassung dieser enormen Komplexität, die sich allmählich zu einem stimmigen mathematischen Rahmen verdichtet. Die Chaostheorie und die fraktale Geometrie stellen wichtige Zweige dieser neuen Mathematik der Komplexität dar.

Das entscheidende Merkmal der neuen Mathematik besteht darin, daß sie nichtlinear ist. Bis vor kurzem haben wir in der Wissenschaft nichtlineare Gleichungen eher vermieden, weil sie sehr schwer zu lösen sind. Doch in den siebziger Jahren besaßen die Wissenschaftler zum ersten Mal leistungsstarke Computer, die ihnen bei der Lösung dieser Aufgaben behilflich waren. Dabei erfanden sie eine Reihe von Techniken, eine neue Art mathematischer Sprache, die ganz überraschende Muster unter dem scheinbar chaotischen Verhalten von nichtlinearen Systemen zum Vorschein brachten, eine zugrundeliegende Ordnung unter dem scheinbaren Chaos. Eigentlich ist die Chaostheorie eine Theorie der Ordnung, allerdings einer neuen Art von Ordnung, die von der Mathematik der Komplexität aufgedeckt wird.

Das starke Interesse an nichtlinearen Phänomenen schuf in den siebziger Jahren zahlreiche neue und machtvolle Theorien, die unser Verständnis von vielen wichtigen Merkmalen des Lebens erheblich vertieft haben. Es bildet sich jetzt ein neuer Konzeptrahmen heraus, der als erster Entwurf einer kohärenten Theorie der lebenden Systeme gelten kann und der auf lebende Organismen, Gesellschaftssysteme und Ökosysteme angewendet werden könnte.

Die aufkommende Wissenschaft der Komplexität liefert ein Bindeglied zwischen zwei der größten Herausforderungen unserer Zeit. Auf der einen Seite hat sie uns viele neue Einsichten in die Muster und Prozesse der Organisation von lebenden Systemen gebracht, so daß wir dadurch die Prinzipien der Ökologie und des Aufbaus von auf Nachhaltigkeit ausgerichteten menschlichen Gemeinschaften wesentlich besser verstehen. Auf der anderen Seite gibt uns die Wissenschaft der Komplexität dringend benötigte Werkzeuge für das Verständnis der unsere Zeit kennzeichnenden komplexen technischen Systeme an die Hand.

Eines der augenfälligsten Anzeichen der heutigen Industriegesellschaft ist das Vorhandensein von extrem komplexen Systemen, die zunehmend fast jeden Aspekt unseres Lebens durchdringen. Wir sind von Komplexitäten umgeben, die noch vor einem halben Jahrhundert schwer vorstellbar waren – weltweite Handels- und Übertragungssysteme, gigantische multinationale Unternehmen, automatisierte Fabriken, globale Märkte usw.

Wie gehen wir mit komplexen Systemen um?

Die Ehrfurcht, die uns angesichts dieser Wunder der industriellen Technik überkommt, wird durch ein Gefühl der Unruhe getrübt, wenn nicht sogar durch ausgesprochenes Unbehagen. Mögen diese komplexen Systeme auch weiterhin ob ihrer zunehmenden Raffiniertheit gepriesen werden, so erkennt man doch mehr und mehr, daß sie in Betrieben und Unternehmen eine Umgebung mit sich bringen, die vom Blickpunkt der traditionellen Managementtheorie und -praxis aus kaum zu erkennen ist.

Des weiteren, als wäre das noch nicht alarmierend genug, wird es immer offensichtlicher, daß unsere komplexen Industriesysteme – sowohl auf organisatorischer als auch auf technischer Ebene – die Haupttriebkräfte für die weltweite Umweltzerstörung sind und damit die Hauptbedrohung für das langfristige Überleben der Menschheit darstellen. Um eine nachhaltig produzierende Gesellschaft für unsere Kinder und zukünftige Generationen aufzubauen, müssen wir viele unserer Techniken und gesellschaftlichen Institutionen grundlegend umgestalten, so daß wir die große Kluft zwischen Menschenwerk und den ökologischen Systemen der Natur überbrücken können. Ein entscheidender erster Schritt in diesem Umgestaltungsprozeß ist natürlich das Verständnis der uns umgebenden Komplexitäten. Die neue Wissenschaft der Komplexität wird bei der Bewältigung dieser Aufgabe von unschätzbarem Wert sein.

All dies bedeutet, daß die Unternehmen sich grundlegend verändern müssen, um sich einerseits einer radikal neuen Wirtschaftsumgebung anzupassen und andererseits ökologisch nachhaltig zu werden. Schon seit mehreren Jahrzehnten spricht man überall von organisatorischen Veränderungen. Es gibt Dutzende von Büchern darüber, und Wirtschaftsberater bieten zahllose Seminare über neues Management an.

Doch obwohl wir von vielen erfolgreichen Versuchen in Richtung organisatorische Veränderung hören, ist das Gesamtergebnis leider eher mager. Unternehmensleiter berichten in aktuellen Erhebungen, daß bis zu 75 Prozent ihrer Bemühungen um organisatorische Veränderungen nicht die erwarteten Ergebnisse brachten. Anstatt neue Betriebe zu managen, mußten sie sich mit den unerwünschten Nebeneffekten

ihres Engagements auseinandersetzen. Angesichts dieser ent-
mutigenden Situation arbeiten viele Führungskräfte siebzig
bis achtzig Stunden in der Woche oder länger, was ihr Privat-
und Familienleben enorm belastet und – was vielleicht das
Verheerendste daran ist – ihnen so gut wie keinerlei Zeit für
tiefes Nachdenken läßt.

Einem Außenstehenden erscheint diese Situation höchst paradox. Wir sehen ständig Veränderung, Anpassung und Kreativität in unserer natürlichen Umgebung, und es erübrigt sich,
zu erwähnen, daß wir in einer Zeit von nie dagewesenem technologischen und gesellschaftlichen Wandel leben. Und dennoch scheinen unsere Unternehmen nicht in der Lage zu sein,
mit Veränderung umzugehen.

Wir brauchen eine neue Sichtweise

Ich bin der Überzeugung, daß eine der Hauptursachen für dieses Paradox in unseren überkommenen Wahrnehmungen, in
unserer mechanistischen Sicht der Welt und insbesondere
von menschlichen Organisationen liegt. Auch wenn jetzt viel
die Rede ist vom »organischen Unternehmen« oder vom »lebenden Unternehmen«, so sind dies oft nichts weiter als
Schlagwörter, während die zugrundeliegenden Organisations-
prozesse im wesentlichen mechanistisch bleiben.

Die Unterschiede zwischen der mechanistischen und der systemischen Sicht von Organisationen bzw. Unternehmen
sind gravierend, wenn es um organisatorische Veränderung
geht. Aus mechanistischer Sicht wird Veränderung am besten
von Experten vorgenommen, die man oft von außen ins Un-

ternehmen holt, und die neuen Strukturen werden dann vom Topmanagement dem Unternehmen aufgedrängt oder »verkauft«. Der Begriff »Reengineering« (Umgestaltung, technische Überarbeitung), der sich in letzter Zeit solcher Beliebtheit erfreut, ist ein klarer Ausdruck der mechanistischen Sicht.

Im Gegensatz dazu wird in der Systemtheorie ein Unternehmen als lebendes System betrachtet, das wie alle lebenden Systeme die ihm innewohnenden Prozesse der Veränderung, des Lernens und der Entwicklung aufweist. Diese neue Theorie zeigt uns in der Tat, daß ein umfassendes Verständnis des Lebens unmöglich ist, solange man nicht die Wandlungsprozesse versteht, die ihm auf allen Ebenen der Komplexität innewohnen. Im Lichte dieser Betrachtungsweise verändern sich Unternehmen kontinuierlich und passen sich ihrer Umgebung an, und die Kunst des Veränderungsmanagements besteht darin, dieses inhärente Veränderungspotential kreativ und konstruktiv zu nutzen.

Das systemische Verständnis
organisatorischen Wandels

Bevor ich weiter auf die praktische Bedeutung der systemischen Sicht von organisatorischer Veränderung eingehe, möchte ich die bisher erwähnten Hauptpunkte kurz zusammenfassen. Wir haben gesehen, daß die im Entstehen begriffene Theorie der lebenden Systeme einschließlich der neuen Wissenschaft der Komplexität für drei unterschiedliche, aber mehr und mehr ineinanderfließende Bereiche bedeutsam ist:

1. das Bestreben zur Schaffung und zum Ausbau von auf Nachhaltigkeit ausgerichteten menschlichen Gemeinschaften;
2. das Verständnis der heutigen technologischen Komplexitäten sowie die Umgestaltung der Technik, um sie umweltverträglich zu machen;
3. die Durchsetzung der tiefgreifenden organisatorischen Veränderungen, die durch die ersten beiden Anliegen notwendig werden.

Der neue Konzeptrahmen, der jetzt in den Vordergrund der Wissenschaft rückt, dürfte signifikant zu allen drei Bereichen beitragen. Eine ausführliche Beschreibung dieses Ansatzes sprengt natürlich den Rahmen dieses Nachworts, und so werde ich mich auf einige wenige Aspekte konzentrieren, die für das systemische Verständnis von organisatorischem Wandel entscheidend sind. Wir kommen dann sicher zu der Auffassung, daß wir durch das neue Verständnis des Lebens in der Lage sind, den gegenwärtig so weit verbreiteten Widerstand gegen organisatorische Veränderung in neuem Licht zu sehen und ihn in eine positive Kraft umzuwandeln.

Eine der Haupterkenntnisse des neuen Verständnisses des Lebens besagt, daß sich alle lebenden Organismen strukturell mit ihrer Umgebung verbinden. Das heißt, sie reagieren mit strukturellen Veränderungen auf Einflüsse aus der Umgebung. Beispielsweise finden, während ich mich darauf konzentriere, diese Worte zu schreiben, in meinem Gehirn und Nervensystem fortlaufend strukturelle Veränderungen statt. Einige davon bleiben erhalten, so daß ich mich später an meine Erfahrung erinnere. Dies gilt in ähnlicher Weise für alle lebenden Organismen.

Eine wichtige Aussage dieser neuen Theorie, die von den beiden chilenischen Biologen Humberto Maturana und Francisco Valera entwickelt wurde, ist, daß die strukturellen Veränderungen zwar von der Umgebung ausgelöst, aber nicht von ihr vorgegeben oder gesteuert werden. Das lebende System ist autonom. Es reagiert auf seine eigene, selbstorganisierende Weise auf Störungen. Noch interessanter daran ist, daß das System die strukturellen Veränderungen nicht nur selbst bestimmt, sondern auch, welche Umweltstörungen sie auslösen. Mit anderen Worten, ein lebendes System ist frei, darüber zu entscheiden, was es wahrnehmen will und was es stört.

Wir kennen das alle aus eigener Erfahrung. Wir gehen zum Beispiel eine Straße entlang, auf der Hunderte von Dingen geschehen, aber wir nehmen sie nicht wahr, weil wir uns entscheiden, ihnen keine Aufmerksamkeit zu schenken. Wir bestimmen, was uns stört. Jeder lebende Organismus legt selbst fest, wovon er sich beeinflussen läßt. Was wählt er aus? Er wählt die Störungen, die für ihn von Bedeutung sind, sei es auf biologischer, psychischer, emotionaler oder einer anderen Ebene. Was uns aufmerksam werden läßt, ist das, was wir als sinnvoll einstufen.

Aus dieser Erkenntnis lernen wir, wie wir organisatorische Veränderungen besser bewerkstelligen können. Im mechanistischen Managementmodell wird viel Energie und Geld darauf verwandt, den im Unternehmen arbeitenden Menschen neue, von externen Fachleuten entworfene Organisationsstrukturen zu verkaufen, was ganz häufig Widerstand hervorruft. Vom systemischen Standpunkt aus können wir diesen Widerstand als Ausdruck davon erkennen, wie Menschen in autonomer Art und Weise auf Störungen reagieren. Sie reagieren auf eine Verfügung, indem sie sie modifizieren, indem sie auf ihre ureigene Art und Weise darauf eingehen. Das tun sie nicht aus Bosheit, sondern weil dies genau ihrer Natur als Lebewesen entspricht. Wir reagieren auf Störungen so, wie es unserem Wesen gemäß ist. Auf diese Weise entfaltet sich unsere Kreativität.

Wie nehmen Menschen an Veränderungen teil?

Sich Veränderungen zu widersetzen – die Tatsache, daß Menschen Direktiven verdrehen und sie auf ihre eigene Weise ausführen und damit nicht immer so, wie es beabsichtigt war – ist Ausdruck menschlicher Kreativität, der Kreativität allen Lebens. Um diese Kreativität für das Unternehmen nutzbar zu machen, müssen die Mitarbeiter von Anfang an in den Entscheidungsprozeß einbezogen werden. Dann lassen sie sich bereitwillig »stören«, weil ihnen der Prozeß selbst sinnvoll erscheint. Die Aufgabe besteht also darin, den Veränderungsprozeß für die betroffenen Menschen von Anfang an sinnvoll zu machen, um sie zur Teilnahme zu motivieren und so eine Umgebung zu schaffen, in der sich ihre Kreativität als positive Kraft ausdrückt und nicht als Widerstand. Die menschliche Kreativität verschafft sich ohnehin selbst Ausdruck, ganz gleichgültig, was wir tun. Wenn wir den Menschen die Möglichkeit verweigern, auf ihre eigene Weise auf Störungen zu reagieren, nehmen wir ihnen etwas von ihrer Würde als lebende Wesen. Die neue Theorie der lebenden Systeme besagt, daß strukturelle Veränderung durch Teilnahme vor sich geht, und sie bietet eine Methode an, wie diese Teilnahme zu einer positiven Kraft der Veränderung gemacht werden kann.

Schauen wir uns jetzt einmal etwas genauer an, wie Menschen am Veränderungsprozeß teilnehmen. Eine wichtige Erkenntnis der Systemtheorie, deren Anfänge in die ersten Jahrzehnte unseres Jahrhunderts zurückgehen, besagt, daß die Komponenten jedes lebenden Systems in Form eines Netzwerks miteinander verbunden sind. Die Netzwerkstruktur ist, wie wir wissen, ein allem Leben gemeinsames Organisationsmuster. Natürlich sind nicht alle Netzwerke lebende Systeme; also müssen wir uns fragen, worin die spezifischen Merkmale von lebenden Systemen bestehen.

Im Laufe der letzten Jahrzehnte hat man diese Merkmale erkannt und präzise dargestellt. Ein sehr wichtiger Aspekt besteht darin, daß es in lebenden Netzwerken immer Feedbackschleifen gibt. Wenn ich zum Beispiel in einem Unternehmen arbeite und eine neue Idee weitergebe – in einem Memo oder indem ich einfach davon erzähle –, bekomme ich ein Feedback, und wenn die Idee zufällig einen Fehler hat, dann werde ich das höchstwahrscheinlich von jemandem aus dem Netzwerk erfahren. Dann kann ich meinen Fehler korrigieren, das Memo noch einmal verschicken, und über eine andere Schleife wird neues Feedback zurückkommen. Auf diese Art und Weise kann ich die ursprüngliche Idee wiederholt korrigieren und modifizieren. Dies gilt für alle Mitglieder des Netzwerks. Durch das Feedback kann sich ein lebendes System immer wieder korrigieren, also sich selbst regulieren und organisieren.

In den meisten Fällen gewährleistet die Selbstregulierung durch Feedbackschleifen die Stabilität von lebenden Systemen, doch gelegentlich kommt es vor, daß die Feedbackschleifen nicht selbstausgleichend, sondern selbstverstärkend wirken. Eine ursprüngliche Störung kann immer wieder verstärkt werden, bis schließlich das gesamte System instabil wird. An diesem Punkt bricht das System entweder zusammen, oder es entsteht spontan eine neue Form von Ordnung. Diese Momente der Instabilität, auf die die spontane Entstehung einer neuen Ordnung folgt, sind wichtige Phänomene, die wir erst ganz allmählich verstehen. Der belgische Chemiker und Nobelpreisträger Ilya Prigogine und der amerikanische Biologe Stuart Kauffman sind zwei von mehreren weiteren Wissenschaftlern, die in dieser Hinsicht Pionierarbeit geleistet haben.

Wie funktioniert dies in menschlichen Organisationen? Zu den wichtigsten Netzwerken in einer menschlichen Organisation gehören die Netzwerke von Gesprächen. In letzter Zeit hat man sich viel mit diesen Netzwerken von Gesprächen und dem darin stattfindenden Lernprozeß beschäftigt. Nehmen wir einmal an, jemand sagt beiläufig etwas, das für diese Person noch nicht einmal sehr wichtig ist. Jemand anders schnappt es auf, fügt etwas hinzu und verändert damit die Aussage. Dann hört dies eine dritte Person, verändert wieder etwas, und so macht das Gesagte die Runde durch das Netzwerk, und in jeder Feedbackschleife vermehren sich Aussage und Sinn.

Dies kann schließlich so weit gehen, daß die ursprüngliche Information so sehr verstärkt und erweitert wird, daß die Organisation oder das Unternehmen sie im gegenwärtigen Zustand nicht mehr absorbieren kann. Wenn das geschieht, ist ein Punkt der Instabilität erreicht. Das System kann die neue Information nicht mehr in ihre vorhandene Ordnung integrieren. Es ist gezwungen, einige seiner Strukturen, Aktivitäten oder Überzeugungen aufzugeben. Die Folge ist ein Zustand des Chaos, der Verwirrung, der Unsicherheit und des Zweifels; und aus diesem chaotischen Zustand heraus bildet sich eine neue Form von Ordnung, die auf einem neuen Sinn basiert. Die Dynamik des spontanen Entstehens ist allen lebenden Systemen zu eigen – eine kleine Fluktuation, die durch Feedbackschleifen verstärkt wird und damit zu einer Instabilität des gesamten Systems führt, worauf ein Durchbruch zu einer neuen Ordnung erfolgt. Dieser Entstehungsprozeß wird jetzt als die Grundlage von Wachstum, Entwicklung und Evolution begriffen. Es ist die Art und Weise, in der das Leben seine Kreativität entfaltet, eine Kreativität, die allen lebenden Systemen innewohnt.

Die Forschungsergebnisse sind auch im Bereich Führung sehr bedeutsam. Vom systemischen Standpunkt aus bedeutet Führerschaft das Fördern von Entstehung bzw. das Erschaffen einer Umgebung, in der sich ein Netzwerk von Gesprächen bildet, worin sich die Entstehung einer neuen Ordnung vollzieht. Fördern dieser Entstehung bedeutet die Förderung der Kreativität der Organisation bzw. des Unternehmens.

Das sind also einige der Lektionen für das Management unserer menschlichen Organisationen, die wir durch das neue Verständnis vom Leben lernen können. Angenommen, wir nehmen diese Lektionen ernst und lernen ökologisch lesen und schreiben, indem wir gründlich studieren, wie sich die Ökosysteme der Natur selbst organisieren, indem wir die Veränderungsprozesse studieren, die ihnen innewohnen, und dann Unternehmen aufbauen, die die Anpassungsfähigkeit, Vielfalt und Kreativität des Lebens widerspiegeln.

Die Perspektive: Wirtschaft als Ökosystem

Sobald wir dies ernsthaft betreiben, werden wir vor einem Dilemma stehen, weil es zwischen Ökosystemen und menschlichen Organisationen einen ganz offensichtlichen Unterschied gibt. Es ist der Zweck eines Wirtschaftsunternehmens, Güter oder Dienstleistungen zu produzieren und zu verkaufen. Ökosysteme tun das nicht; sie verkaufen keine Güter oder Dienstleistungen. Wie können wir dann jemals unsere Unternehmen Ökosystemen angleichen und sie damit umweltverträglich machen, wenn unser Ziel darin besteht, Marktanteile zu gewinnen, unseren Wettbewerbsvorteil zu erhöhen und alles auszubauen, das mit dem Marketing und Verkauf von Produkten und Dienstleistungen zu tun hat?

Dieses Problem hat mir lange Zeit Sorgen bereitet und erschien mir ziemlich aussichtslos. Aber dann sah ich eine Lösung, die uns einen Weg aus diesem ernsten Dilemma heraus zeigt. Es ist die Lösung, wie sie der Autor dieses Buches mit großer Beredsamkeit präsentiert.

Wenn wir Ökosysteme genau betrachten, stellen wir fest, daß ihre lebenden Organismen in der Tat keine Produkte und Dienstleistungen verkaufen, aber dennoch produzieren sie alle etwas. Sie produzieren Abfall, genau wie wir, jeder einzeln und in unseren menschlichen Organisationen. Doch in einem Ökosystem wird der Abfall weitergegeben. Es ist so, wie in diesem Buch immer wieder betont wird: Was für die eine Spezies Abfall bedeutet, gilt als Nahrung für eine andere, so daß in einem Ökosystem praktisch sämtlicher Abfall kontinuierlich wiederverwendet wird. Genau dies können wir in unseren menschlichen Organisationen tun, um die Organisationsmuster der Natur widerzuspiegeln. Wir können unsere Unternehmen und Industrien umgestalten – wir *müssen* sie in der Tat umgestalten –, so daß der Abfall eines Industriezweigs zu einer Ressource für den nächsten wird.

Damit dies funktionieren kann, müssen die Industrien wie im Buch beschrieben geographisch in Clustern angeordnet werden, um ein Netzwerk von Transaktionen zu bilden. In solchen Industrieclustern wäre jeder Betrieb in einem »wirtschaftlichen Ökologiesystem« verankert, in dem der Abfall des einen Betriebs zu einer Ressource für den anderen wird.

Solche ökologischen Industriecluster sind unter der Schirmherrschaft von ZERI, der Zero Emissions Research Initiative, vor kurzem in mehreren Teilen der Welt gestartet worden. In diesem Buch hat Gunter Pauli ausführlich den Denkansatz beschrieben, der zu dieser bahnbrechenden Initiative führte, und anhand zahlreicher Beispiel erläutert, wie das Programm zur Zeit an vielen Orten weltweit erfolgreich durchgeführt wird.

Fritjof Capra

ANHANG

Die Zero Emissions Research Initiative (ZERI)

Die Zero Emissions Research Initiative wurde 1994 von Gunter Pauli gegründet und von Dr. Heitor Gurgulino de Souza, dem Rektor der Universität der Vereinten Nationen (UNU) in Tokio, in den Rahmen des Umweltschutzprogramms der UNU integriert.

Das Ziel war, durch das Engagement der besten Köpfe die Industrie dazu zu motivieren, umweltfreundlicher zu produzieren. Dies war ein einzigartiger Versuch einer UN-Organisation, über die Unternehmer den Herstellungsprozeß auf der Grundlage des Zero-Emission-Konzepts umzugestalten.

ZERI wurde gegründet, um in Zusammenarbeit mit Forschungszentren auf der ganzen Welt wissenschaftliche Forschung zu betreiben mit dem Ziel, neue, bahnbrechende Techniken zu entwickeln, die zu einer völlig abfallfreien Herstellungsweise führen. Der gesamte Input soll entweder in das Endprodukt einfließen oder zu mehrwertschaffenden Bestandteilen für andere Industrien umgewandelt werden.

Seit 1994 demonstriert ZERI, daß das Zero-Emission-Konzept funktioniert. Sie ist bereits über das Forschungsstadium hinausgelangt und hat zahlreiche erfolgreiche Pilotprojekte durchgeführt. Eine erste kommerzielle Anwendung fand das Konzept in einer neuen Brauerei in Namibia.

Im Aufbaustadium hat sie zunehmende Unterstützung aus politischen, wirtschaftlichen und wissenschaftlichen Kreisen erhalten, und viele der Verantwortlichen setzen sich aktiv für die Programme ein.

Politik

Die japanische Umweltbehörde – die in ihrem *White Book on the Environment* Zero Emission als Trend für die Zukunft bezeichnet – stellte Gelder für ZERI-Projekte bereit.

Das Ministry of International Trade and Industry (MITI) gründete eine Zero-Emission-Arbeitsgruppe und stellte ein Budget in Höhe von 250 Millionen Yen für Pilotprojekte für die Schaffung von Ökostädten nach dem Zero-Emission-Konzept zur Verfügung.

Das Ministerium für Bildung, Wissenschaft und Kultur bewilligte 500 Millionen Yen für ein vierjähriges Forschungsprogramm, in dem fünfzig Professoren in Japan einen theoretischen Rahmen für Zero Emission erarbeiten sollen. Dieses Programm konnte dank der entschiedenen Unterstützung durch die Japanische Gesellschaft für Wissenschaftsförderung erweitert werden.

Der Premierminister von Schweden, Ingvar Carlsson, war der erste Regierungschef, der das Zero-Emission-Konzept öffentlich unterstützte. Dr. Sam Nujoma, der Präsident von Namibia, und Sir Ratu K. K. T. Mara, der Präsident von Fidschi, fördern die Entwicklung von ZERI-Aktivitäten in ihrem Land nachdrücklich.

Regionale und lokale Behörden – in Lateinamerika, Afrika, Europa (Schweden) und Japan – gründen und unterstützen ZERI-Aktivitäten.

ZERI beteiligt sich aktiv an den internationalen politischen Foren der UN-Organisationen, der Weltbank, regionaler Entwicklungsbanken und Regierungen.

Wirtschaft

Die ZERI-Charta für Unternehmen wurde in den ersten Wochen der Initiative ausgearbeitet. Als erstes Unternehmen unterzeichnete Ebara im November 1994 die Charta und hat seitdem Zero Emission als Unternehmensstrategie übernommen. Das erste amerikanische Unternehmen, das sich öffentlich für das Ziel der Zero Emission aussprach, war DuPont – und der erste europäische Betrieb war Södra Cell, der schwedische Zellstoffhersteller.

Die erste kommerzielle Anwendung fand das Zero-Emission-Konzept in der neuen Brauerei der Namibian Breweries in Tsumeb, Namibia, die im Januar 1997 in Betrieb genommen wurde.

ZERI hat ihr eigenes Due-Diligence-Konzept entwickelt, welches das Zero-Emission-Konzept unter Einbeziehung von für Finanzplaner wichtigen Indikatoren durchführbar und praktisch macht.

Die ausgesprochen starke Unterstützung durch japanische Unternehmer zeigt, daß ZERI neuen, innovativen Partnerschaften im öffentlichen, privaten und wissenschaftlichen Sektor eine ausgezeichnete Grundlage bietet. Die neue Brauerei in Namibia ist die erste solche Partnerschaft dort. In dieser Hinsicht entspricht die ZERI-Philosophie weitgehend dem Sustainable Project Management (SPM), einer Nebenorganisation des World Business Council for Sustainable Development.

Wissenschaft

ZERI nutzt das Know-how von mehr als dreitausend Forschern der ganzen Welt – in Zusammenarbeit über das Internet –, um mit Hilfe von neuesten Verfahrenstechniken und der Biochemie multidisziplinäre Lösungen für die schadstofffreie Verwertung sämtlicher Abfälle zu entwerfen.

Sie arbeitet eng mit Mitgliedern von angesehenen Wissenschaftsakademien zusammen – der Königlich-Schwedischen Akademie der Wissenschaften und der Akademie für Ingenieurswesen, der Afrikanischen Akademie der Wissenschaften, der Chinesischen Akademie, der Dritte-Welt-Akademie und dem Brasilianischen Wissenschaftsrat.

ZERI hat mehrere internationale Workshops über Zero Emission abgehalten: im Januar 1997 in Namibia zum Thema »Integrierte Biosysteme«, im März 1997 in Simbabwe zum Thema »Anwendung des Zero-Emission-Konzepts auf die Wasserhyazinthe« und im Mai 1997 in Fidschi wieder über integrierte Biosysteme. Weitere Workshops: in Kolumbien für integrierte Biosysteme im September 1997; in Brasilien für Diversifikationsstrategien im Januar 1998; in Tansania über Biodiversität im April 1998. Der vierte ZERI-Weltkongreß fand im Oktober 1998 in Windhoek statt.

Sie hat einen vierzigstündigen Kurs über Zero Emission für Akademiker entwickelt, der bereits in zwölf Ländern auf fünf Kontinenten abgehalten wurde und zur Zeit in fünf Sprachen erhältlich ist. Über hundert Universitäten lehren nach dem Kurs. Im Internet gibt es eine spanische Version und auf Video eine zwanzigteilige Version in Englisch und Japanisch.

Der erste UNESCO/UNU-Lehrstuhl für Zero Emission wurde im Januar 1997 an der Universität von Namibia eingerichtet.

Ziel soll es sein, weltweit zehn Lehrstühle innerhalb der nächsten drei Jahre zu gründen.

Regionale Ausbildungszentren gibt es in Namibia, Kolumbien, Brasilien und Mexiko – und andere sind auf den Pazifischen Inseln, in Asien und dem Mittleren Osten geplant.

Organisation

Die ZERI Foundation hat ihren Sitz in Genf und wird gefördert und finanziert vom United Nations Development Programme (UNDP), der Bundesregierung der Schweiz und dem Kanton Genf.

Sie wird als Organisationsträger der Initiative dienen und sich dafür einsetzen, daß man nachweislich erfolgreiche ZERI-Projekte in Zusammenarbeit mit dem privaten Sektor und den örtlichen Behörden schnell und unbürokratisch verwirklicht. Weiterführende Untersuchungen sollen an der Universität der Vereinten Nationen durchgeführt werden – unter Beteiligung von Natur- und Geisteswissenschaftlern der ganzen Welt.

Zukünftige Entwicklungen

ZERI treibt ihre Forschung weiter voran – speziell im Bereich der Aufspaltungstechniken von Rohstoffen und integrierten Biosystemen. Die Ausbildungsmöglichkeiten werden erweitert. Es gibt neue Pilotprojekte, speziell in Gebieten mit der höchsten Erfolgsrate wie zum Beispiel im südlichen Afrika, in Mittelamerika und den südlichen Pazifischen Inseln. Dafür erstellen wir entsprechende Finanzierungskonzepte. Für die Durchführung von Großprojekten bilden wir Konsortien von privaten, öffentlichen und wissenschaftlichen Partnerschaften.

Was bedeutet Zero Emission für wen?

Zero Emission ist ein neues Industriekonzept. Es bewertet die Rolle der Wirtschaft bei der Bewältigung der anstehenden Probleme der Menschheit neu und liefert eine pragmatische Grundlage für Forschung, Unternehmensstrategien und politische Regelungen unter Berücksichtigung der Komplexität unserer heutigen Zeit. Zero Emission ist die Erweiterung des Strebens nach Produktivität, Qualität (null Mängel), Just-in-time (null Lagerbestände) und Kundendienst (null Abwanderung):

- Für die Industrie bedeutet Zero Emission die Entwicklung von neuen Techniken zur Umwandlung der Produktion nach dem Prinzip der Nachhaltigkeit.
- Für die Unternehmer bedeutet Zero Emission die drastische Steigerung der Produktivität von Rohstoffen.
- Für die Unternehmensstrategen bedeutet Zero Emission die Entwicklung von neuen Geschäftsbereichen auf der Grundlage von dem, was bisher als »Abfall« galt.
- Für die Ökonomen bedeutet Zero Emission die Erschließung neuer Sektoren in der Weltwirtschaft als Quelle für die Arbeitsplätze der Zukunft bei gleichzeitiger Lösung der Umweltprobleme.
- Für die Wissenschaftler bedeutet Zero Emission kreative multidisziplinäre Forschungsprogramme, in denen traditionelle und neue Techniken miteinander kombiniert werden.
- Für die Entwicklungsländer bedeutet Zero Emission eine innovative Methode im Kampf gegen Armut, Arbeitslosigkeit sowie Gesundheits- und Umweltprobleme.

- Für die Umweltschützer stellt Zero Emission einen grundlegend neuen Ansatz dar, der die Beseitigung der Umweltverschmutzung verspricht; ZERO kommt der vollständigen Abfallbeseitigung gleich, indem die Industrie die Natur nachahmt.
- Für die Politiker bedeutet Zero Emission einen neuen Rahmen für politische Maßnahmen, die heikle Bereiche miteinander verbinden.

Der ZERI-Kurs

Konzept und Praxis der Zero Emission oder Die Suche nach maximaler Produktivität und UpSizing

Ziel des Kurses

Der zwanzig bis vierzig Stunden umfassende Kurs über Zero Emission bzw. maximale Produktivität bietet einen multidisziplinären Überblick über die neuen industriellen Aktivitäten, Prozesse und Konzepte, die mit großer Wahrscheinlichkeit Standard im nächsten Jahrhundert sein werden. Der Kurs berücksichtigt Themen von globaler Bedeutung, erforscht die neuen Trends, beobachtet Frühwarnsysteme und vermittelt eine allgemeingültige Methodologie zum Aufbau nachhaltig produzierender Unternehmen.

Wer sollte teilnehmen?

Der Kurs ist für ein breites Spektrum von Universitätsabsolventen konzipiert und erfordert Grundkenntnisse in den Bereichen Technik, Wirtschaft und Biochemie. Die Interaktion von mindestens diesen drei Grunddisziplinen soll den Teilnehmern eine Vision der neuen Wirtschaft, die im Entstehen begriffen ist, vermitteln.

Wie sieht der Kursablauf aus?

Der Kurs dauert in der Regel zwanzig Stunden und umfaßt sowohl vorlesungsartige Präsentationen, Fallstudien und Gruppenübungen als auch ein allgemeines Diskussionsforum. Im Idealfall sollte sich der Kurs über fünf Tage erstrecken, so daß Zeit für Einzelberatungen, Gruppengespräche und Hinweise für Hausaufgaben bleibt. Es sollten nicht mehr als vierzig Personen teilnehmen, um einen Querschnitt durch die Disziplinen und mindestens fünf bis sechs Arbeitsgruppen zu ermöglichen.

Was können die Teilnehmer als Ergebnis erwarten?

1. Die Teilnehmer erlernen eine Methodologie, die es ihnen ermöglicht, jeden industriellen Prozeß sowie die realistische Umgestaltung sämtlicher Produkt-, Abwasser-, Gas- und Wärmeströme einzuschätzen, so daß nichts im Produktionsprozeß verschwendet wird.

2. Die Teilnehmer erhalten eine Sammlung von vollständig dokumentierten Fällen, die detailliert aufzeigen, wie die Methodologie in realen Projekten angewendet wurde.

3. Die Teilnehmer werden eine Vorstellung von den Aktivitäten der Industrie der Zukunft bekommen; dies könnte sich als Thema in einer Magister- oder Doktorarbeit niederschlagen, als Ausgangsbasis für eine Geschäftsidee genutzt werden oder zur Grundlage für die Umgestaltung einer Unternehmensstrategie werden, selbst wenn es sich um frisch patentiertes Know-how handeln sollte.

Der Lehrkörper

In jedem Land, in dem der Kurs angeboten wird, ist ein lokaler Kursleiter für die kontinuierliche Durchführung der Diskussionen verantwortlich; außerdem sorgt er oder sie auf der Ebene der Forschung und Ausbildung in Übereinstimmung mit der Zero Emissions Research Initiative der UNU für die Weiterentwicklung neuer Initiativen. Es gibt eine Reihe von Kursleitern, die in Brasilien, Kolumbien, Mexiko, Namibia und Schweden ausgebildet wurden.

Lehr- und Dokumentationsmaterial für die
Kursleiterausbildung

Das lateinamerikanische Institut für Zero Emission hat das Ausbildungshandbuch entwickelt und erstellt. Es ist in Spanisch, Portugiesisch und Japanisch erhältlich.

Training im Internet

Die spanische Version des Kurses ist im Internet über die URL www.ur.mx/zeri erhältlich. Sie enthält eine interaktive Video-Session mit Fragen und Video-Antworten sowie vollen Zugang zu Online-Lesematerial.

Training auf Video

Eine englische und japanische Version des Kurses ist auf Video (VHS und NTSC) erhältlich.

ZERI-Konzepte und -Terminologie

Zero Emission

Die Wiederverwendung aller Komponenten als Wertschöpfung, so daß kein Abfall übrigbleibt. Das Konzept wird immer häufiger als Fortsetzung von solchen Managementkonzepten wie »null Mängel« (TQM), »null Inventur« (Just-in-time), »null Abwanderung« (völlige Kundenloyalität) und »null Konflikte« (Entscheidung per Konsens) verwendet.

Clustering von Industrien

Eine Methodologie, die die Clusterbildung von Industrien ermöglicht, zwischen denen man bisher keinen Zusammenhang gesehen hat. Durch Nachahmung der Natur kann die Industrie dasselbe Niveau an Rohstoffproduktivität erreichen.

UpSizing

Aufbau von wirtschaftlichen Aktivitäten durch Industriecluster, die den Abfall des einen als Wertschöpfungsinput für den anderen nutzen.

Zweite grüne Revolution

ZERI hat nachgewiesen, daß die Menschheit nicht erwarten kann, daß die Erde mehr hervorbringt. Die Menschheit muß mehr aus dem machen, was die Erde produziert. Dieses Konzept wird von hundert prominenten Wissenschaftlern auf der ganzen Welt unterstützt.

Maximale Produktivität

Produktivität kann nicht nur auf Arbeitskräfte und Kapital beschränkt werden – sie muß auch Rohstoffe, den dritten Hauptinputfaktor in der Wirtschaft, umfassen. Bei weniger als 10 Prozent verarbeiteten Rohstoffen gibt es erheblichen Verbesserungsspielraum.

Output-Input-Tabellen
Schon früh haben Wirtschaftsexperten Input-Output-Tabellen entworfen. Der ZERI-Ansatz führte zur Aufstellung von Output-Input-Tabellen, die die Bildung von neuartigen Industrieclustern ermöglichen, in denen auch die in einem bestimmten Produktionsprozeß nicht benötigten Stoffe wiederverwendet werden.

ZERI Due Diligence
Unternehmen stellen Rentabilitätsuntersuchungen an, bevor sie eine Investition tätigen. Die Due-Diligence-Prüfung der ZERI für Rohstoffe erfaßt, was an Wertschöpfung verlorengeht, indem man sich ausschließlich auf einen Bestandteil der Inputfaktoren konzentriert – so daß damit versteckte Werte gefunden und kommerziell genutzt werden können.

Immunity Management
Das Managementsystem für die Zukunft basiert auf einer höchst dezentralen Struktur mit einer gut im Netzwerk verteilten Intelligenz.

Deklaration von Windhoek
In dieser Erklärung setzen sich Staatsoberhäupter, obere Führungskräfte, Wissenschaftler und Vertreter von nichtstaatlichen Organisationen dafür ein, die Produktivität zu steigern, Arbeitsplätze zu schaffen und die Umweltverschmutzung zu reduzieren.

Die Deklaration von Windhoek

Wir, die Teilnehmer der Weltkonferenz über Zero Emission, abgehalten in Windhoek, Namibia, vom 14. bis 17. Oktober 1998 unter dem Vorsitz seiner Exzellenz Dr. Sam Nujoma, des Präsidenten der Republik Namibia:

Machen uns bewußt, daß die Ökosysteme der Natur keinen Abfall erzeugen, da der Abfall der einen Art einer anderen als Nahrung dient; daß Materie ununterbrochen im Netz des Lebens wiederverwendet wird; daß Vielfalt Widerstandskraft fördert und daß das Leben von Urbeginn an den Planeten nicht durch Kampf, sondern durch Symbiose und gegenseitige Abhängigkeit eingenommen hat.

Erkennen, daß die Gesellschaft nur dann ein Maximum leistet, wenn alle ihr Bestmögliches dazu tun, und daß der Beitrag jedes einzelnen, sei er auch noch so gering, welcher Art er auch sei und von woher bzw. von wem er auch kommen mag, von der Gemeinschaft mit Achtung, Würde und Wertschätzung angenommen wird, ja jeder zum Wert der Vielfalt beiträgt.

Sind uns bewußt, daß die Entwicklung mit der Einschätzung der den Menschen zur Verfügung stehenden Mittel und Naturgegebenheiten beginnt und nicht mit der Beschreibung und Analyse ihrer Probleme.

Werden von der Tatsache geleitet und inspiriert, daß große Probleme und Situationen, für die wir noch keine Lösungen kennen, beträchtliche Möglichkeiten in sich bergen.

Erkennen ehrfurchtsvoll, daß lebende Systeme im Hinblick auf ihre Feedbackschleifen (zum Beispiel das Blutkreislaufsystem der Säugetiere, der Stickstoffzyklus und der Kohlenstoffzyklus) sowie ihre Fähigkeit zur Anpassung an veränderliche ökologische Parameter einzigartig sind.

Entdecken durch die weltweiten Agenden der ZERI, daß die Welt immer noch über unzählige Arten von natürlichen Ressourcen verfügt, die seit undenklichen Zeiten, meist aus Unwissenheit, ungenutzt, zuwenig genutzt oder als Abfall vernichtet worden sind.

Wissen, daß ein integrativer, die Natur nachahmender Ansatz in der Systementwicklung unter Berücksichtigung der Synergien mehrere Möglichkeiten gleichzeitig nutzen kann; daß ein einzelnes, isoliert operierendes technisches Verfahren sich nicht den Herausforderungen der Menschheit hinsichtlich einer nachhaltigen Entwicklung stellen kann und daß daher die Notwendigkeit besteht, die besten der alten Techniken der Urbevölkerung zu erschließen und einzubeziehen und darüber hinaus die fachübergreifende Forschung in unseren wirtschaftlichen Entwicklungsstrategien zu fördern.

Teilen die Sorge über die Notwendigkeit, mehr nachhaltig bestehenden Lebensunterhalt für den Menschen zu schaffen, zu fördern und unsere Technik so umzugestalten, daß sie umweltfreundlicher und für die Gesellschaft akzeptabler wird.

Sind uns der Notwendigkeit bewußt, daß neue Produktionssysteme auf die maximale Rentabilität für alle Teilhaber, maximale Produktivität von Arbeitskräften und Kapital sowie Wertschöpfung durch die Wiederverwendung aller bisher als Abfall geltenden Stoffe ausgerichtet sein müssen.

Stellen fest, daß über eine Milliarde der Menschen unseres Planeten in bitterer Armut leben, während gleichzeitig Milliarden von Tonnen Biomasse, die zu neuen, wertvollen Produkten verarbeitet werden könnten, weiterhin Jahr für Jahr als Abfall vernichtet werden.

Loben die Regierung der Republik Namibia und insbesondere Seine Exzellenz, den Präsidenten Dr. Sam Nujoma, sowie die Akademiker und Geschäftsleute des Landes, speziell die Universität von Namibia und die Namibia Breweries, für ihre wegweisende Führung, Unterstützung und Ermutigung, die unter Anwendung der ZERI-Prinzipien zur bahnbrechenden Umwandlung von Abfall aus einer Sorghum-Brauerei in neue wertschaffende Produkte wie Biogas und Pilze geführt haben.

Loben des weiteren die ZERI-Forschungs-und-Entwicklungs-Initiativen, die, wie bei der 4. Jahresweltkonferenz über Zero Emission berichtet, parallel in Fidschi, Kolumbien, Japan und anderen Ländern unternommen wurden.

Und hatten Gelegenheit, die Grundsätze der ZERI zu erörtern; Erfolgsstorys der ZERI aus der ganzen Welt zu hören; die Errungenschaften der ZERI seit ihrem Beginn an der Universität der Vereinten Nationen 1994 kennenzulernen und viele Anregungen für zukünftige ZERI-Projekte zu bekommen, wie sie von den zahlreichen Teilnehmern der 4. Jahresweltkonferenz über ZERI vorgestellt wurden.

In Anerkennung dieser Tatsachen verabschieden wir hiermit diese Deklaration, die den Namen ZERI-Deklaration von Windhoek tragen soll, und verpflichten uns dazu:

1. Die staatlichen und nichtstaatlichen Gruppen und Institutionen in den Bereichen Politik, Wirtschaft, Wissenschaft und Erziehung sowie alle Nationen zur Zusammenarbeit *aufzurufen;* sie mögen die Umsetzung der Visionen und

Projekte der ZERI fördern und sie zur Bekämpfung der Armut, Stärkung der Wirtschaft, Schaffung von Arbeitsplätzen für die notleidenden Völker der Welt und für nachhaltiges Umweltmanagement einsetzen.

2. Den Aufbau von auf Nachhaltigkeit ausgerichteten, auf der Biovielfalt der Erde basierenden Produktionsmethoden zu *fördern*. Diese Vielfalt ist eine der wesentlichen Lebensquellen, die den Menschen überall auf unserer Erde aufrechterhält und die Bioressourcen liefert, die für jedes Klima und jede Bodenart, jede Breite und jede Höhe, jedes Gewässer und jeden Ozean und für jede Gemeinschaft und Kultur einzigartig sind.

3. Einen Geist der Dringlichkeit und der Betroffenheit zu *kultivieren und aufrechtzuerhalten,* um rasche, nachhaltig wirkende und umweltfreundliche Lösungen für die entscheidenden Probleme zu entwickeln, denen wir uns auf nationaler, regionaler, kontinentaler und globaler Ebene widmen müssen. Eines dieser Probleme, das bei der 4. Jahresweltkonferenz angesprochen wurde, ist die Wasserhyazinthe: eine Pflanze, die von vielen nur für ein berüchtigtes, giftiges und unerwünschtes Unkraut gehalten wird, die aber bei den Wissenschaftlern und Technologen des ZERI-Netzwerks als potentieller Motor für die nachhaltige Sicherung des Lebensunterhalts gilt, besonders wenn sie als Substrat für den Anbau von ausgewählten wohlschmeckenden Speisepilzen mit hohem Eiweißgehalt, die auch exportiert werden können, sowie für weitere neuartige Anwendungen benutzt wird.

4. Die Wissenschaftler und Technologen aller Ebenen in unseren Bildungs- und Forschungsinstitutionen zu *moti-*

vieren, inspirieren und zu unterstützen, ihren Forscherblick noch einmal unvoreingenommen auf alle ihnen zugänglichen Kategorien von Bioressourcen in den Ökosystemen zu richten. Dabei werden sie die natürlichen Produkte, welche die Organismen enthalten, wiederentdecken, indem sie deren Reproduktionsrhythmen und Populationsdynamik studieren und somit diejenigen herausfinden, die das größte Potential zur kommerziellen Nutzung aufweisen.

5. Das Konzept, die Vision und die Methodologie der ZERI auf den unterschiedlichen Ebenen zu *popularisieren.* Dazu stehen folgende Mittel zur Verfügung: die ZERI-Weltkonferenz, regionale Ausbildungsworkshops, die ZERI-Fellowship, spezielle Vorlesungen und Seminare, Publikationen über das ZERI-Konzept mit unterschiedlicher Zielsetzung und für unterschiedliche Zielgruppen. Des weiteren soll der Besuch von erfolgreichen ZERI-Anlagen auf der ganzen Welt gefördert und ein Ausbildungsprogramm zur Erlangung des ZERI-Master-of-Science-Grades, wie es bei der Konferenz in Windhoek vorgestellt und diskutiert wurde, eingerichtet werden.

6. Auf den bahnbrechenden Erfahrungen, die ZERI in zahlreichen Ländern gesammelt hat und über die bei der Konferenz in Windhoek und früheren Konferenzen berichtet wurde, *aufzubauen.* Die Verbreitung der Erkenntnisse der ZERI möge erleichtert und beschleunigt werden, so daß die überkommenen, Biomasse verschwendenden Verfahren aufgegeben und die Bioressourcen der Erde effizienter genutzt werden.

7. Die Bildung von starken Verbindungen und Netzwerken zwischen den Forschungs- und Bildungsinstitutionen, pri-

vaten Industrieunternehmen und einzelnen an der ZERI-
Methodologie interessierten Wissenschaftlern und Technologen sowie Nord-Süd- und Süd-Süd-Partnerschaften
zur Lösung von globalen Problemen, die durch die Anwendung der ZERI-Strategien und Techniken gemildert werden könnten, zu *fördern*.

8. Die Bemühungen um die Entwicklung von langfristigen
Finanzierungsstrategien für die Verbreitung des ZERI-Ge-
dankenguts und der ZERI-Methodologie sowie für die
Durchführung von ausgewählten ZERI-Projekten zu *unterstützen*, bei denen die größte Aussicht besteht, daß sie bis-
lang als Abfall geltende Stoffe und Bioressourcen, für die es
bisher keine Verwendung gab, in neue Investitionsgele-
genheiten der Zukunft umwandeln.

9. Die Entwicklung von Spitzenzentren *herbeizuführen*, die als
Anregung für vielversprechende Vorhaben hinsichtlich eines nachhaltig gesicherten Lebensunterhalts dienen und
dazu beitragen sollten, daß die Entstehung von ZERI-Pro-
dukten beschleunigt wird. Die Hauptzentren sollten verfügen über: regionale Sporenbanken von tropischen Pilzen,
um als Kernzelle für den Anbau von einheimischen Pilzarten zu dienen, sowie regionale Zentren für die Gewinnung, Bestimmung und Kommerzialisierung von neuen
Naturprodukten. Vorbildlich ist in dieser Hinsicht die
Meeresforschungsinfrastruktur, die derzeit mit der Unterstützung der Regierung von Namibia in Henties Bay entwickelt wird und die dazu beitragen soll, daß die riesige
Biomasse der marinen Bioressourcen Namibias nachhaltig
und wertschaffend genutzt wird.

10. Von der Erde das Geschenk der *Welwitschia mirabilis,* einer

einzigartigen, in der Wüste Namib heimischen Wunderpflanze, als inspirierendes Symbol für die Grundprinzipien der Vision der Zero Emission *anzunehmen:* Überleben in einer augenscheinlich unwirtlichen Umgebung, maximale Effizienz bei der Ausnutzung der natürlichen Ressourcen der Erde, ohne die Umwelt zu verunreinigen.

Wir glauben, daß die in dieser Deklaration skizzierte Vision realistisch umsetzbar, aufregend machtvoll, ökonomisch durchführbar, politisch und gesellschaftlich akzeptabel, umweltfreundlich ist und global nachhaltig wirkt.

Wir glauben ebenso, daß wir mit der Unterstützung durch führende Persönlichkeiten aller Nationen, das System der Vereinten Nationen, Wissenschaftler und Technologen unserer zahlreichen Universitäten, mit der Unterstützung durch akademische und Forschungseinrichtungen auf der ganzen Welt und durch die Förderung von öffentlich-privaten Partnerschaften die Hauptziele der ZERI Schritt für Schritt verwirklichen werden.

Wir glauben des weiteren, daß wir durch die Umsetzung dieser Deklaration gemeinsam einen spürbaren Beitrag zur Förderung des wirtschaftlichen und sozialen Fortschritts der verarmten Weltbevölkerung leisten werden. Wir wollen diesen Menschen zu einem nachhaltig gesicherten Lebensunterhalt, neuen Arbeitsplätzen und größerer Würde verhelfen. Durch den Erwerb neuer Fähigkeiten und Techniken werden sie in die Lage versetzt, den in ihren Regionen anfallenden Abfall in Wertschöpfung zu verwandeln, dabei die Umwelt zu reinigen und schließlich das Ziel der Zero Emission zu erreichen.

Danksagung

Drei Bücher in drei Jahren zu schreiben ist nur möglich, wenn man die Freude hat, sich immer wieder mit einer beträchtlichen Anzahl von engagierten Menschen zu unterhalten, die bereit sind, Input freizügig auszugeben und zu empfangen. Während meiner dreißig Reisen um die Welt innerhalb der letzten drei Jahre habe ich all dieses und noch viel mehr genießen dürfen.

Der grobe Entwurf für dieses Buch wurde im August 1996 im Hotel Raffles in Singapur geschrieben. Nachdem erst zwei Monate zuvor mein Buch *Breakthroughs* erschienen war, entschied ich, mich für ein paar Tage zurückzuziehen und meine Gedanken zu ordnen. Die nachmitternächtlichen Gespräche mit Joan Klar, Carolyn Tyler und Jim Channon in Ubud, Bali, im März 1997 brachten Klarheit in das Konzept des UpSizings und der generativen Wissenschaft, die schon ein paar Jahre »vor sich hin geköchelt« hatten. Schon im März 1996 öffnete ein Langstreckenflug mit Dan Mapes und einer mit Fritjof Capra den Himmel für das Immunity Management. Diese drei Konzepte sind der Hauptbeitrag dieses Buchs für die Leser und Leserinnen, und sie basieren auf der Theorie und Methodologie der Zero Emission, die ich Mitte der neunziger Jahre zu entwickeln begann. Arnold Thaler brachte die Botschaft auf einen griffigen Nenner: höhere Produktivität, mehr Arbeitsplätze und weniger Umweltverschmutzung. Und das ist es letzten Endes, worum es in diesem Buch geht.

Die Studenten, Professoren, Führungskräfte, Politiker, Aktivisten und Tausende von engagierten Menschen aus China,

Japan, Indonesien, Malaysia, Brasilien, Kolumbien, Mexiko, Kuwait, Namibia, Tansania, England, Italien, Spanien, Schweden, Botswana, Malawi, Sambia, Simbabwe, Fidschi und vielen anderen Ländern gaben mir die Möglichkeit, die Methodologie des UpSizings vorzustellen, zu testen und zu verbessern, das Zero-Emission-Konzept feiner abzustimmen und die Theorien in einen sachlich fundierten Ansatz umzuwandeln. Dies zeigt, daß die Erzeugung von mehr aus weniger bei gleichzeitiger Schaffung von Arbeitsplätzen und Reduktion von Schadstoffen nicht nur realisierbar ist, sondern von jedem erzielt werden kann, der bereit ist, in einem Team zu arbeiten.

Die offenen Ohren und der offene Geist des Präsidenten von Namibia, Seiner Exzellenz Dr. Sam Nujoma, auf die ich bei den offiziellen Treffen und den inoffiziellen Arbeitsessen in Etosha traf, lieferten die Kulissen für das einleitende Kapitel, das die Leser und Leserinnen unvermittelt (ganz in der Tradition aller meiner Bücher) in das Jahr 2021 versetzt.

Die vom Umweltminister Indonesiens und dem Vorsitzenden der UN Biodiversity Convention von 1996, Seiner Exzellenz Sarwono Kusumaatmadja, geschaffene Plattform machte es möglich, Unternehmer einer der potentiell größten Wirtschaftsregionen anzusprechen. Es war Linda Garland, die die Vision hatte, uns im Juni 1995 in Ubud, Bali, zusammenzubringen. Lester Brown und das World Watch Institute lieferten viele der Informationen in den Anmerkungen. Die Daten stammen aus mehreren Ausgaben der Publikationen *State of the World* und *Vital Signs,* die jährlich in England bei Earthscan erscheinen. Die Arbeit von John Stuart und dem Greenleaf-Team war unschätzbar für die Entstehung dieses Buches.

Der Austausch und die Reisen zu Feldstudien in Afrika mit

Keto Mshigeni, diesem außergewöhnlichen Kreuzritter für seinen Kontinent, haben mir meine Begeisterung für Afrika wieder zurückgebracht. Ich bin davon überzeugt, daß Afrika eine große Zukunft bevorsteht, wenn nur auch der Rest der Welt endlich anfangen würde, daran zu glauben. Ohne diesen Wissenschaftler, der genauso leicht die Bibel zitiert wie seine Enzyklopädie der Botanik, hätte ich es niemals gewagt, mir eine Strategie für die Entwicklungsländer vorzustellen, wie wir sie jetzt anvisieren.

Die Entschlossenheit und die Qualität der Arbeit von George Chan haben mich davon überzeugt, daß zu viel immer noch nicht ausreicht. Er setzt sich wahrhaft dafür ein, das Unerreichte zu erreichen. George ist unerbittlich, und selbst wenn er Schmerzen hat, findet er kein Ende. Auch ohne Vertrag oder Bezahlung gönnt er sich keine Ruhe. Er hat keine Zeit zu verschwenden. Ich weiß, daß George in seinem Unterfangen, seinen Gegnern zu beweisen, daß sie unrecht hatten, viel gelitten hat. George ist ein bemerkenswerter Mensch, der den Titel eines Officer of the British Empire oder eines Commander of the British Empire verdient, wenn die Briten doch nur erkennen würden, daß dieser in Mauritius geborene Chinese der britischen Armee im Zweiten Weltkrieg gedient, sein Leben für den Union Jack aufs Spiel gesetzt hat und jetzt ein Visum beantragen muß, um seine Söhne zu besuchen, die – wie er – am Imperial College in London studiert haben. Das persönliche Engagement, das George in allem, was er tut, an den Tag legt, macht ihn zu einem der unbesungenen Helden im Streben nach Linderung der Armut sowie nachhaltig gesichertem Lebensunterhalt durch die Achtung vor der Natur, das Lernen von der Natur und das Nachahmen der Natur.

Die uneingeschränkte Unterstützung durch den Rektor der Universität der Vereinten Nationen, Heitor Gurgulino de Souza, und den Direktor des Institute of Advanced Studies, Tarcisio Della Senta, verdient besondere Erwähnung. Ich frage mich, ob ich so viel Geduld mit einem unorthodoxen, kreativen Geist gehabt hätte, der offenbar wenig Respekt für die strikten Regeln der Vereinten Nationen zeigt. Ich habe ihnen das Leben bestimmt nicht leichtgemacht. Aber ich hätte ganz sicher nicht beweisen können, daß das UN-System in einen großartigen Apparat zur Verbesserung der Welt umgewandelt werden kann, wenn diese beiden Führungspersönlichkeiten nicht an meine Erfolgschancen und den Wert meiner Vorschläge geglaubt hätten. Mit mehreren laufenden Pilotbetrieben in weniger als drei Jahren nach Start des Programms haben wir tatsächlich ein paar Berge versetzt und »Pferde zur Tränke geführt«, wie man im Angelsächsischen sagt. Ich freue mich so darüber, daß sie jetzt trinken.

Natürlich hätte ich ohne meinen geistigen Bruder Kay Nishi keinerlei Chance gehabt, all die Energie während dieser Bemühungen aufzubringen. Wenn er nur wüßte, wieviel er ermöglicht hat. Man findet nur selten jemanden, der so viele Anliegen und Ideen mit einem teilt. Es muß etwas damit zu tun haben, daß wir beide im Jahr Mozarts (56) geboren sind. Es muß irgendwie an den Sternen liegen, daß zwei Geister so übereinstimmen und mit demselben Interesse nach der Verwirklichung von Projekten streben. Es scheint, als ob dies für uns erst der Anfang ist.

Seit im April 1996 mein vorangegangenes Buch *Breakthroughs* zuerst in Spanisch erschienen ist, haben meine beiden Söhne Carl-Olaf und Laurenz-Frederik lesen, schreiben und Ski fahren gelernt. Es wird sicher nicht lange dauern, bis sie ihrem Vater mehr über die Wirklichkeit des Lebens beigebracht haben, als er sich jemals vorgestellt hat. Dafür habe ich Ingrid zu danken.

Vielen Dank Euch allen, meine wahren Freunde, daß Ihr dies möglich gemacht habt. Ein besonderer Dank gilt meinen Gegnern und meinen selbsternannten Feinden dafür, daß sie uns so viele Steine in den Weg legten. Diese führten zu einer Verdopplung der Energie. Die Hindernisse waren großartige Katalysatoren. Und denjenigen, die keine Liebe teilen wollen, werde ich nicht mit Haß, sondern mit Gleichgültigkeit begegnen. Die Welt braucht und verdient das Beste. Hier ist ein kleiner Beitrag von mir an Sie alle!

Gunter Pauli

Anmerkungen

1 Adam Smith: *Der Wohlstand der Nationen. Eine Untersuchung seiner Natur und seiner Ursachen,* dtv, München 1996 (1776).

2 Zum Thema »Darwinismus« siehe auch Reinhard Eichelbeck: *Das Darwin-Komplott. Aufstieg und Fall eines pseudowissenschaftlichen Weltbildes,* Riemann, München 1999.

3 Fritjof Capra: *Wendezeit. Bausteine für ein neues Weltbild,* Scherz, Bern, München, Wien 1982.

4 Ilya Prigogine: *Die Gesetze des Chaos,* Insel, Frankfurt 1998. Erich Jantsch: *Die Selbstorganisation des Universums. Vom Urknall bis zum menschlichen Geist,* Hanser, München 1992. Fritjof Capra: *Das Tao der Physik,* O. W. Barth, München 1984.

5 Lester R. Brown und Linda Starke: *Tough Choices: Facing the Challenge of Food Scarcity,* The Worldwatch Environmental Alert Series, W. W. Norton, New York 1996.

6 International Rice Research Institute (IRRI), Philippinen, Datenbeitrag zur ZERI-Internet-Konferenz, 1996.

7 Dr. Li Wenhua: »Feasibility Study on the Application of the Integrated Biosystem Concept of Zero Emissions to the Beer Brewing Industry«, unveröffentlichter Bericht der chinesischen Academy of Engineering Sciences, Peking, für die United Nations University, August 1995.

8 Ebenda.

9 Lester R. Brown et alii: *Vital Signs 1998: The Environmental Trends that are Shaping Our Future,* W. W. Norton, New York 1998.

10 J. Gravitis: »Clustering of New Industries around Tropical Biomass: Bamboo, Palm Oil and Pineapple Based on a Comparative Scientific Analysis«, in Keto Mshigeni (Hg.): *Proceedings of the 3rd World Congress on Zero Emissions, Jakarta, Indonesia, 31* July–2 August 1997, ZERI Foundation, Genf 1998.

11 Das soll keineswegs heißen, daß wir die Wiederverwertung der nichterneuerbaren Stoffe optimiert hätten. Wie auch immer, einigen Firmen sind gewisse Durchbrüche gelungen. Die Ebara Corporation zum Beispiel, ein führendes japanisches Unternehmen,

hat kürzlich in China eine Produktionsstätte gegründet, die Abgabe von einem mit Kohle befeuerten Kraftwerk in Dünger umwandelt. Und bei BP – die inzwischen auch akzeptiert haben, daß eine globale Erwärmung der Atmosphäre stattfindet – sind Hunderte von Möglichkeiten entdeckt worden, wie Kohlendioxid (CO_2) wiederverwertet werden könnte. Eine der kürzlich in Erwägung gezogenen Optionen war die Herstellung von synthetischen Fasern durch Wiederverwendung von CO_2 und Ammoniak (NH_3). Neste, der finnische Chemieriese, hat Forschungen über die Kombination von NH_3 mit CO_2 betrieben, um das Rohmaterial von Rayon zu produzieren, ein High-Tech-Textil, das in der Auto- und Raumfahrtindustrie Verwendung findet.

12 P. G. Miles und S. T. Chang: *Mushroom Biology. Concise Basics and Current Development,* World Scientific Publishing, Singapur 1997.

13 N. Robins und S. Roberts: »Reaping the Benefits: Trade Opportunities for Developing Country Producers from Sustainable Production and Consumption«, in *Greener Management International* 19 (Herbst 1997).

14 Miles und Chang: *Mushroom Biology,* a. a. O. Außerdem: S. L. Gee: »Principle Species of Mushrooms Exported in 1996«, in *National Edible Fungi Information Bulletin,* Peking 1997.

15 Miles und Chang: *Mushroom Biology,* a. a. O.

16 Ebenda. Außerdem: S. H. Pai, S. C. Jong und D. W. Lo: »Uses of Mushrooms«, in *Bioindustry* 1 (1990). Die Chinesen nutzen Pilzextrakte schon seit Jahrhunderten für pharmazeutische Zwecke.

17 Charles Darwin: *Die Bildung der Ackererde durch die Tätigkeit der Würmer,* März, Berlin 1983 (1881).

18 Unter »Destruenten« (lat. »Niederreißende«) versteht man im weitesten Sinne Organismen, die organische Substanzen abbauen und in einfache anorganische Verbindungen zerlegen.

19 Ina Meyers: »Integrated Earthworm Farming«, in Keto Mshigeni u. a. (Hg.): *New Hope for Sustainable Development in Africa: Zero Emissions and the Total Productivity of Raw Materials,* University of Namibia, Windhoek, United Nations University, Tokio 1997.

20 Ebenda.

21 *Proceedings of the 1st Training Workshop in Zero Emissions in the*

South Pacific, Suva, Fidji, 5–9 May 1997, ZERI Foundation, UNDP, Genf 1998.

22 Mit dem Begriff »Benthos« (gr. »Tiefe«) wird die Gesamtheit der Organismen bezeichnet, die in Süß- oder Salzgewässern auf, dicht über dem oder im Bodengrund leben.

23 Keto Mshigeni: »An Overview of the ZERI Africa Programme«, in Mshigeni u. a. (Hg.): *New Hope for Sustainable Development in Africa,* a. a. O.

24 Diese Länder haben insgesamt 5 Millionen Hektar Palmplantagen. Wenn wir einmal annehmen, jeder Hektar produziere 40 Tonnen Abfall im Jahr, kämen allein schon beim Anbau 200 Millionen Tonnen zusammen; dabei sind die Abfälle in der weiterverarbeitenden Industrie noch nicht mitgerechnet.

25 Francis Nkuba: »The Sisal Industry in Tanzania«, in Keto Mshigeni und Gunter Pauli: *Proceedings of the 2nd Annual UNU World Congress on Zero Emissions, Chattanooga, TN, 29–31* May 1996, United Nations University, Tokio 1997.

26 Professor Nikolas Vedernikov, stellvertretender Direktor des litauischen Instituts für Holzchemie, hatte Erfolg mit der Gewinnung von Furfural aus einer Vielzahl von »Abfallprodukten« wie Baumwollsamen- oder Sonnenblumenkernhülsen. Die Technologie wird kommerziell angewandt von sechs Firmen in der ehemaligen Sowjetunion. Es bestehen zwanzig Patente in elf Ländern.

27 *Jakarta Post,* 15. August 1996.

28 *Report on the Unemployment Issue in Europe,* Bruno Kreisky Commission, Wien 1995. Außerdem: Lester R. Brown: *Who Will Feed China? Wake-up Call for a Small Planet,* W. W. Norton, New York 1995.

29 Diese Daten stammen von Ye Ruqin, stellvertretender Geschäftsführer der chinesischen National Environmental Protection Agency (NEPA), präsentiert auf der Ministerial Conference on Environment and Development in Asia and the Pacific, Bangkok, 22. bis 28. November 1995 (organisiert durch die Economic and Social Commission for Asia and the Pacific [ESCAP]).

30 Die Dampfexplosion ist eine Technik, bei der man Holz in einem geschlossenen Gefäß bei Hochtemperatur unter sehr hohen Druck setzt. Das Holz wird »weich«, weil die Verbindung zwischen

dem Lignin und der Cellulose sich zu lösen beginnt. Wenn der Hochdruck beendet ist, verursacht der atmosphärische Druck, daß die Inhaltsstoffe »explodieren« und so physikalisch gut voneinander getrennt werden können. Die Membranfiltertechnik ist ein Prozeß, bei dem eine Membran, bestehend aus feinen Fasern, benutzt wird, um Fasern ab einer bestimmten Größe aufzufangen, während kleinere die Membran passieren.

31 Der Grund für den Einsatz der Gentechnik bei der Reisproduktion war nicht der, daß man die Ernte erhöhen wollte, man hatte vielmehr vor, so die Probleme mit der Strohbeseitigung zu lösen. Eine weitere »Glanzleistung« des Homo non sapiens ...! Reisstroh wurde zwar einst zur Herstellung von Papier verwandt, aber durch die Schließung der kleinen Papiermühlen kam es dazu, daß die Bauern auf Unmengen von Reisstroh sitzenblieben. Dies wurde routinemäßig verbrannt, was weiter zu Chinas nicht unerheblichen Smogproblemen beitrug.

32 Dieser Cluster rund um den Bambus wurde präsentiert auf dem 4th Triennial World Congress on Bamboo, Ubud, Bali, Indonesien (19. bis 25. Juni 1995). Die University of Santa Rosa prüfte ihn zwischen 1996 und 1998 im Departamento Risaralda, Kolumbien, unter der Verwaltung von Professor Ramón Darío. Die meisten der Elemente des Clusters wurden verwirklicht.

33 Japan steht nicht genug eigenes Land zur Verfügung, um die ersten flächendeckenden Projekte selbst durchführen zu können. Aber es ist einer der stärksten Förderer des ZERI-Projekts, so daß es die Verfahren schnell implementieren kann, wenn sie erst einmal miniaturisiert worden sind.

34 Es steht zu erwarten, daß sich die Systeme der integrativen biologischen Prozesse mit zunehmender Erfahrung in vergleichbarer Weise miniaturisieren, wie es in den letzten vierzig Jahren in der Computerindustrie geschehen ist. Dies stellt eine enorme Herausforderung für die Verfahrenstechniker und Biologen dar, die herausfinden müssen, wie sich das System von Input und Output auch unter finanziellen Gesichtspunkten am günstigsten operationalisieren läßt.

35 Die Forschungsergebnisse sind wiedergegeben bei Mshigeni u. a. (Hg.): *New Hope for Sustainable Development in Africa,* a. a. O.

36 Der Vorschlag wird behandelt von Arifin Panigoro: »City Development: The Case of Textile Industries in Bandung«, in Mshigeni (Hg.): *Proceedings of the 3rd World Congress on Zero Emissions,* a. a. O.

37 Berichtet von M. Taniguchi, Senior Managing Director der japanischen Firma Chichibu Onada Cement, in dem Beitrag »The Clustering of Industries towards a Sustainable Industrial System«, in Mshigeni (Hg.): *Proceedings of the 3rd World Congress on Zero Emissions,* a. a. O.

38 Fritjof Capra: *Lebensnetz. Ein neues Verständnis der lebendigen Welt,* Droemer, München 1999.

39 John Naisbitt: *Megatrends Asien. Acht Megatrends, die unsere Welt verändern,* Signum, Wien 1995.

40 Capra: *Lebensnetz,* a. a. O.

41 Bill Gates: *Der weg nach vorn,* Heyne, München 1997.

42 Nicholas Negroponte: *Total digital,* Goldmann, München 1997. Und: Seymour Papert: *Revolution des Lernens. Kinder, Computer, Schule in einer digitalen Welt,* Heise, Hannover 1994.

43 »Sokrates On-Line« ist ein geschütztes Warenzeichen der Firma Environmental Dynamics, Inc., mit Sitz in Chattanooga, Tennessee, die eine Plattform für den Dialog über Computernetzwerke bietet.

44 Diese Methode des Sokrates heißt »Mäeutik« (gr. »die Fertigkeit [Kunst] der Hebamme«).

45 Gabriel García Márquez und Plinio Apuleyo Mendoza: *Fragrance of Guava,* Faber & Faber, London 1998.

46 Die Beziehung des Autors zu Las Gaviotas ist persönlich und geht zurück auf das Jahr 1984. Es gibt keine formelle, vertraglich geregelte Zusammenarbeit zwischen Las Gaviotas und ZERI, obwohl Paolo Lugaris Unternehmen sich als ein unschätzbares Versuchsgelände für neue Ideen bewiesen hat. ZERI hat ihm Experten zur Verfügung gestellt, und der Autor entwickelte gemeinsam mit ihm Konzepte, die nicht nur in die Tat umgesetzt, sondern vom Las-Gaviotas-Team auf großartige Weise verbessert wurden. Im Jahr 1995 war Paolo Lugari der erste, der das ZERI-Konzept bei einem industriellen Prozeß zur Anwendung brachte (bei der Produktion von Kolophonium). Las Gaviotas wurde – wie auch Mont-

fort Boys' Town (Fidschi) und Tsumeb (Namibia), von denen in diesem Kapitel noch die Rede sein wird – als EXPO-2000-Projekt für die erste Weltausstellung des neuen Millenniums (Hannover) ausgesucht.

47 *Japan Architectural Digest,* November 1995.

48 Diese Strategie verfolgen Züchter in zahlreichen kommerziellen Fischfarmen, um höhere Erträge zu erzielen. Weibliche Fische produzieren Rogen und haben dadurch weniger Gewicht. Deshalb werden die Tiere in konventionellen Zuchtbetrieben durch Hormonbehandlung zu Männchen umgepolt oder zu Neutren degradiert.

49 Außergewöhnliche Korallenriffe umgeben die Fidschiinseln! Einige davon sind so beeindruckend, daß sie Jean-Michel Cousteau dazu veranlaßten, Taveuni, die drittgrößte der Fidschiinseln, als Ort für seine Tauchschule auszuwählen. Doch die Abwässer der Brauerei sind alkalin, und die 400 000 Kubikmeter Flüssigabfall pro Jahr, die derzeit von der Brauerei in die See geleitet werden, stellen ein Problem für die Umwelt wie für den Wassersport dar.

50 Wenhua: »Feasability Study on the Integrated Biosystem Concept«, a. a. O.

51 Mshigeni u. a. (Hg.): *New Hope for Sustainable Development in Africa,* a. a. O.

52 Ebenda.

53 1 Krone entspricht etwa 0,23 DM (Mai 1999).

54 Beispielsweise der Bericht der schwedischen Umweltschutzagentur: *Action Plan on Biodiversity,* Report 4567, Stockholm 1996.

55 Presseerklärung der Environmental Industries Commission, London, Mai 1997.

56 Im Shinto-Glauben wird die Wichtigkeit des Respekts vor der Natur betont.

57 Die 10 Millionen Dollar stellen die japanische Gesellschaft zur Förderung der Wissenschaft und das japanische Ministerium für Erziehung, Wissenschaft und Kultur zur Verfügung. ISO 21 000 bleibt eine neue Idee, doch die Japanese Management Association (JMA) hat den Vorschlag des Autors angenommen, den neuen Standard idealerweise bei der Expo 2005 einzuführen, die in Alchi, Japan, stattfinden soll. Im September 1998 besuchte die JMA

Deutschland mit einer Delegation von 25 Führungskräften, um die Angelegenheit mit den Forschern des Fraunhofer-Instituts zu besprechen.

58 Japanisches Umweltamt: *White Book on the Environment,* Regierungsverlag, Tokio 1998.

59 Jede Regel hat ihre Ausnahmen. Die japanischen Unternehmer waren in der Endrunde der Verhandlungen bei der Klimakonferenz, die zur Formulierung des Kioto-Protokolls vom November 1997 führte, nicht bereit, einer erheblichen Reduktion von Kohlendioxidemissionen zuzustimmen.

60 Japanisches Umweltamt: *White Book on the Environment,* a. a. O.

61 Ebenda.

62 Nach den einschneidenden Erschütterungen Anfang der siebziger Jahre wie den Massenvergiftungen in Minamata durch Schwermetalle in der Luft machte das Land einen Crashkurs in Sachen Umweltschutz und führte einige der strengsten Belastungsnormen in bezug auf Luft, Wasser und Lärmbelästigung ein.

63 1 Yen entspricht etwa 1,55 DM (Mai 1999).

64 T. Mitsuhashi: *Zero Emission and the Japanese Economy,* Iwanemi Shaten, Tokio 1997.

65 Gunter Pauli: *Breakthroughs. What Business Can Offer Society,* Epsilon Press, UK, 1997.

Literatur

Brown, Lester R.: *Who Will Feed China? Wake-up Call for a Small Planet,* W. W. Norton, New York 1995.

Brown, Lester R., et alii: *Vital Signs 1998: The Environmental Trends that are Shaping Our Future,* W. W. Norton, New York 1998.

Brown, Lester R., und Linda Starke: *Tough Choices: Facing the Challenge of Food Scarcity,* The Worldwatch Environmental Alert Series, W. W. Norton, New York 1996.

Capra, Fritjof: *Das Tao der Physik,* O. W. Barth, München 1984.

–: *Lebensnetz. Ein neues Verständnis der lebendigen Welt,* Droemer, München 1999.

–: *Wendezeit. Bausteine für ein neues Weltbild,* Scherz, Bern, München, Wien 1982.

Darwin, Charles: *Die Bildung der Ackererde durch die Tätigkeit der Würmer,* März, Berlin 1983 (1881).

Eichelbeck, Reinhard: *Das Darwin-Komplott. Aufstieg und Fall eines pseudowissenschaftlichen Weltbildes,* Riemann, München 1999.

García Márquez, Gabriel, und Plinio Apuleyo Mendoza: *Fragrance of Guava,* Faber & Faber, London 1998.

Gates, Bill: *Der weg nach vorn,* Heyne, München 1997.

Gee, S. L.: »Principle Species of Mushrooms Exported in 1996«, in *National Edible Fungi Information Bulletin,* Peking 1997.

Gravitis, J.: »Clustering of New Industries around Tropical Biomass: Bamboo, Palm Oil and Pineapple Based on a Comparative Scientific Analysis«, in Keto Mshigeni (Hg.): *Proceedings of the 3rd World Congress on Zero Emissions, Jakarta, Indonesia, 31* July–2 August 1997, ZERI Foundation, Genf 1998.

Hartkemeyer, Johannes und Martina; Dhority, L. Freeman: *Miteinander denken – das Geheimnis des Dialogs,* Klett-Cotta, Stuttgart 2. Auflage 1999.

Jakarta Post, 15. August 1996.

Jantsch, Erich: *Die Selbstorganisation des Universums. Vom Urknall bis zum menschlichen Geist,* Hanser, München 1992.

Japan Architectural Digest, November 1995.

Japanisches Umweltamt: *White Book on the Environment,* Regierungsverlag, Tokio 1998.

Meyers, Ina: »Integrated Earthworm Farming«, in Keto Mshigeni u. a.
(Hg.): *New Hope for Sustainable Development in Africa: Zero Emissions and the Total Productivity of Raw Materials,* University of Namibia, Windhoek, United Nations University, Tokio 1997.

Miles, G. P., und S. T. Chang: *Mushroom Biology. Concise Basics and
Current Development,* World Scientific Publishing, Singapur 1997.

Mitsuhashi, T.: *Zero Emission and the Japanese Economy,* Iwanemi Shaten, Tokio 1997.

Mshigeni, Keto: »An Overview of the ZERI Africa Programme«, in
Mshigeni u. a. (Hg.): *New Hope for Sustainable Development in Africa: Zero Emissions and the Total Productivity of Raw Materials,* University of Namibia, Windhoek, United Nations University, Tokio
1997.

Naisbitt, John: *Megatrends Asien. Acht Megatrends, die unsere Welt verändern,* Signum, Wien 1995.

Negroponte, Nicholas: *Total digital,* Goldmann, München 1997.

Nkuba, Francis: »The Sisal Industry in Tanzania«, in Keto Mshigeni
und Gunter Pauli: *Proceedings of the 2nd Annual UNU World Congress on Zero Emissions, Chattanooga, TN, 29–31* May 1996, United
Nations University, Tokio 1997.

Pai, S. H., S. C. Jong und D. W. Lo: »Uses of Mushrooms«, in *Bioindustry* 1 (1990).

Panigoro, Arifin: »City Development: The Case of Textile Industries
in Bandung«, in Mshigeni (Hg.): *Proceedings of the 3rd World Congress on Zero Emissions, Jakarta, Indonesia, 31* July–2 August 1997,
ZERI Foundation, Genf 1998.

Papert, Seymour: *Revolution des Lernens. Kinder, Computer, Schule in
einer digitalen Welt,* Heise, Hannover 1994.

Prigogine, Ilya: *Die Gesetze des Chaos,* Insel, Frankfurt 1998.

*Proceedings of the 1st Training Workshop in Zero Emissions in the South
Pacific, Suva, Fidji, 5–9* May 1997, ZERI Foundation, UNDP, Genf
1998.

Report on the Unemployment Issue in Europe, Bruno Kreisky Commission, Wien 1995.

Robins, N., und S. Roberts: »Reaping the Benefits: Trade Opportu-

nities for Developing Country Producers from Sustainable Production and Consumption«, in *Greener Management International* 19
(Herbst 1997).

Senge, Peter M.: *Die fünfte Disziplin. Kunst und Praxis der lernenden
Organisation.* Klett-Cotta, Stuttgart 1996.

Senge, Peter M., et. al.: *Das Fieldbook zur fünften Disziplin.* Klett-Cotta,
Stuttgart 1997.

Smith, Adam: *Der Wohlstand der Nationen. Eine Untersuchung seiner
Natur und seiner Ursachen,* dtv, München 1996 (1776).

Wenhua, Dr. Li: »Feasibility Study on the Application of the Integrated Biosystem Concept of Zero Emissions to the Beer Brewing Industry«, unveröffentlichter Bericht der chinesischen Academy of
Engineering Sciences, Peking, für die United Nations University,
August 1995.

Vom Autor dieses Buches

– *Aurelio Peccei: The Crusader for the Future. A Portrait of the Founder
of the Club of Rome,* Pergamon Press, Oxford 1987.
Vorwort von Professor Umberto Colombo.

– *Services: The Driving Force of the European Economy,* Waterlow Press
1987.
*Ein Überblick über die Möglichkeiten der europäischen Wirtschaft,
durch Anregung des Unternehmergeistes Arbeitsplätze zu schaffen und
die Wirtschaft der Zukunft zu entwickeln. Vorwort von Gaston Thorn.
Erschienen auf englisch, deutsch, französisch, norwegisch und niederländisch.*

– *The Second Wave: Japans Global Assault on Financial Services,* Koau-
tor Prof. Dr. Richard Wright. Waterlow Press (GB) und St Martins
Press (USA) 1987.
*Wie die Japaner die Führung der amerikanischen und britischen Fi-
nanzhäuser herausfordern und dabei dieselbe Strategie anwenden, mit
der sie die japanische Industrie an die Spitze der Auto- und Elektronik-
branche brachten. Erschienen auf englisch, französisch, deutsch, italienisch und japanisch. Vorwort von Umberto Agnelli.*

– *DOEN: Dynamisch denken en doen van een Vlaamse Europeeë* (TUN!
Das dynamische Denken und Tun eines flämischen Europäers),
Roularta Press 1989.

Notizen aus dem Tagebuch, Reisegeschichten, Gedanken zu Wirtschaft und Umwelt des Autors. Vorwort vom Premierminister Belgiens.

- *Double Digit Growth: How to do it,* Pauli Publishing 1991.
  Eine Beschreibung der neuen Wirtschaft, die durch rasch expandierende Bereiche gekennzeichnet ist, die nicht in den nationalen Statistiken auftauchen. Erschienen auf englisch, französisch, deutsch, spanisch, schwedisch und niederländisch. Vorwort von Bessel Kok.

- *A New Future for Andorra: The Role of Services,* Credit Andorrá, 1991.
  Wie das kleine Land in den Pyrenäen seine gesellschaftliche und wirtschaftliche Zukunft erfolgreich umgestalten könnte. Erschienen auf katalanisch und englisch.

- *Steering Business towards Sustainability,* Koherausgeber Fritjof Capra, United Nations University Press 1995 (englisch) und 1996 (japanisch).
  Motivationsmöglichkeiten für Unternehmen, um nachhaltige Entwicklung zum Herzstück ihrer strategischen Überlegungen zu machen. Vorwort von Prof. Dr. Heitor Gurgulino de Souza.

- *Breakthroughs: What Business Can Offer Society,* EAFIT 1996 (spanisch), PUCRS (portugiesisch), ASCII Publishing 1997 (japanisch), Epsilon Press (englisch), Baldoni & Castoldi (italienisch), Maeil Business (koreanisch).
  Eine packende Geschichte darüber, wie die Wirtschaft Wertschöpfung auf wirtschaftlicher, gesellschaftlicher, kultureller und ökologischer Ebene betreiben muß und kann.

- *Proceedings of the 2nd World Congress on Zero Emissions,* Mitherausgeber Professor Keto Mshigeni, englische Ausgabe bei United Nations Universitys Institute for Advanced Studies 1997.

Adressen

ZERI Foundation Headquarters
Geneva Executive Center
11–13 Chemin des Anémones
CH-1219 Genève
Tel.: +41/22/97 99-2 05
Fax: +41/22/97 99-0 83
Homepage: www.zeri.org
E-Mail: zeriswiss@yahoo.com

Fraunhofer-Institut
für Systemtechnik und Innovationsforschung (ISI)
Breslauer Straße 48
D-76139 Karlsruhe
Tel.: +49/7 21/68 09–1 00
Fax: +49/7 21/68 91 52
Homepage: www.isi.fhg.de
E-Mail: isi@fhg.de

Adolf-Reichwein-Gesellschaft e. V.
Osnabrücker Straße 73 b
D-49565 Bramsche
Tel.: +49/54 07/85 85 21
Fax: +49/54 07/85 85 22
Homepage: www.dialogprojekt.de
E-Mail: jhartkemeyer@dialogprojekt.de

**Büro für Umweltdokumentation
und Umweltbildung**
Wüstenstraße 17
49080 Osnabrück
Tel.: +49/5 41/80 21 31
E-Mail: oekodoc@t-online.de

Dr. Johannes Hartkemeyer
c/o VHS
Bergstraße 8
49076 Osnabrück
Tel.: +49/5 41/3 23 44 21
Fax: +49/5 41/3 23 43 47

DAS ZUKUNFTS-PROGRAMM

Franz Alt
Der ökologische Jesus
DM 36,– / öS 263,– / sFr 33,–
ISBN 3-570-50000-4

Karl Ludwig Schweisfurth
Wenn's um die Wurst geht
DM 36,– / öS 263,– / sFr 33,–
ISBN 3-570-50001-2

Reinhard Eichelbeck
Das Darwin-Komplott
DM 42,– / öS 307,– / sFr 39,–
ISBN 3-570-50002-0

Tolstois Kalender der Weisheit
DM 38,– / öS 277,– / sFr 35,–
ISBN 3-570-50003-9

RIEMANN VERLAG ONE EARTH SPIRIT

DAS ZUKUNFTS-PROGRAMM

Jane Goodall mit Phillip Berman
Grund zur Hoffnung
ISBN 3-570-50007-1

Bernard A. Lietaer
Das Geld der Zukunft
ISBN 3-570-50008-X

Gunter Pauli
UpCycling
ISBN 3-570-50006-7

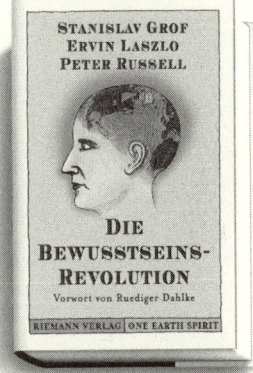

Stanislav Grof, Ervin Laszlo,
Peter Russell
Die Bewußtseins-Revolution
ISBN 3-570-50005-5

RIEMANN VERLAG | ONE EARTH SPIRIT